향기로운
평생기도

기도는 믿음과 소망과 사랑입니다.

기도는 신뢰와 순종입니다.

기도는 하나님의 마음을 여는 열쇠입니다.

기도와 믿음은 소망을 내려 받는 신비입니다.

기도는 참으로 신비한 체험을 여는 길입니다.

대·표·기·도·문

향기로운
평생기도

설염(雪鹽) 하완용 지음

소망
도서출판

●추천의 글●

그리스도인의 사역 속에 뺄 수 없는 사역은 기도이다.

기도는 축소된 예배요, 하나님과 가장 소중한 친교의 방법이 되기도 한다. 신앙이 성숙할수록 기도의 위치는 더 소중해진다.

우리의 사명을 감당하는데도 기도의 비중은 우선적이다.

계획과 목표는 우리가 세워도 그 일을 성사시키는 방법은 기도이기 때문이다. 영국의 우센 감독은 "기도할 수 있거든 근심하지 말라"고 했다. 기도를 모르는 사람에게는 염려가 있지만 기도하는 사람에게는 염려가 부질없는 일이란 말이다. 기도는 우리의 힘이요, 소망이요, 능력이요, 지혜요, 미래이기 때문이다.

이번 출간되는 기도서는 참으로 유익하게 활용될 수 있는 책이라는데 의미가 있다. 예배시간에 대표기도를 드리는 분들께 좋은 참고서가 될 수 있기 때문이다. 그뿐 아니라 각종 절기기도, 테마기도, 행사기도, 다양한 성격과 다양한 모임을 위한 기도가 포함되어 있어서 많은 사람들에게 활용될 수 있고 참고될 수 있는 책으로 추천하고 싶다.

기도의 조건은 감사, 회개, 중보, 간구, 찬양으로 이루어지는데, 본서는 이러한 조건이 골고루 갖추어진 기도서라는데 의미가 있다.

많은 사람들에게 대표기도나 가정예배 개인기도나 소그룹 모임의 기도에 많은 도움이 되었으면 한다.

기도는 구변이나 표현력을 무시할 수 없지만 그보다는 기도의 내면에 신앙심이나 영감이나 회심이나 마음이 담긴 기도여야 하기 때문에 좋은 기도가 이렇게 책으로 모아져 기도하는 사람들에게 기도의 공감대를 이루고 기도의 내용으로 동력자가 되고 기도를 통해 이 시대의 사명자가 되는 기도의 가족으로 더 많은 사람이 묶이는 기회가 되었으면 한다.

기도를 할수록 유익하고 기도는 힘써해야 하며 기도는 성도의 사역 중에 사역이다.

2009년 신년을 맞아
은평성결교회 원로목사 이병돈

● 추천의 글 ●

　평생 살아가면서 책을 한권 펴낸다는 것은 그리 쉬운 일이 아니다. 재정적인 면 때문만은 아니다. 책은 그 사람의 얼굴이고 내면이고 생각이고 말이다. 즉 글자화 된 책을 통해서 그 저자의 사상과 생각과 마음과 내면을 그대로 읽을 수 있기 때문이다. 그래서 책은 먼저 용기가 있어야 출판할 수 있다. 많은 사람들이 책을 읽고 나름대로 그 사람을 평가할 것이기 때문이다. 이 평가가 두려운 사람은 책을 출판할 수 없다. 그리고 책을 펴낼 때에는 목적이 분명해야 한다. 왜 이 책을 세상에 내놓는가 하는 이유가 있어야 한다. 나이를 먹었으니 책이나 한권 내 보자는 생각으로 출판은 할 수 없는 것이다. 그러기에 목적이 분명해야 하는 것이다.
　설염 하완용 장로님께서 책을 펴 내신다. 그것도 「향기로운 평생기도」라는 기도문을 엮은 기도의 책이다. 청년 때 장로가 되어 오늘 시무 장로직은 은퇴하였으니 예배 때마다 기도도 많이 하게 되었을 것이다. 그 기도들을 모아 다듬어서 이 책을 펴 내게 되었다고 한다. 그리고 저자는 책을 출간하면서 주일마다 고민스럽게 기도를 준비하는 후배 장로님들에게 조그만 도움이라도 주었으면 하는 바람과 뜻과 목적이 있다는 점을 분명히 했다. 사실 매주일 기도하는 것도 아니고 몇 주에 한 번 돌아오는 예배의 대표 기도를 준비하는 일이 당사자들에게는 여간

고민이 아니다. 시중에 설교집은 많아도 기도지침서는 없다. 그런 점에서 이 「향기로운 평생기도」라는 제목으로 출간되는 이 책은 많은 분들의 애용과 사랑을 받을 것이 분명하다.

본 저서는 처음에 '기도란 무엇인가' 라는 설명을 시작으로 기도를 준비하는 자세와 바른 용어 사용 방법 그리고 일 년 열두 달의 교회력에 맞춘 기도예문들이 제시되어 있다. 또 후반부에는 절기기도, 테마기도, 각종 행사에서 필요한 기도문 등으로 엮어져 총 130여 편의 기도예문이 제시되어 있다. 기도자에게는 지침서로, 묵상자에게는 하나님께 나아가는 안내자로, 기도문맹자에게는 기도 길라잡이로, 일반 독자에게는 하나님의 따뜻한 품을 발견하는 영적 양서가 될 수 있기를 기대한다.

2009년 3월 5일

신촌성결교회 담임목사 이정익

●출간 축하의 글●

우리와 같은 삶의 자리에서 고백한 기도

　다윗의 기도, 시편에 나타난 저자의 고백이 왜 우리에게 감동을 줍니까? 막연한 얘기, 내 삶과 관계없는 뜬 구름 잡는 얘기가 아니기 때문입니다. 문학적인 수사(修辭)로 그럴듯하게 내용을 포장한 것이 아니라, 삶에 우러나오는 애달픔, 감동, 회개, 간구가 그대로 드러나기 때문입니다. 이는 다윗이 현실에 뿌리를 내리고 사는 사람이기에 가능했습니다. 그는 우리와 같이 삶의 치열한 현장에서 고민하고, 좌절하고, 고통받으며, 그 가운데 하나님께 부르짖는 평범한 사람이었습니다. 하나님 곁에 있는 천상의 천사가 아니요, 이 땅에서 우리와 같은 삶의 자리(sitz im Leben)에 있는 사람이었습니다. 그의 간구, 회개, 찬양은 바로 우리의 있는 모습 그대로의 기도와 다를바 없는 것입니다.

　그렇다면, 하완용 장로님의 기도문은 더욱 우리에게 소중할 수밖에 없습니다. 격동의 20세기를 지나서 21세기를 살아가는 우리 한국인들에게, 성경의 다윗보다 더 우리의 삶의 자리에 가까운 곳에서 평생 기도하며 살아오신 분의 것이기 때문입니다. 바로, 지금 이 자리에게 드려진 기도문이기 때문입니다. 목회자가 성도들을 위해서 목양하고 중보하는 가운데 드려진 기도문이 아니라, 일반 성도들과 똑같이 삶의 자리에서 씨름하며 애통해하는 가운데 나온, 그야말로 삶 그대로의 진한

에토스이기 때문입니다.

그렇다면 우리는 마냥 이 기도문을 읽는데서 만족해서는 안될 것입니다. 이 기도를 나의 삶으로 끌어들여서, 나의 기도문으로 재창조하는 작업이 필요합니다. 그래서 나의 신앙을 더욱 더 새롭게 하는 것이 진정 필요한 일일 것입니다.

학생이 공부를 잘하고 싶다면 좋은 방법이 무엇입니까? 일단 주변에서 공부 잘하는 친구를 관찰하고 따라해보는 벤칭마킹 하는 과정이 중요합니다. 마찬가지로, 우리 크리스천들이 하나님과의 더욱 더 깊이 교제하고 싶다면, 우리 주변에서 기도의 모범을 따라하는 과정이 반드시 필요합니다. 이러한 때에 하 장로님의 이 기도안내서가 우리 손에 주어진다는 것은 정말 반가운 일이 아닐 수 없습니다.

이 책을 잘 활용하시려면, 먼저 목차를 주의깊게 살펴보시길 바랍니다. 공예배 때에 온 교회 성도들을 대표하여 올려드린 기도문들, 나라와 민족을 위해 올려드린 기도문들, 우리 삶 가운데에서 각종 애경사가 있을 때에 올려드린 기도문들, 하나하나가 우리 삶의 모습이 그대로 반영되어 있습니다. 따라서 형식적인 구성으로 보지 마시고, 이 기도문들이 나오게 된 각각의 배경을 염두에 두신다면, 더욱 우리에게 가치있게 살아 움직이는 기도 가이드로서의 가치를 음미하게 되실 것입니다.

　우리 크리스천들은 기도할 때 행복합니다. 사랑하는 아버지와 함께 있는 것처럼, 사랑하는 연인과 함께 있는 것처럼 말입니다. 특별히 "모든 경건한 자는 부를 만날 기회를 얻어서 주께 기도할지라"(시 32:6)는 말씀처럼 삶의 우선순위를 기도에 두고서, '오늘 하루 가운데 어떻게 하면 기도시간을 더 많이 확보할 수 있을까? 어떻게 기도하면 좋을까?' 하는 기도의 양과 질을 고민하는 거룩한 행복을 이 책과 함께 누리시길 바랍니다.

주후 2009년 1월에
하완용 장로님을 섬기고 있는 목회자, 한태수가 드립니다.

● 서문 ●

하나님은 사랑이십니다. 온 인류를 사랑하시는 사랑의 하나님이십니다. 그 누구나 사랑이신 하나님의 말씀을 순종하고 독생자 예수 그리스도를 구주로 믿고 구원받기를 원하고 계십니다.

하나님은 하늘과 땅과 그 가운데 모든 만물을 창조하신 전지하시며 전능하신 창조주로 모든 사람들이 영혼도 구원받고 육체도 구원받고 세상 삶에서도 구원받아 행복한 삶을 누리기를 원하고 계시며, 장차 세상을 떠나면 영원한 천국에서 아버지의 사랑과 은총 속에 한없는 기쁨과 행복을 영원토록 누리기를 원하고 계십니다.

이를 위해 만능열쇠와 같은 믿음과 기도를 주시며 "구하라 그러면 주실 것이요" 하시며 믿고 기도하라고 하십니다.

저(저자)는 참으로 행운아입니다. 불신앙의 가정에서 태어났으나 10살 때에 신실한 믿음을 가지신 이웃 어른이신 한국도자기의 창업자(전 회장)이셨던 김종호 장로님의 인도로 예수님을 믿게 되었고 하나님을 사랑하며 믿음으로 말씀을 순종하게 되었기 때문입니다.

철부지 어린아이 때부터 큰 믿음의 은사를 받은 사실을 장년이 되어서야 깨달았습니다. 성경에 기록된 하나님의 말씀들이 그대로 믿어지는 믿음의 은사를 받은 것입니다.

"태초에 하나님이 천지를 창조하시니라" 말씀부터 도저히 인간의 판단으로는 믿을 수 없는 성경의 기사와 이적까지 그대로 믿는 순수하면서도 가장 강력한 믿음을 은사로 받은 놀라운 사실에 깊이 감사를 드리며 찬양을 하나님께 돌리고 있습니다.

지난 세월을 돌이켜보면 잠깐 같은데 어언 인생의 나이 70이 넘어 머리에는 백발이 성성하게 되었고, 그토록 애착을 갖고 사랑으로 섬겨온 주님의 몸 되신 교회를 시무 장로에서 정년 퇴임을 하고 일선에서 이선으로 물러나 섬겨오는 중 성령님께서 마음을 두드리기 시작하는 것이었습니다.

한 생애를, 그토록 시련과 연단이 많았던 개척교회부터 오늘의 장성한 교회에 이르도록 믿음과 사랑과 인내로 섬겨오면서 때마다 일마다 성령님의 인도로 하나님 여호와께 올려드린 기도들은 계시록 8장 3절에 밝혀 주신대로 금향로에 담겨 하나님 보좌 앞으로 올라가는 향이 되겠는데, 이를 한 권의 책에 담아 그동안 수많은 응답과 은혜와 복을 베푸신 사랑하는 하나님 아버지께 봉헌함으로 감사와 찬양과 영광을 올려드리고, 함께 하나님을 섬기며 교회를 받드는 모든 성도와 형제자매 간에 증언 겸, 사랑의 친교를 나누며 은혜의 교제를 쌓는 길이 됨을 일깨워 주었습니다.

주일학교와 학생회와 청년회를 거쳐 오늘에 이르기까지의 신앙 여정 속에 오직 주님의 사랑과 은혜로 교회학교에서 40여년, 찬양대에서 40여년, 시무장로로 28년을 본업같이 봉직하면서 본 교회를 중심한 대내외적으로 심혈을 기울여 정성으로 드린 기도 사역 중 일부 남아 있는 기도들을 정리하여 내어 놓게 된 것은 쑥스럽기도 하고 조심스럽기도 하나 주님께서 원하시는 뜻으로 믿고 순종하게 된 것입니다.

저의 마음을 두드려 주님의 소명에 순종하게 하신 성령님께서 이 기도서를 대하는 모든 성도와 믿음의 형제자매 위에 또한 불신앙인의 손에 들려졌을 때 하나의 글(책)로 읽지 않기를 바라며 간곡한 기도를 드리는 마음으로 정중하게 동참하여 하나님의 큰 사랑과 큰 은혜와 복을 받는 역사가 일어나기를 소망하며 기도드립니다.

아울러 추천의 말씀을 주신 이병돈 목사님과 이정익 목사님과 한태수 목사님께 감사를 드리며, 정성으로 기도하시며 출판을 담당해주신 도서출판 소망, 방주석 사장님과 담당 직원들께 깊은 감사를 드립니다.

2009년 봄에
하완용 드림

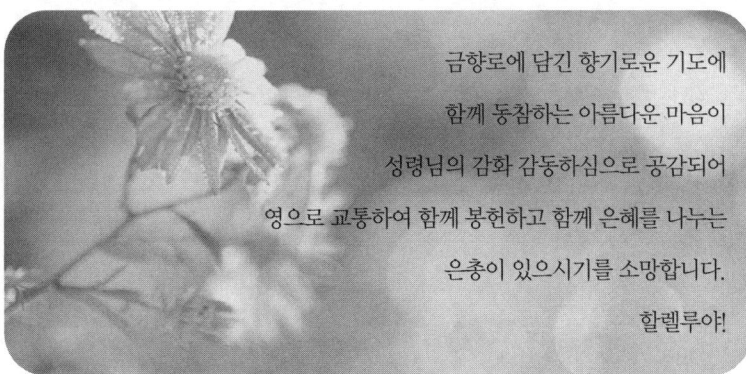

금향로에 담긴 향기로운 기도에
함께 동참하는 아름다운 마음이
성령님의 감화 감동하심으로 공감되어
영으로 교통하여 함께 봉헌하고 함께 은혜를 나누는
은총이 있으시기를 소망합니다.
할렐루야!

●차례●

추천의 글 1, 2, 3 … 4
서문 … 11

1장 _ 기도란 무엇인가?

1. 기도는 하나님의 선물이다 … 22
2. 기도는 이렇게 하는 것이다 … 23
3. 바람직한 기도의 요령 … 23
4. 왜 기도의 응답이 없나요? … 26
5. 기도의 결과 세 가지 … 28
6. 기도의 종류 … 29
7. 기도준비는 어떻게 하나 … 30
8. 실제 상황에 임할 때의 자세 … 30
9. 기도하라고 밝혀주신 말씀 … 31

2장 _ 금향로에 담긴 기도 향기

1월의 예배 기도 … 36
　① 신년 첫 주일예배 기도
　② 예배드리는 가정 선교하는 교회를 위한 기도
　③ 설 예배 기도(1) (2)

2월의 예배 기도 … 44
　① 월삭 및 생업 봉헌예배 기도
　② 첫 주일예배 기도
　③ 새 일을 행하는 교회를 위한 기도
　④ 교회와 나라를 위한 기도

3월의 예배 기도 … 54
　① 새롭게 변화를 구한 기도
　② 깨어 경성하기 위한 기도

4월의 예배 기도 … 58
　① 사순절 예배 기도
　② 종려주일 예배 기도
　③ 부활절 주일예배 기도(1) (2)
　④ 총력전도 주일예배 기도

5월의 예배 기도 … 68
　① 오월의 기도
　② 어린이주일 예배 기도(1) (2)
　③ 헌아 예배 기도
　④ 어버이주일 예배 기도(1) (2)
　⑤ 성령강림절 기도
　⑥ 총력전도 주일예배 기도

6월의 예배 기도 … 84
　① 나라와 민족을 위한 기도
　② 6.25전쟁을 회상하며 드린 기도
　③ 6.25달 주일예배 기도

7월의 예배 기도 … 90
  ① 맥추감사절 예배 기도
  ② 여름 행사를 앞둔 주일예배 기도

8월의 예배 기도 … 94
  ① 월삭예배 기도
  ② 주일예배 기도
  ③ 광복절 주일예배 기도
  ④ 해방과 광복의 은혜를 회상하며 드린 기도
  ⑤ 태풍과 수해의 고통을 받을 때 드린 기도

9월의 예배 기도 … 104
  ① 중추절 주일예배 기도
  ② 긍휼과 자비를 구한 기도
  ③ 올림픽을 앞둔 주일예배 기도
  ④ 세례 및 성찬 예배에 드린 기도
  ⑤ 장로 시무 마지막 주일 기도

10월의 예배 기도 … 114
  ① 새 성전에서의 주일예배 기도
  ② 창립의 달 주일예배 기도
  ③ '예수님 초청 큰 잔치' 예배 기도
  ④ 대각성 전도부흥 성회를 앞둔 기도
  ⑤ 감사와 영광을 위해 드린 기도
  ⑥ 청년교구 첫 주일예배 기도

11월의 예배 기도 … 126
　① 추수감사 예배 기도
　② 주일예배 기도
　③ 셋째 주일예배 기도

12월의 예배 기도 … 132
　① 첫 주일예배 기도
　② 성탄절 기도(1) (2)
　③ 주일예배 기도
　④ 송년주일예배 기도

절기 기도
　① 신년 주일예배 기도 … 36
　② 설 예배 기도 … 40, 41
　③ 사순절 예배 기도 … 58
　④ 종려주일 예배 기도 … 60
　⑤ 부활주일 예배 기도 … 62, 64
　⑥ 어린이주일 예배 기도 … 70, 72
　⑦ 어버이주일 예배 기도 … 76, 78
　⑧ 성령강림절 예배 기도 … 80
　⑨ 맥추감사절 예배 기도 … 90
　⑩ 광복절 주일예배 기도 … 98
　⑪ 중추절 예배 기도 … 104
　⑫ 추수감사절 예배 기도 … 126
　⑬ 성탄절 예배 기도 … 134, 136
　⑭ 송년 주일예배 기도 … 140

테마기도 1〈교회를 위한 기도〉 … 143
　교회를 위한 기도(1) (2) · 144, 146
　담임목사님을 위한 기도 · 148
　장로 헌신예배 기도 · 150
　교역자와 장로 헌신예배 기도 · 152
　구역예배 기도 · 154
　군 장병 세례예식 기도 · 156

테마기도 2〈나라와 민족, 구국·연합회 총회〉 … 159
　구국 기도회를 개회하며 드린 기원(1) (2) · 160, 161
　나라와 민족을 위한 기도 · 162
　광복절 57주년 기념, 나라를 위한 기도 · 164
　광복 60주년 기념, 은평구 복음화를 위한 기도 · 166
　초교파 장로회 창립총회 기도 · 168
　한마음회(전국 장로회) 총회 기도 · 170

테마기도 3〈성전건축, 공동회의(사무총회), 헌금, 찬양, 부흥회〉 … 173
　성전건축을 위한 기도(1) (2) · 174, 176
　공동회의(사무총회) 기도 · 178
　선교사 파송예배 헌금 기도(1) (2) · 180, 182
　개척 및 헌당예배 헌금 기도 · 184
　연합성회 헌금 기도 · 186
　어린이 개안 수술을 위한 헌금 기도 · 188
　찬양예배 기도 · 190
　은평찬양선교단 헌신예배 기도 · 192
　찬송가 경연대회에 드린 기도 · 194

찬양예배 기도 · 196
총동원 전도 부흥회 기도 · 198
전도 간증 집회에 드린 기도(1) (2) · 200, 202
대각성 전도 집회와 수험생을 위한 기도 · 204
전도훈련성회 기도 · 206
심령대부흥성회 기도 · 208
특별새벽성회 기도 · 210
특별부흥회 기도 · 212
중보기도사역 성회 기도 · 214
신년 교사 사명부흥회 기도 · 216
교사수련회 예배 기도 · 218
새생명훈련원 수료식 기도 · 220

테마기도 4〈기원, 신유, 결혼, 고희, 개업, 장례〉 … 223
하나님을 찬양하며 드린 기원 · 224
병 고침를 위한 신유 기도 (1) (2) (3) · 226, 228, 230
결혼 예식 기도 · 232
병원 개업 예배 기도 · 234
음식점 개업 예배 기도 · 236
고희감사예배 기도(1) (2) · 238, 240
회갑감사예배 기도 · 242
천국환송예배 기도(1) (2) · 244, 246
입관예배 기도 · 248
하관예배 기도 · 250
조문예배 기도 · 252
추모예배 기도 · 254

테마기도 5〈연합성회 및 각종 행사 때 드린 기도〉 … 257
　지방회(노회) 개회예배 기도 · 258
　지방회(노회) 폐회예배 기도 · 260
　장로회 총회 기도(1) (2) · 262
　지방회 신년 교례예배 기도 · 266
　직분자 세미나 기도 · 268
　교회개척 설립예배 기도 · 270
　목사 취임예배 기도 · 272
　장로장립식 기도 · 274
　원로장로 추대식 기도 · 276
　107분 임직예식 예배 기도 · 278
　명예장로 및 명예권사 추대 예배 기도 · 280
　여전도연합회 부흥성회 기도 · 282
　산상연합성회 기도(1) (2) (3) · 284, 286, 288

부록 _ 기도 용어 바르게 사용하기 … 291

> 기도는 하나님의 선물입니다
> 기도는 닫힌 것을 여는 만능열쇠입니다
> 기도는 하나님의 마음도, 나의 마음도, 세상의 마음도,
> 그 어떠한 마음과 일(사안)들도 여는 열쇠입니다.
> 다만 진실한 마음으로 하나님 마음에 합당하게
> 예수님의 이름으로 기도를 하여야 합니다.
> 할렐루야!

1장

기도란 무엇인가?

1. 기도는 하나님의 선물이다

1) 기도란 세상을 창조하신 절대자 하나님(여호와)께서 피조물인 사람에게 선물로 주신 것으로 각자의 의사나 소망을 말로 혹은 묵상이나 노래로 하나님께 아뢰며 구하는 것이다.

2) 기도란 사람의 생사화복을 주관하시며 섭리하시는 하나님께서 "기도하라 그러면 응답해주시겠다"고 명하신 것으로 사람이 자신의 소원과 비전과 계획과 현실의 일(사안)들을 간구하거나 상의하거나 의탁하여 은혜(응답)를 받는 것으로 하나님(예수님)의 뜻을 받들며 기쁘게 하여 드리는 순종행위다.

3) 기도란 환란풍파가 끊임없이 일고 있는 이 세상을 사는 인생에게 전지전능하신 하나님께서 자비와 긍휼을 베푸시는 선물로 만능열쇠와 같이 문제를 해결 받는 도구인 것이다.

4) 기도는 성도들의 영적인 호흡이다. 사람이 호흡(숨)을 하지 않으면 그 생명이 죽는 것과 같이 기도를 하지 않으면 그 영이 죽는 상태에 이르게 된다. 그러므로 주님께서는 기도하는 것이 깨어 있는 것이다(마 26:38)라고 하셨으며, 바울도 "쉬지 말고 기도하라"(살전 5:17)고 권면한 것이다.

2. 기도는 이렇게 하는 것이다

1) 기도는 반드시 하나님(여호와)께 하여야 한다.

2) 기도는 하나님의 독생자시며 인류의 구세주이신 예수님의 이름으로 하여야 한다.

3) 기도는 자기를 사랑하며 보호하며 이끌어주시는 부모님에게 자신의 의사표시를 하듯, 예수님의 이름으로 하나님께 의사표시를 하는 것이다.

3. 바람직한 기도의 요령

1) 먼저 감사와 찬양을 한다.
  기도할 때에는 순수하고 진실한 마음으로 먼저 하나님의 이름을 부르고, 사랑과 은혜에 감사와 찬양을 한다.
  주님(예수님)이 가르쳐 주신 기도, 주기도 첫머리를 보라(마 6:9).
  "범사에 감사하라 이는 그리스도 예수 안에서 너희를 향하신 하나님의 뜻이니라"(살전 6:8).
  "아무 것도 염려하지 말고 오직 모든 일에 기도와 간구로 너희 구할 것을 감사함으로 하나님께 아뢰라 그리하면 모든 지각에 뛰어난 하나님의 평강이 그리스도 예수 안에서 너희 마음과 생각을 지키시리라"(빌 4:6, 7).

"이 백성은 내가 나를 위하여 지었나니 나를 찬송하게 하려 함이니라"(사 43:21).

2) 죄를 회개한다.
① 죄와 허물을 회개하여 용서를 받고 깨끗한(성결한) 마음으로 기도한다.
"만일 우리가 우리 죄를 자백하면 저는 미쁘시고 의로 우사 우리 죄를 사하시며 모든 불의에서 우리를 깨끗게 하실 것이요"(요일 1:9).
"여호와의 손이 짧아 구원치 못하심도 아니요 귀가 둔하여 듣지 못하심도 아니라 오직 너희 죄악이 너희와 너희 하나님 사이를 내었고 너희 죄가 그 얼굴을 가리워서 너희를 듣지 않으시게 함이니"(사 59:1, 2).
"내 이름으로 일컫는 내 백성이 그 악한 길에서 떠나 스스로 겸비하고 기도하여 내 얼굴을 구하면 내가 하늘에서 듣고 그 죄를 사하고 그 땅을 고칠지라"(대하 7:14).
② 사람들과 맺힌 것은 풀고 용서와 화해를 하고 기도한다.
"너희가 사람의 과실을 용서하면 너희 천부께서도 너희 과실을 용서하시려니와 너희가 사람의 과실을 용서하지 아니하면 너희 아버지께서도 너의 과실을 용서하지 아니하시리라"(마 6:14-15).
"서서 기도할 때에 아무에게나 혐의가 있거든 용서하라 그리하여야 하늘에 계신 너의 아버지께서도 너의 허물을 사하여 주시리라하였더라"(막 11:25).
"나는 너희에게 이르노니 너희 원수를 사랑하며 너희를 핍박하는 자를 위하여 기도하라"(마 5:44).

3) 기도 내용들을 진실한 마음으로 간구한다.

기도의 제목들을 분명히 제시하고 이루어 주실 것을 확실히 믿고, 진실한 마음으로 간절히 부르짖어 기도한다.

가나안 여자의 끈질긴 기도와 결과를 보라(마 15:22-28).

열두 해 혈루증으로 앓는 여인의 믿음과 행동(실천)으로 응답 받은 사례를 보라(마 9:20-22).

두 소경이 끈질기게 부르짖어 고침 받은 사례를 보라(마 20:30-34).

"그러므로 내가 너희에게 말하노니 무엇이든지 기도하고 구하는 것은 받은 줄로 믿으라 그리하면 너희에게 그대로 되리라"(막 11:24).

4) 나라와 권세와 영광을 찬양하며 예수님의 이름으로 기도합니다
   (기도드립니다) 하고 마친다.

"내 이름으로 아버지께 무엇을 구하든지 다 받게 하려 함이니라"(요 15:16).

"너희가 내 이름으로 무엇을 구하든지 내가 시행하리니 이는 아버지로 하여금 아들을 인하여 영광을 얻으시게 하려 함이라"(요 14:13).

"내 이름으로 무엇이든지 내게 구하면 내가 시행하리라"(요 14:14).

주기도문의 끝부분을 보라. "나라와 권세와 영광이 아버지께 영원히 있사옵나이다 아멘"(마 6:9-13).

예수님이 밝혀 주신대로 자신의 기도를 하기 전에 하나님 나라와 의를 위한 기도를 먼저한다.

"너희는 먼저 그의 나라와 그의 의를 구하라 그리하면 이 모든 것을 너희에게 더 하시리라"(마 6:33).

"은밀하게 기도할 것들은 골방(자신만의 조용한 곳)에 들어가 은밀한

중에 계신 하나님께 진실과 정성으로 은밀하게 기도한다.

"너는 기도할 때에 네 골방에 들어가 문을 닫고 은밀한 중에 계신 네 아버지께 기도하라 은밀한 중에 보시는 네 아버지께서 갚으시리라"(마 6:6).

기도에 대한 하나님의 언약의 말씀들을 붙잡고 의심하지 말고 믿음으로 한다.

"내가 진실로 너희에게 이르노니 누구든지 이 산더러 들리어 바다에 던지우라 하며 그 말하는 것이 이룰 줄 믿고 마음에 의심치 아니하면 그대로 되리라 그러므로 내가 너희에게 말하노니 무엇이든지 기도하고 구하는 것은 받은 줄로 믿으라 그리하면 너희에게 그대로 되리라"(막 11:23, 24).

"오직 믿음으로 구하고 조금도 의심하지 말라"(약 1:6).

"너는 내게 부르짖으라 내가 네게 응답하겠고 네가 알지 못하는 크고 비밀한 일을 네게 보이리라"(렘 33:3).

"구하라 그러면 너희에게 주실 것이요 찾으라 그러면 찾을 것이요 문을 두드리라 그러면 너희에게 열릴 것이니, 구하는 이마다 얻을 것이요 찾는 이가 찾을 것이요 두드리는 이에게 열릴 것이니라"(마 7:7-8).

4. 왜 기도 응답이 없나요?

1) 은밀한 죄가 있으면

"내가 내 마음에 죄악을 품으면 주께서 듣지 아니하시리라"(시 66:18).

2) 죄악 때문에

"여호와의 손이 짧아 구원치 못하심도 아니요 귀가 둔하여 듣지 못하심도 아니라, 오직 너의 죄악이 너희와 너희 하나님 사이를 내었고 너희 죄가 그 얼굴을 가리워서 너희를 듣지 않으시게 함이니"(사 59:1-2).

3) 용서하지 않아

"너희가 사람의 과실을 용서하면 너희 천부께서도 너희 과실을 용서하시려니와, 너희가 사람의 과실을 용서하지 아니하면 너희 아버지께서도 너희 과실을 용서하지 아니하시리라"(마 6:14-15).

"서서 기도할 때에 아무에게나 혐의가 있거든 용서하라 그리하여야 하늘에 계신 너희 아버지도 너의 허물을 사하여 주시리라"(막 11:25).

4) 의심함으로

"오직 믿음으로 구하고 조금도 의심하지 말라 의심하는 자는 바람에 날려 요동하는 바다물결 같으니 이런 사람은 무엇이든지 주께 얻기를 생각지 말라 두 마음을 품어 모든 일에 정함이 없는 자로다"(약 1:6-8).

5) 정욕으로 쓰려고 잘못 구함으로

"너희가 얻지 못함은 구하지 아니함이요 구하여도 받지 못함은 정욕으로 쓰려고 잘못 구함이니라"(약 4:2-3).

6) 불순종함으로

"오직 여분네의 아들 갈렙은 온전히 여호와를 순종하였은즉 그는 그

것을 볼 것이요 그가 밟은 땅을 내가 그와 그의 자손에게 주리라 하시고, '여호와' 께서 너희의 연고로 내게도 진노하사 가라사대 너도 그리로 들어가지 못하리라"(신 1:36-37).

5. 기도의 결과 3가지

1) 허락(응답) : 기도에 응답의 확신이 오고, 마음에 평안과 기쁨오고, 믿음이 서면은 응답하신 것이다. 당장 눈에 보이지 않더라도 의심하지 말고 인내로 믿음을 승화시키며 행하라.

2) 보류(때가 아니므로) : 전지하신 하나님께서 보실 때 시기상조이거나 때가 아니므로 적합한 때에 응답해 주시려고 보류(지체)하시는 것이다, 그러므로 자신을 돌보면서 인내를 가지고 기도하며 기다림이 바람직하겠다.

3) 거절(부결) : 전지하신 하나님께서 보실 때 응답해주면 아니 될 일(사안)이거나, 아직 응답해 줄 때가 아니거나, 오히려 해가 되거나, 불합리 하거나, 잘못될 수 있어 응답해주지 않는 것이다. "하나님을 사랑하는 자 곧 그 뜻대로 부르심을 입은 자들에게는 모든 것이 합력하여 선을 이루느니라"(롬 8:28)고 밝혀주셨다. 그러므로 믿음으로 쉬지 말고 기도하되 범사에 감사하며 기도하여야 한다.

6. 기도의 종류

1) 개인기도
① 묵상(묵도)으로 하는 기도
② 은밀하게 하는 기도
③ 소리 내어 말로 하는 기도
④ 부르짖어 간청하는 기도
⑤ 곡을 붙여 노래로 하는 기도
⑥ 방언으로 하는 기도

2) 공적인 기도
① 묵상(묵도)기도
② 통성으로 하는 합심기도
③ 찬송으로 하는 기도
④ 대표기도
⑤ 기원
⑥ 축도

3) 특별기도
① 금식기도
② 철야기도
③ 작정기도
④ 서원기도

⑤ 안수기도

4) 중보기도(도고)
5) 방언기도

7. 기도준비 어떻게 하나

1) 하나님께 합당한 기도를 드릴 수 있게 하여 달라고 먼저 구하며 준비한다.
2) 성령님께서 인도하여 주시되 예수 그리스도의 뜻을 이루시며 하나님께 영광이 되는 기도를 하도록 구하며 준비한다.
3) 예배 혹은 모임성격에 합당한 기도를 하도록 구하며 준비한다.
4) 참가한 모든 사람들에게 합당한(공감이 되는) 기도를 하도록 구하고, 묵상으로 또는 서면으로 준비를 한 후 공중 기도인도(대표기도)에 임한다.

8. 실제 기도에 임할 때의 자세

1) 기도는 하나님 아버지께 예수님의 이름으로 함을 잊지 말라.
2) 하나님의 영인 보혜사 성령님의 인도를 의지한다.
3) 예기치 않은 상태에서 갑자기 기도를 하게 될 경우에는 잠시(순간적)이라도 묵상으로 성령님의 도움을 구하고 강하고 담대한 믿음으로 임한다.

9. 기도하라고 밝혀주신 하나님의 말씀

1. 너는 내게 부르짖으라 내가 네게 응답하겠고 네가 알지 못하는 크고 비밀한 일을 네게 보이리라(렘 33:3).
2. 구하라 그러면 너희에게 주실 것이요 찾으라 그러면 찾을 것이요 문을 두드리라 그러면 너희에게 열릴 것이니, 구하는 이마다 얻을 것이요, 찾는 이가 찾을 것이요, 두드리는 이에게 열릴 것이니라, 너희 중에 누가 아들이 떡을 달라 하면 돌을 주며, 생선을 달라 하면 뱀을 줄 사람이 있겠느냐, 너희가 악한 자라도 좋은 것으로 자식에게 줄 줄 알거든 하물며 하늘에 계신 너희 아버지께서 구하는 자에게 좋은 것으로 주시지 않겠느냐(마 7:7-11).
3. 문을 두드리라 그러면 너희에게 열릴 것이니 구하는 이마다 얻을 것이요 찾는 이가 찾을 것이요 두드리는 이에게 열릴 것이니라(눅 11:9-10).
4. 아무것도 염려하지 말고 오직 모든 일에 기도와 간구로 너희 구할 것을 감사함으로 하나님께 아뢰라 그리하면 모든 지각에 뛰어난 하나님의 평강이 예수 그리스도 안에서 너희 말과 생각을 지키시리라(빌 4:6-7).
5. 너희는 먼저 그의 나라와 그의 의를 구하라 그리하면 이 모든 것을 더하시리라(마 6:33).
6. 너는 기도할 때에 네 골방에 들어가 문을 닫고 은밀한 중에 계신 네 아버지께 기도하라 은밀한 중에 보시는 네 아버지께서 갚으시리라(마 6:6).
7. 너희가 내 안에 거하고 내 말이 너희 안에 거하면 무엇이든지 원하

는 대로 구하라 그리하면 이루리라(요 15:7).
8. 환란 날에 나를 부르라 내가 너를 건지리니 네가 나를 영화롭게 하리로다(시 50:15).
9. 항상 기뻐하라, 쉬지 말고 기도하라, 범사에 감사하라 이는 그리스도 예수 안에서 너희를 향하신 하나님의 뜻이니라(살전 5:16-18).
10. 모든 기도와 간구로 하되 무시로 성령 안에서 기도하고 이를 위하여 깨어 구하기를 항상 힘쓰며 여러 성도를 위하여 구하고(엡 6:18).
11. 시험에 들지 않게 깨어 있어 기도하라 마음에는 원이로되 육신이 약하도다 하시고(마 26:41)
12. 항상 기도하고 낙망치 말아야 될 것을 저희에게 비유로 하여… (눅 18:1).
13. 너희 중에 고난당하는 자가 있느냐 저는 기도 할 것이요 즐거워하는 자가 있느냐 저는 찬송할찌니라 너희 중에 병든 자가 있느냐 저희는 교회의 장로들을 청할 것이요 그들은 주의 이름으로 기름을 바르며 위하여 기도할찌니라 믿음의 기도는 병든 자를 구원하리니 주께서 저를 일으키시리라 혹시 죄를 범하였을찌라도 사하심을 얻으리라 이러므로 너희 죄를 서로 고하며 병 낫기를 위하여 서로 기도하라 의인의 간구는 역사하는 힘이 많으니라(약 5:13-16).
14. 네가 부를 때에는 나 여호와가 응답하겠고 네가 부르짖을 때에는 말하기를 내가 여기 있다 하리라(사 58:9).
15. 저는 자기를 경외하는 자의 소원을 이루시며 또 저희 부르짖음을 들으사 구원하시리로다(시 145:19).
16. 저가 내게 간구하리니 내가 응답하리라 저희 환난 때에 내가 저와 함께하여 저를 건지고 영화롭게 하리라(시 91:15).

17. 내 이름으로 일컫는 내 백성이 그 악한 길에서 떠나 스스로 겸비하고 기도하여 내 얼굴을 구하면 내가 하늘에서 듣고 그 죄를 사하고 그 땅을 고칠찌라, 이곳(성전)에서 하는 기도에 내가 눈을 들고 귀를 기울이니, 이는 내가 이미 이 전을 택하고 거룩하게 하여 내 이름으로 여기 영영히 있게 하였음이니라 내 눈과 내 마음이 항상 여기 있으리라(대하 7:14-16).
18. 진실로 다시 너희에 이르노니 너희 중에 두 사람이 합심하여 무엇이든 구하면 하늘에 계신 내 아버지께서 저희를 위하여 이루게 하시리라 두 사람이 내 이름으로 모인 곳에는 나도 그들 중에 있느니라(마 18:19-20).
19. 너희가 기도할 때에 무엇이든지 믿고 구하는 것은 다 받으리라 하시니라(마 21:22).
20. 그러므로 내가 너희에게 말하노니 무엇이든지 기도하고 구하는 것은 받은 줄로 믿으라 그리하면 너희에게 그대로 되리라(막 11:24).
21. 내 이름으로 아버지께 무엇을 구하든지 다 받게 하려 함이니라(요 15:16).
22. 너희가 내 이름으로 무엇을 구하든지 내가 시행하리니 이는 아버지로 하여금 아들을 인하여 영광을 얻으시게 하려 함이라(요 14:13).
23. 내 이름으로 무엇이든지 내게 구하면 내가 시행하리라(요 14:14).
24. (주기도문) 그러므로 너희는 이렇게 기도하라

   하늘에 계신 우리 아버지,
   아버지의 이름을 거룩하게 하시며

아버지의 나라가 오게 하시며,
아버지의 뜻이 하늘에서와 같이 땅에서도 이루어지게 하소서.
오늘 우리에게 일용할 양식을 주시고,
우리가 우리에게 잘못한 사람을 용서하여 준 것같이,
우리 죄를 용서하여 주시고,
우리를 시험에 빠지지 않게 하시고, 악에서 구하소서.
나라와 권능과 영광이 영원히 아버지의 것입니다.

기도는 믿음과 소망과 사랑입니다.

기도는 신뢰와 순종과 성취입니다.

기도는 하나님의 보물창고를 여는 열쇠입니다.

기도는 참으로 신비한 체험을 하는 길입니다.

2장

금향로에 담긴 기도의 향기

월별 주일예배에 올린 기도

1월

신년 주일예배 기도

　에벤에셀 우리 하나님 아버지! 감사와 찬송과 존귀와 영광을 세세토록 돌리옵나이다.

　다사다난했던 지난 한해도 아버지의 크신 사랑과 은혜 속에 안보하여 주시고 오늘 새해 첫 주일예배를 허락하여 주셔서 온 성도들이 뜻을 모아 신령과 진정으로 거룩한 예배를 드리오니 하나님 아버지! 온전히 영광 받아 주시옵소서.

　알파와 오메가이신 사랑의 하나님 아버지! 귀한 시간 보혜사 성령님으로 역사하시고 기름부어 주시옵소서. 주님께서 십자가상에서 다 이루어주신 구속의 은혜를 믿사오니 우리의 죄와 허물들을 용서하시고 깨끗하고 성결한 자녀들로 인쳐 주시옵소서.

　하나님 아버지! 저희들 너무나 부족한 종들이오나 진정으로 아버님을 사랑합니다. 온전히 경외하며 말씀을 순종하며 살기를 원합니다. 금년 한해 동안도 늘 함께하여 주시옵소서. 온유하고 겸손하신 주님을 본받아 믿음에 굳건히 서서 진실된 사랑으로 이웃에 빛이 되게 하시고, 온 성도들의 가정마다 신앙으로 하나되며 금년의 소망과 기도 제목들 위에 하나님의 뜻을 이루게 하시고 크신 은혜와 복을 내려 주시옵소서.

　특별히 주님의 몸 되신 교회 위에 오직 성령사역으로 주님의 뜻을 잘 받드는 교회 되게 하여 주시옵소서. 모이기에 힘쓰는 교회, 경배와 찬양이 살아있는 교회, 기도와 간구가 뜨거운 교회, 담임목사님을 중심하여 온 성도가 사랑으로 하나 되어 모든 교회 위에 본이 되는 모범 교회되게 하시고, 이 지역에 죽어가는 수십만의 생명들에게 복음을 전하며 구원시키는 데 충성하는 교회로, 나라와 민족을 지키며 온 인류를 선교하는 교회로 크신 은혜와 복을 주시옵소서.

나라와 민족 위에도 크신 은혜를 베풀어 주시옵소서. 칠천만 민족이 예수 그리스도를 믿고 구원 받게 하시고, 남과 북은 평화스럽게 하나가 되며, 악한 죄악들을 소멸시켜주시고 바른 정치가 실시되며 참신한 경제로 발전하도록 인도하여 주시옵소서.

단 위에서 말씀을 증거하시고 선포하시는 담임목사님의 말씀이 지혜와 소망과 생명의 말씀으로 권세 있게 하시고 많은 결실을 맺는 은혜와 은총을 베풀어 주시옵소서.

우리를 택하여 자녀 삼아주신 하나님 아버지! 영광이 세세토록 충만하시오며 온 인류의 구속주가 되시는 예수 그리스도의 이름으로 간절히 기도하옵나이다. 아멘.

1월

예배 드리는 가정 선교하는 교회를 위한 기도

　금년을 예배 드리는 가정, 선교하는 교회로 크신 은혜를 베풀어 주시는 하나님 아버지! 각처에서 난리가 일어나고 기근과 지진과 재난이 수없이 일어나고 있는 이때에 지난 한해도 나라와 민족을 지켜주시고 저희들을 안보하여 주셔서 오늘 1월 4째 주일을 맞아 온 성도들이 몸과 마음과 정성을 다하여 신령과 진정으로 거룩한 예배를 드리오니 온전히 영광 받아 주시옵소서.

　상한 마음을 받으시는 하나님 아버지! 귀한 시간 보혜사 성령님으로 충만하시고 인도하여 주시옵소서. 저희들 심히 부족하고 어리석어 지난 한 주간도 세상과 더불어 살면서 마음과 생각과 입술과 행실로 실수하고 범죄한 것들이 너무나 많은 죄인들입니다. 진심으로 회개하오니 용서하여 주시옵소서.

　예수님께서 십자가상에서 사죄하여 주시고 구속하여 주신 은혜를 믿사오니 정결하고 성결한 자녀들로 기름 부어 주시옵소서. 믿음에 굳건히 서게 하시고 신앙 부흥을 주시옵소서. 영육간의 각종 질병들을 고치시는 주님의 치유의 능력을 믿사오니 깨끗하게 고쳐 주시옵고 영과 혼과 몸을 강건하게 하여 주시옵소서.

　가정마다 평강을 주시고 날마다 온 가족들이 사랑과 기쁨으로 가정예배를 드려 하나님 아버지께 찬양과 경배를 드리며 기도의 사명을 감당하고 선교하는 교회를 이루어 주님의 의를 이루게 하시고, 하나님께 영광과 찬송이 되게 하여 주시옵소서. 직장과 산업 위에도 복에 복을 더하여 주시옵고, 기업으로 주신 자녀 손들이 믿음 위에 굳건히 서서 열방을 품고 기도하며 주님의 뜻을 신실하게 받드는 기둥들이 되게 하여 주시옵소서.

하늘과 땅의 권세를 가지시고 세상 끝 날까지 우리와 함께하시는 주님! 주님의 원대하신 계획과 섭리 하에 특별히 세워주신 우리 교회를 항상 성령님으로 충만하게 채워 주시옵소서. 모든 어린이와 청소년과 장년들과 교역자 모두가 믿음과 사랑으로 하나되어 오직 영혼을 사랑하는 구령에 불타 오르게 하시고 이 지역에 죽어가는 수십만의 생명들을 구원 시키는 일에 최선을 다하며 온 세계 인류를 선교하는 교회로 알찬 열매 맺게 하여 주시옵소서.

파송하고 지원하는 개척 교회와 선교지마다 성령님 충만 역사하여 주시고 사역하고 있는 주의 사자들의 활동과 기도 위에 능력과 권세를 주시사 승리케 하여 주시옵소서. 사랑의 하나님 아버지! 오늘 주시는 목사님의 말씀 위에 생수가 강같이 흐르게 하시고 영원히 목마르지 않는 은혜와 은총을 내리어 주시옵소서. 하나님 아버지께 영광과 찬송이 영원 하시기를 바라오며 예수 그리스도의 이름으로 간절히 기도드리옵나이다. 아멘.

1월

설을 맞은 주일 예배 기도(1)

　민족적인 명절로 '설'을 주신 하나님 아버지께 감사와 찬송과 영광을 돌리옵나이다.
　오늘 설을 맞는 거룩한 주일에 온 성도들이 한자리에 모여 신령과 진정으로 거룩한 예배를 드리오니 사랑이신 하나님 아버지! 온전히 영광 받아 주시옵소서. 저희들 지은 죄와 허물로 죽고 멸망 받을 수밖에 없는 죄인들이오나 예수님께서 십자가상에서 베풀어 주신 대속의 은혜와 보혈의 능력과 구속의 은혜를 믿사옵고 예수님의 이름으로 몸과 마음과 뜻과 정성을 다하여 헌신하오며 찬양과 기도와 헌물로 봉헌하오니 온전히 열납하여 주시고 영광 받아 주시옵소서.
　자비하신 하나님 아버지! 귀한 시간 하늘의 신령한 복과 땅의 기름진 복으로 은혜 위에 은혜를 더하여 주시옵소서. 특별히 많은 민족들이 설을 계기로 고향을 찾아 부모 형제 자녀 손들이 한자리에 모여 혈육의 사랑과 정을 나누며 선조들의 은덕을 기리고 하나님께 감사와 찬양과 경배를 드리게 하시오니 참으로 감사와 영광을 돌리옵나이다.
　사랑이 많으신 하나님 아버지! 온 성도들의 가정마다 사랑과 믿음과 소망으로 충만케 하시고 뜻을 같이하여 여호와 하나님을 경외하며 그 도 행하기에 신실한 가정들로 하늘의 신령한 복과 땅의 기름진 복으로 크신 은혜를 내려 주시옵소서. 부모는 자녀 손들에게 신앙을 전수하게 하시고, 자녀 손들은 부모에게 효를 다하는 가정들이 되게 하시며 교회와 사회와 나라와 인류에 큰일을 감당하는 기둥들이 되게 하여 주시옵소서.

광대하신 하나님 아버지! 저희 나라와 민족이 아직까지도 하나님의 은혜를 망각하고 불신앙 속에 우상을 섬기며 도덕적으로 윤리적으로 말할 수없는 타락과 탈선을 하고 있습니다. 용서하여 주시옵소서. 우리의 어리석음을 긍휼히 여겨 주시옵고 민족적으로 깨어 경성하여 오직 '여호와' 하나님만을 경외하며 그 사랑으로 서로 사랑하며 신뢰하고 협력하여 복된 나라로 이룩하게 하시고, 모든 교육이 창조주 하나님을 근본으로 하는 진리교육이 시행되게 하시며, 온 세계 인류에게 메시아의 참 복음을 전하는 나라로 크신 은혜와 은총을 베풀어 주시옵소서.

민족의 대이동에 모든 교통문제도 안전하게 지켜주시고 이 나라와 민족을 통하여 감사와 찬송과 영광을 온전히 받아 주시옵소서.

귀한 시간 주시는 말씀 위에 크신 은혜를 주시옵기를 바라오며 온 인류의 메시야로 오신 예수 그리스도의 이름으로 간절히 기도드리옵나이다. 아멘.

1월

설 명절 예배 기도(2)

　사랑과 은혜가 풍성하신 하나님 아버지! 오늘 뜻 깊은 설 명절을 맞아 온 형제자매의 가족들이 인애하신 형님 댁에 모여 사랑과 정을 나누며 기쁨으로 친교를 갖게 하시는 중에, 먼저 하나님 아버지께 경배와 찬양으로 몸과 마음과 정성을 다하여 예배를 드리며, 부모님과 선조들의 은덕을 기리게 하시오니 사랑의 하나님! 진정 감사와 찬송을 드리옵나이다.

　자비로우신 하나님 아버지! 저희들 지난 한해를 돌아보며 부족하고 잘못하고 서로 서운하게 한 것들이 있으면 다 풀고 용서하고 화목한 우애를 갖게 하여 주시옵소서.

　이제 금년 한해부터는 저희와 온 가정이 하나님 앞과 사람 앞에 특별히 형제자매와 친족들 앞에 더 신실하며 우애 있게 사랑을 실천하며 살게 하시고 하나님의 자녀답게 믿음에 굳건히 서서 세상에 소금과 빛의 사명을 감당하며 악을 멀리하고 의에 서서 진실한 삶으로 이웃에 본이 되며 향기가 되게 하여 주시옵소서.

　항상 기뻐하며 쉬지 말고 기도하며 범사에 감사하는 생활을 하게 하시고 자녀 손들의 학업이나 직장이나 경영하고 있는 산업들 위에 전능하신 하나님의 은혜가 항상 함께 하시어 모두가 발전하고 성장하는 보람된 한해가 되도록 은총 베풀어 주시옵소서.

위대하신 하나님 아버지! 저희가 섬기고 있는 교회마다 항상 성령으로 충만하여 주셔서 진정한 교회의 사명을 잘 감당하게 하시옵소서. 하나님만을 온전히 경외하며 찬양하며 경배하는 신실한 교회로 지역사회에 사랑을 베풀며 품고 나눠주는 구원의 방주가 되게 하시고, 나라와 민족을 지키고 복음화 하여 남과 북이, 동과 서가 사상의 허구와 지역 갈등을 풀고 진정한 주님의 사랑으로 하나가 되게 하는 교회가 되게 하시되 저희가 밑거름이 되게 하여 주시옵소서.

저희 나라와 온 세계 인류가 악한 사단의 세력에서 놓임 받아 참 자유를 누리게 하시고 우상숭배에서 벗어나 여호와 하나님께로 돌아와 하나님을 아버지로 부르며 찬양하며 영광을 돌리는 은총을 베풀어 주시옵소서.

온 인류를 사랑하시는 하나님 아버지께 항상 감사와 찬송과 존귀와 영광이 세세토록 충만하시옵소서.

인류의 구속주가 되시는 예수 그리스도의 이름으로 간절히 기도드리옵나이다. 아멘.

2월

월삭 및 생업 봉헌 예배 기도

2월 첫날 새벽 첫 시간을 월삭 및 생업 봉헌예배로 드릴 수 있도록 은혜를 베풀어 주신 사랑하는 하나님 아버지께 감사를 드리오며 찬송과 영광을 돌리옵나이다.

자비하신 하나님 아버지! 지난 한 달 동안도 세상과 더불어 살면서 실수하고 범죄한 육신의 정욕과 안목의 정욕과 이생의 자랑을 회개하오니 용서하여 주시옵소서. 오직 주님의 구속의 은총을 믿사오니 정결하고 성결한 자녀들로 새롭게 변화시켜 주시옵고 신실한 자녀들로 은총 베풀어 주시옵소서.

세상 풍파 거세게 일지라도 주님과 늘 동행함으로 승리의 길을 걷게 하시고 항상 기뻐하며 쉬지 말고 기도하며 범사에 감사하는 성도로 하나님의 뜻에 순종하는 삶을 살게 하여 주시옵소서.

주신 직분들을 소중히 생각하고 본분을 다하여 택함 받은 성도로 구별된 삶을 살며, 가정에서나 교회에서나 이웃과의 사회생활 속에서 주님의 사랑과 의를 실천하여 하나님과 사람들 앞에 칭송 받는 모범생활로 본이 되게 하여 주시옵소서.

저희들을 택하여 기업 삼아주신 사랑의 하나님 아버지! 귀한 교회 모든 자녀들이 한 해의 생업들을 아버님 앞에 온전히 봉헌하오니 받아주시옵소서.

"너의 행사를 여호와께 맡기라 그리하면 너의 경영하는 것이 이루리라" 하신 말씀대로 우리의 생업을 하나님께 맡기오니 모든 기업들을 인도하여 주시옵소서. 직장과 산업과 기도 제목들을 이루어 주시옵소서. 형통케 하시고 번창케 하시고 귀감과 덕이 되게 하시고 큰 영광을 돌리는 한해로 복에 복을 더하여 주시옵소서.

　말씀 속에 거하시는 전능하신 하나님 아버지! 귀한 시간 담임목사님을 통하여 주시는 말씀이 길과 진리와 생명의 말씀으로 발에 등불이요 인생길에 빛이 되게 하여 주시옵소서.

　모든 순서마다 성령님 온전히 주장하시고 악한 영은 일체 금지되며 하나님 영광만이 충만하여 주시옵소서.

　월삭 및 봉헌예배를 허락하신 선한 목자 되시는 예수 그리스도의 이름으로 간절히 기도 드리옵나이다. 아멘.

2월

첫 주일예배 기도

　사랑과 은혜 베풀어 주시기를 즐겨 하시는 여호와 하나님 아버지! 죄값으로 멸망 받을 수밖에 없는 저희들을 독생자 예수님의 보혈의 은총으로 대속하시고 구속하여 주신 은혜를 진심으로 감사하옵고 찬양과 영광을 돌리옵나이다.
　하나님 아버지! 나라적으로 IMF라는 어려운 여건을 맞고 있습니다. 그러나 "하나님을 사랑하는 자 곧 그 뜻대로 부르심을 입은 자들에게는 모든 것이 합력하여 선을 이룬다"고 말씀하심을 믿으며 오늘 2월 첫 주일 거룩한 예배를 신령과 진정으로 드리오니 온전히 열납하여 주시고 자비와 긍휼을 베풀어 주시옵소서.
　하나님 아버지! 하나님만이 우리의 영원하신 아버지시요 주님이시요 선한 목자시며 주재이십니다. 천하 만민과 만상을 통하여 세세토록 영광 받아 주시옵소서.
　귀한 시간 정성으로 예배를 드리는 저희를 받아 주시옵소서. 오직 성령으로 말씀에 굳건히 서게 하시고 세상의 소금과 빛으로 소명에 충실한 그리스도인으로 세상을 이기게 하시옵소서. 주님의 능력과 지혜로 믿음에 굳건히 서게 하시고 영육을 강건케 하시옵소서. 가정의 평강과 모든 생업과 기업들 위에 복을 내려 주시옵소서. 자녀 손들이 신앙으로 세상을 이기게 하시고 금번 대학 진학이나 사회 진출을 통해 하나님 나라와 의를 위해 요긴하게 쓰임 받는 사명자들이 되게 하여 주시옵소서.

특별히 귀한 뜻을 두시고 세우신 우리 교회 위에 항상 성령님의 능력과 권능으로 충만하여 주시고 이 지역과 나라와 민족 앞에 힘있게 복음을 전파하는 교회로 연부년 부흥과 성장을 주시옵소서.

금년 3월 25일 성결인 금식 성회 위에 오직 성령의 역사로 주님의 뜻을 이루시옵소서. 본 교회가 앞장서서 힘써 사명 감당하게 하시고 모든 교회와 협력하여 힘을 모아 통회 자복하며 진실된 회개로 서로 하나가 되는 갱신의 역사를 일구게 하시옵소서.

이 회개의 불이 이 땅 위에 모든 교회들로 확산되어 나라와 민족을 살리는 갱신의 길로 성령님 이끌어 주시옵소서.

우리나라와 7천만 민족이 우상을 버리게 하시고 극심한 타락과 탈선과 죄악의 길에서 돌아서서 하나님만을 섬기며 경외하게 하시옵소서. 경제난국도 속히 거둬 주시옵고, 평화통일도 속히 이루어 주시옵소서.

단 위에서 말씀을 주시는 담임목사님 위에 영육을 강건케 하시며 성령과 말씀과 능력과 지혜로 충만하여 주시옵소서. 본 교회 목회와 교단 총회장의 중임을 잘 감당하게 하시고 승리하는 사자로 늘 장중에 붙잡아 주시옵소서.

찬송 중에 거하시는 아버지 하나님! 시온 찬양대의 정성된 찬양과 온 성도들의 찬양을 열납하시고 세세토록 영광 중에 충만하시옵소서.

좋으신 섭리로 은혜를 베풀어주시는 예수님 이름으로 간절히 기도 드리옵나이다. 아멘.

2월

새 일을 행하는 교회를 위한 기도

　은혜 베풀어주시기를 즐겨하시는 사랑의 하나님 아버지! 소망과 축복의 해로 한해를 주시고 어언 2월 첫 주일 거룩한 예배를 드리게 하시오니 참으로 감사와 찬송과 존귀와 영광을 돌리옵나이다.
　하나님 아버지! 미천한 저희들은 구세주 예수님의 이름으로 신령과 진정으로 거룩한 예배를 드리오니 온전히 열납하여 주시옵고 우리의 죄와 허물들을 사하시며 용서하여 주시옵소서. 아버님의 자녀로 인쳐 주시고 영광 받아 주시옵소서.
　주님께서 피로 값주고 특별히 세워주신 저희교회 금년 한해를 '성령의 능력으로 새 일을 행하는 교회'로 뜻을 모으고 갈망하오니, 주님! 금년 한해 동안 성령님으로 충만하시고, 말씀으로 역사하시어 새 일을 행하는 교회로 놀라운 기적을 보여 주시옵소서.
　보혜사 성령님이여! 먼저 택함 받은 저희들에게 충만하여 주시옵소서, 모이기에 힘쓰게 하시고, 사랑으로 하나 되게 하시고, 주님의 뜻을 받들어 최선으로 충성하는 한해가 되게 하여 주시옵소서. 모여 기도하며, 찬양하며, 예배를 드릴 때마다 새 생명의 역사가 기적같이 일어나게 하시옵소서. 죽어가는 생명들이 몰려와 구원받게 하시고, 병든 자들이 고침 받게 하시고, 막힌 문제들을 해결 받는 기적들을 보여주시옵소서.

원근 각처에서 찾아와 믿고 구원받는 역사가 불같이 일어나는 교회 되게 하시고 금년 한해 동안에 믿고 구원받는 수가 수만 명으로 증가하는 부흥과 성장을 주시옵소서.

모든 나라들의 흥망성쇠를 주관하시는 만군의 여호와 하나님 아버지! 우리나라와 민족을 긍휼히 여겨주시옵소서. 불쌍히 여겨주시옵소서. 나라와 민족적인 죄악들을 용서하여 주시옵소서. 바른 정치가 시행되며, 올바른 경제로 성장하게 하시고 남북이 주 안에서 평화스럽게 하나가 되며 여호와 하나님을 경외하는 나라로, 온 인류를 선교하는 민족으로 삼아주시옵소서.

하나님 아버지! 귀한 시간 정성으로 준비하여 드리는 찬양대의 찬양을 열납하시고 영광 받아 주시오며 아버지의 영광이 주의 전에 충만하여 주시옵소서.

단 위에서 말씀을 증거하시는 목사님 위에 항상 영육을 강건케 하시며 성령으로 충만하여 주시옵소서. 주시는 말씀마다 권세와 생명력이 넘치게 하시고 옥토에 뿌린 씨앗과 같이 30배 60배 100배의 결실을 맺게 하여 주시옵소서.

하나님 아버지! 감사합니다. 모든 찬송과 영광을 온전히 돌리오니 세세토록 영광 받아주시옵소서.

우리의 구속주이신 예수 그리스도의 이름으로 간절히 기도드리옵나이다. 아멘.

2월

주일예배에 드린 기도

"하나님은 영이시니 예배하는 자는 신령과 진정으로 예배할지니라" 고 말씀하신 주님! 저희들 심히 미천하오나 주님만을 의지하여 몸과 마음과 뜻과 정성을 다하여 신령과 진정으로 거룩한 예배를 드리오니 하나님 아버지! 세세토록 감사와 찬송과 영광을 받아 주시옵소서.

인애하신 예수님! 십자가상에서 구속의 제물이 되사 몸을 찢으시고 물과 피를 다 쏟아주신 그 크신 사랑과 능력을 믿사오니 우리의 죄와 허물들을 깨끗이 씻어주시옵소서. 정결하고 성결케 하시고 거룩하신 하나님의 신실한 자녀들로 변화시켜 주시옵소서.

사랑하는 주님! 저희들 교회를 위하는 마음들은 간절하면서도 하나님의 뜻을 미처 깨닫지 못하여 성도 간에 원망과 시비로 실수하고 범죄한 것들이 너무나 많사오니 미련한 저희들을 용서하여 주시옵소서. 오직 성령님의 인도하심을 따라 주님의 사랑과 생명으로 풍성케 하시고 서로 사랑하며 화목함으로 세상에 빛이 되는 교회를 이루어 주님의 뜻만을 받드는 착하고 충성된 성도들이 다 되게 하여 주시옵소서.

믿음의 주요 또 온전케 하시는 이인 예수님! 저희들 심히 부족합니다. 귀한 시간 믿음의 부흥을 주시옵소서. 큰 믿음을 주시옵소서, 믿음에 굳건히 서서 주님의 일들을 능히 감당할 수 있도록 장중에 붙잡아 주시옵소서.

어린이 교회와 청소년 교회와 청년 교구 위에도 오직 성령님으로 충만 역사하여 큰 부흥과 성장을 주시옵소서. 충성하는 모든 교사와 교역자 위에 말씀과 지혜와 능력과 큰사랑과 은혜를 베풀어 주시옵소서.

온 성도들을 대신하여 정성으로 준비하여 진미를 드리는 찬양대의 찬양을 열납하시고 찬양을 드릴 때마다 영광 받아 주시옵소서.

사랑하는 하나님 아버지! 단 위에서 말씀을 증거하시고 대언하시고 선포하시는 담임목사님 위에 성령으로 충만하여 주시옵소서. 영육을 강건케 하시고 주시는 말씀마다 능력과 지혜와 축복이 되게 하시며 온 성도의 마음이 옥토가 되어 좋은 결실을 맺게 하시고, 영과 혼과 몸이 잘되며 믿음의 승리자들이 다 되게 하여 주시옵소서.

'여호와닛시' 우리의 대장이 되시는 하나님! 귀한 예배 위에 악한 영은 일체 금지시켜 주시고 아버님께만 영광이 충만하시옵소서. 교회의 주인이시며 머리가 되시는 예수 그리스도의 이름으로 간절히 기도드리옵나이다. 아멘.

2월

교회와 나라를 위한 기도

　자비로우신 하나님 아버지! 연약한 저희들을 지난 한 주간도 사랑과 보호 속에 안보하여 주시고 오늘 거룩한 주일 복된 성일에 신령과 진정으로 거룩한 예배를 드리게 하시오니 참으로 감사와 찬송과 존귀와 영광을 세세무궁토록 돌리옵나이다.
　하나님 아버지! 귀한 시간 보혜사 성령으로 충만하여 주시옵소서. 예수 그리스도의 보혈의 능력과 대속의 은혜를 믿사오니 사죄의 은혜와 구속의 은총으로 충만하시고 온전한 예배로 받으시며 영광이 충만하여 주시옵소서.
　교회의 머리가 되시는 주님! 귀하신 뜻을 두시고 세우신 우리 교회가 항상 보혜사 성령사역으로 주님의 뜻을 받드는 교회되게 하시고 이 시대의 본이 되는 모범 교회가 되게 하여 주시옵소서. 죽어가는 영혼들을 구원하는 구원의 방주가 되게 하시고 나라와 민족을 지키며 온 세계를 선교하는 힘 있는 교회로 요긴하게 쓰여지게 하옵소서.
　개척한 교회와 지원하고 있는 선교지와 파송한 모든 선교사들과 함께하시며 사역자들의 기도를 열납하시고 크신 은혜를 내려 주시옵소서. 금번 새봄맞이 성경학교와 청년교구의 말레이시아 선교 위에 성령님 충만하시고 주님의 뜻을 온전히 이루어주시옵소서.
　사랑과 은혜가 풍성하신 하나님 아버지! 모든 성도들의 가정마다 평강을 주시옵고 드리는 기도마다 열납하시며 주님을 위한 소망들을 아름답게 이루어 주시옵소서.

자비로우신 하나님 아버지! 우리 대한민국을 긍휼히 여겨 주시옵소서. 극도로 타락하고 범죄하는 민족적인 죄악들을 용서하여 주시옵소서. 이 어려운 난국을 지켜주시옵고 불순한 세력과 악한 세력들을 결박하시고 소멸시켜 주시옵소서. 북한의 핵무기도 해결하여 주시옵고 남과 북이 주 안에서 평화스럽게 하나가 되게 하여 주시옵소서. 바른 정치가 실시되게 하시고 참신한 경제로 발전시켜 주시옵소서. 오직 하나님만을 경외하며 온 세계를 선교하는 부강한 나라와 민족을 삼아 주시옵소서.

귀한 시간 찬양대의 찬양과 헌신을 열납하시고 영광 받아 주시오며 단에서 주시는 목사님의 말씀 위에 성령님 충만하여 주시고 길이요 진리요 생명의 말씀으로 큰 은혜를 내리어 주시옵소서.

교회의 주인이시며 머리가 되시는 예수 그리스도의 이름으로 간절히 기도하옵나이다. 아멘.

3월

새롭게 변화를 구한 기도

모든 나라의 흥망성쇠를 섭리하시며 우리 인생의 생사화복을 주장하시는 전능하신 하나님 아버지! 부족하고 연약한 저희들을 그동안도 안보하여 주시옵고 오늘 3월 마지막 주일 거룩한 성일을 또 허락하여 주셔서 만유의 주재이신 여호와 하나님께 신령과 진정으로 거룩한 예배를 드리며 영광을 돌리게 하시고 아버님의 그 크신 사랑과 은혜를 받게 하시오니 참으로 감사와 찬송과 존귀와 영광을 돌리옵나이다.

하나님 아버지! 저희들은 또 우리나라와 민족은 그동안 수많은 실수와 죄악을 저질러온 어리석은 죄인들입니다. 용서하여 주시옵소서. 불쌍히 여겨 주시옵고 긍휼을 베풀어 주시옵소서. 하나님의 의와 선은 아랑곳없고 악한 마귀의 유혹에 넘어가 욕심을 부리며 멸망과 파탄을 자초하는 삶을 살아왔습니다. 북한의 동족들은 공산주의에 현혹되어 하나님이 어디 있느냐고 하나님을 대적하고 있사오며, 남한의 동족들은 우상숭배와 정치욕과 권세욕과 물욕과 정욕에 사로잡혀 이성을 잃고 있습니다.

아버지 하나님! 이 시간 회개하오니 용서하여 주시옵소서. 나라와 민족과 우리들을 이 난국과 어려운 역경 속에서 건져 주시옵소서. 주 안에서 서로 사랑하며 하나가 되는 하나님의 나라로 새롭게 변화시켜 주시옵소서.

우리 교회를 세우시고 저희에게 맡겨주신 하나님 아버지! 오직 성령님으로 말씀을 순종하며, 나라를 지키며, 온 세계를 선교하는 지혜와 능력과 열정을 주시옵소서. 특별히 다음 달은 주님께서 십자가상에서 그 엄청난 고난을 겪으시며 희생의 제물까지 되시면서 우리의 죄와 허물들을 다 장사시키시고 새생명을 주신 부활하신 달입니다. 금번 춘계 총력 전도를 계기로 모두가 한 생명 이상씩 전도하여 구원시키는 충성하는 달이 되게 하시고 작정된 1,461명의 생명들이 구원을 받는 역사적인 달이 되게 하여 주시옵소서.

은혜 베풀어 주시기를 즐겨하시는 하나님 아버지! 우리 모든 성도들에게 날마다 믿음의 부흥을 주시옵소서. 가정마다 신앙으로 하나 되게 하시고 기도의 제목과 소망들을 이루어 주시옵소서. 병마로 고통 받고 있는 성도들은 예수님께서 베풀어주신 신유의 능력을 믿고 고침 받게 하시고 경제적으로 어려움을 겪고 있는 가정들을 돌봐주시옵소서. 직장과 사업과 생업들을 해결시켜 주시고 크신 은혜를 베풀어 주시옵소서. 모든 성도들의 자녀 손들은 믿음으로 세상을 이기며 주 안에서 승리자가 되도록 인도하여 주시옵소서.

단 위에서 말씀을 증거하시는 목사님 위에 영육을 강건케 하시고 성령으로 충만하여 주시옵소서. 주시는 말씀이 지혜와 능력과 생명의 말씀이 되게 하시고 옥토에 뿌린 씨앗이 되어 큰 결실을 맺게 하여 주시옵소서.

임마누엘 우리 하나님 아버지! 귀한 시간 정성으로 드리는 찬양대의 찬양을 열납하시고 영광 받아 주시옵소서. 구속주가 되시는 예수님의 이름으로 간절히 기도드리옵나이다. 아멘.

3월

깨어 경성하기 위한 기도

독생자 예수 그리스도를 십자가의 화목제물로 내어주시기까지 우리를 사랑하시는 하나님 아버지! 거칠고 험난한 세파 속에서도 지난 한 주간도 안보하여 주시고 오늘 거룩한 성일을 또 허락하여 주셔서 어리석고 미천한 저희들이 영과 혼과 몸을 드려 예수 그리스도의 이름으로 신령과 진정으로 거룩한 예배를 드리게 하시오니 하나님 아버지! 진정 감사와 찬송과 영광을 돌리옵나이다.

하나님 아버지! 귀한 시간 보혜사 성령님으로 충만하여 주시옵소서.

머리 숙여 기도하는 모든 심령 위에 충만케 하시고 은혜 내려 주시옵소서.

육신의 정욕과 안목의 정욕과 이생의 자랑으로 때묻고 헐벗은 누추한 모든 죄악들을 십자가의 보혈로 깨끗이 씻어주시옵소서.

사람이 물과 성령으로 거듭나지 아니하면 하나님 나라에 들어갈 수 없다고 하셨습니다. 자비하신 아버지! 우리 모두가 물과 성령으로 거듭나게 하시옵소서.

중생하고 성결하고 진실된 하나님의 자녀로 변화시켜 주시옵소서.

하나님 나라와 의를 구하며 순간순간 나를 쳐서 죽이고 주님만을 높이는 신실한 제자가 되게 하여 주시옵소서.

특별히 이 달은 예수님께서 십자가를 지신 고난의 달이며, 사망 권세를 깨치시고 부활하신 승리의 달입니다. 모두가 구령에 불타올라 죽어가는 생명들을 위해 기도하며 한 생명이라도 더 구원시키는 전도하는 달이 되게 하여 주시옵소서. 가정마다 신앙으로 하나 되게 하시고 자녀들과 항상 동행하여 주시며 직장과 산업 위에 한량 없는 복으로 승리의 달이 되게 하여 주시옵소서.

오 주여! 귀하신 뜻을 두시고 세워주신 우리 교회를 항상 주님의 장중에 붙잡아주셔서 교단과 교계와 나라와 민족을 바로 세우며 하나님의 의를 이루는 믿음과 사랑과 능력이 충만한 교회로 일으켜 주시옵소서.

귀한 시간 말씀을 주시는 목사님 위에 갑절의 성령으로 충만하여 주시고 그 말씀이 영과 혼과 몸을 새롭게 소생시키는 능력의 말씀으로 생명수가 되게 하시옵소서.

하나님 아버지! 우리나라와 민족을 불쌍히 여겨주시옵소서. 아직까지도 깨닫지 못하고 하나님을 뒷전에 두고 물고 뜯고 골육상쟁만을 일삼고 있습니다. 각가지 우상숭배와 권세욕과 명예욕과 살인과 음란과 말할 수 없는 방탕한 죄악들로 멸망을 자초하고 있습니다. 하나님 아버지! 용서하여 주시옵소서.

바른 정치와 참신한 경제와 의로운 사회와 하나님을 근본으로 하는 교육이 시행되게 하시고 서로 사랑하며 신뢰하는 나라와 민족으로 거듭나게 하여 주시옵소서.

존귀와 영광을 아버지 하나님께 온전히 돌리오며, 예수 그리스도의 이름으로 간절히 기도 드리옵나이다. 아멘.

4월

사순절 예배 기도

　만유의 주재이신 여호와 하나님 아버지! 감사와 찬송과 존귀와 영광을 전심으로 돌리옵나이다. 독생자 예수님을 그 엄청난 고통과 수모를 다 감수케 하시며 희생의 제물로 십자가에서 못 박혀 죽게 하심으로 우리의 죄를 대속하여 주시고, 장사한지 삼일 만에 사단의 사망권세를 깨치시고 다시 살아나게 하셔서 부활의 첫 열매를 맺어주신 그 크신 은혜를 생각할 때에 참으로 감사와 찬양을 드리옵나이다.

　예배하는 자를 찾으시며, 상한 심령을 받으시는 하나님 아버지! 사순절기간 4월 첫 주일 거룩한 성일을 맞아, 저희들이 그동안의 죄과와 게으르고 나태한 신앙생활을 통회 자복하며, 몸과 마음과 정성을 다하여 신령과 진정으로 거룩한 예배를 드리오니 우리의 죄를 사하여 주시옵고 온전히 열납하시고 영광 받아 주시옵소서.

　사랑하는 하나님! 귀한 예배 성령의 기름부음이 저희 모두 위에 흡족하게 하시고 구하는 자에게 주시겠다고 언약하신 말씀을 믿고 간구하오니 하늘의 신령한 복과 땅의 기름진 복을 풍성히 내리어 주시옵소서.

　귀하신 뜻을 두고 세우신 우리교회 담임목사님을 중심으로 온 교역자와 당회원과 모든 직원과 성도 전체가 한마음 한뜻 되어 열심을 품고 주님의 뜻만을 받드는 교회되게 하시고, 서로 사랑하고 협력하며 이 지역에 예수 그리스도를 모르고 죽어가는 수십만의 생명들을 구원시키는 구원의 방주가 되게 하여 주시옵소서.

  특별히 오늘 저녁부터 시작하는 천국잔치인 심령부흥 대성회 위에 성령님이여! 충만하시고 역사하여 주시옵소서. 강사로 세우시는 목사님 위에 주님의 능력과 권능으로 세워주시옵소서. 주시는 말씀마다 은혜 되게 하시고, 모든 성도들이 참석하여 시간시간 큰 은혜와 복을 받게 하여 주시옵소서. 기도하는 것마다 응답하여 주시고 문제마다 해결 받게 하시옵소서. 상한 심령이 해결 받게 하시고, 사단에게 농락당하고 있는 자에게 성령님으로 바로 서게 하시며, 병들어 고통당하는 성도들이 영과 혼과 몸이 깨끗이 고침 받아 기뻐 뛰게 하시고 주님의 산 증인들이 되게 하여 주시옵소서. 특별히 사단의 세력에 묶여 죽어가는 가족들이나, 우리 이웃들을 강권하여서라도 데려다가 생명을 구원시키는 일에 힘써 전도하는 전도자가 다 되게 하여 주시옵소서.

  단 위에서 말씀을 증거하시며 선포하시는 담임목사님 위에 오직 성령충만하심으로 말씀에 능력과 권능을 더하여 주시고 살아 역사하시는 생명의 말씀으로 풍성케 하시옵소서. 말씀을 듣는 온 성도들이 믿음과 아멘으로 순종케 하시고, 주님의 의를 이루어 드리는 승리자가 되도록 모두에게 크신 은혜를 베풀어 주시옵소서.

  찬양받기 위해 세워주신 하나님 아버지! 귀한 시간 정성을 다하여 올리는 시온찬양대의 찬양을 열납하시고 영광 받아 주시오며 아버님의 영광이 하늘에 충만하심같이 이 성전 위에도 충만하시옵소서.

  감사와 찬송과 존귀와 영광을 아버지 하나님께 세세토록 돌리오며, 우리의 영원한 주님이신 그리스도 예수님의 이름으로 간절히 기도드리옵나이다. 아멘.

4월

종려주일 예배 기도

　죄악이 관영한 낮고 천한 이 땅 위에 무지한 저희 인간들을 위하여 독생자 예수님을 구속주로 보내주신 여호와 하나님 아버지! 아버님의 크신 사랑과 은총을 진심으로 감사하오며 찬송과 존귀와 영광을 돌리옵나이다.

　오늘 고난주간을 맞는 뜻 깊은 성일 거룩한 주일에 우리의 곤고와 질병과 죄와 허물을 대속하여 주시기 위하여 채찍에 피 뿌려가며 자욱 자욱 피맺힌 골고다 언덕길로 끌려가시고 급기야는 십자가에 처참하게 달리신 예수님을 바라보면서, 그동안 죄로 얼룩진 우리의 발자취를 주님 앞에 내어놓고 회개하고 통회 자복하오니 주님! 우리의 죄와 허물들을 용서하여 주시옵소서. 머리에 가시관을 쓰시고 흘리신 보혈, 양손과 양발에 쇠못으로 박히시고 흘리신 보혈, 옆구리에 창으로 찔림을 받으시고 쏟으신 물과 피, 이 모두가 우리의 생각으로 지은 죄, 마음으로 지은 죄, 손과 발로 지은 죄, 병마에 사로잡혀 고통 당할 모든 죄악들을 완전히 대속하시고 구원하시기 위하여 희생의 제물이 되신 것을 믿사오니 주님! 저희들을 긍휼히 여기시고 용서하여 주시옵소서.

　독생자까지 희생양으로 삼으시고 우리를 구원해 주신 사랑의 하나님 아버지! 이 시간 보혜사 성령님으로 충만하여 주시옵소서. 오직 성령충만으로 모든 성도들이 믿음에 굳건히 서게 하시고, 예수 그리스도를 믿지 않고 죽어가는 가족과 이웃과 모든 생명들을 구원시키는 착하고 충성된 십자가의 군병으로 거듭나게 하여 주시옵소서.

특별히 교회적으로 오직 성령으로 모이기에 힘쓰는 교회가 되게 하여 주시옵소서.

말씀을 보수하며 땅 끝까지 선교하며 나라와 민족을 지키는 교회로 모든 교회들에게 모범 교회로 본이 되게 하시며, 내일부터 한 주간 동안 갖는 고난주간 특별 새벽기도회에 온 성도가 간절한 마음으로 동참하여 주님의 발자취를 따르며 성령의 권능과 지혜와 말씀과 은사로 무장하게 하시고, 한 생명을 천하보다 귀중하게 여기시는 주님의 마음을 본받아 죽어가는 한 생명이라도 구원시키는 소중한 주간이 되게 하여 주시옵소서.

단 위에서 말씀을 증거하시는 담임목사님 위에 성령과 능력으로 충만하여 주시옵소서. 주시는 말씀마다 하나님께서 오늘 우리에게 주시는 생명과 권세와 지혜와 사랑의 말씀이 되게 하시고 세상으로 나아가 소금과 빛의 사명을 잘 감당하며 큰 결실을 맺게 하여 주시옵소서.

독생자를 주신 하나님 아버지의 사랑과 영광을 찬양하오며 구속주이신 예수 그리스도의 이름으로 간절히 기도드리옵나이다. 아멘.

4월

부활주일 예배 기도(1)

　악한 사단의 사망 권세를 깨치시고 부활의 첫 열매가 되시어 미련하고 어리석은 온 인류에게 소망과 기쁨을 안겨주신 사랑하는 구세주 예수님이여! 주님께서 부활하신 이 거룩한 주일에 우리 교회의 모든 성도들이 몸과 마음과 뜻을 모아 주님의 부활하심을 진정으로 감사드리며 성삼위 하나님께 찬양과 영광을 돌리옵나이다.

　미련하고 어리석은 저희들! 마땅히 우리의 행한 죄악과 허물로 중한 형벌과 징계를 받음이 마땅하온데 죄 없으신 주님께서 우리를 대신하여 십자가의 형틀을 지시고 각가지 질고와 고통과 수모를 담당하시며 희생양이 되어 주셨습니다. 머리에는 가시관으로 찔림을 받으시고 양 손과 양 발에는 무참하게도 쇠못으로 박히시며 옆구리는 창으로 찔림을 당하사 엄청난 쓰라린 고초와 고통 속에 물과 피를 다 쏟아 주셨습니다.

　인간으로 오신 주님께서는 "엘리 엘리 라마사박다니 하시니 나의 하나님 나의 하나님 어찌하여 나를 버리셨나이까" 절규하시면서까지 십자가를 끝까지 짊어지시고 우리 인간의 사망과 영생문제를 다 이루어 주셨습니다.

　죽음의 자리까지 내려가셨다가 부활하심으로 승리의 구세주가 되어 주시고, 누구든지 십자가상에서 다 이루어주신 그리스도 예수님을 구주로 믿는 자에게는 죄와 허물을 사해주시며 부활과 영생의 은총으로 하나님의 자녀가 되는 복을 주시오니 오 주님! 진정 감사와 찬송과 영광을 온전히 돌리옵나이다.

자비하신 하나님 아버지! 귀한 시간 보혜사 성령으로 기름부어 주시옵소서. 주님의 부활의 은총과 축복이 오늘 세례를 받는 모든 성도들과 신령과 진정으로 예배드리며 기쁨과 감사로 부활을 찬양하는 모든 성도들 위에 임하시사 옛사람은 장사 지내게 하시고 새사람으로 소생시켜 주시옵소서. 연약한 육체가 강건하여지며, 질병으로 고통받는 육체들을 깨끗하게 고쳐주시옵소서. 자녀들의 앞길을 인도하여 주시옵고 부활의 증인으로 번창케 하시며, 가정마다 평강을 주시고 우리의 기도와 소망들은 더 좋은 것으로 은혜와 복을 주시옵소서.

특별히 새성전을 건축하는 귀한 역사를 미천한 저희들에게 맡겨 주신 하나님 아버지! 성령님의 충만하신 감동과 역사하심이 저희 모든 성도 위에 날마다 더하여 주셔서 뜻이 하나되게 하시고, 열심으로 기도하며 하나님 보시기에 아름다운 새성전을 건축하여 주님의 뜻을 온전히 받들며 하나님께 영광을 돌리게 하여 주시옵소서. 건축비도 넉넉하여 짓고도 남음이 있도록 오병이어의 기적을 나타내 주시옵소서. 건축을 하는 시공자 위에도 마음과 힘과 정성을 다하게 하시고, 건축하는 동안 사탄의 방해를 일절 금지시켜 주시옵소서.

사랑하는 하나님 아버지! 말씀을 주시는 목사님 위에 성령으로 충만하시며 지혜와 생명과 능력을 베풀어 주시옵고, 찬양대가 찬양을 드릴 때에 큰 영광 받아 주시옵소서.

나라와 민족과 온 인류 위에 부활의 은총이 충만하기를 간구하오며 그리스도이신 예수님의 이름으로 간절히 기도드리옵나이다. 아멘.

4월

부활주일 예배 기도(2)

사망의 권세에 묶여있는 온 인류의 구세주로 독생자 예수님을 보내주시고 예수 그리스도로 하여금 인류의 죄를 담당시켜 십자가에서 사망을 받게 하셨다가 삼 일만에 부활시켜 인류에게 소망과 영생의 길을 열어주신 여호와 하나님 아버지께 감사와 찬송과 영광을 세세토록 돌리옵나이다.

오늘 부활주일을 주심은 사단의 사망권세를 멸하시고 영생을 일구신 위대하신 은혜요 온 인류의 서광이옵니다.

오, 하나님 아버지! 아버님의 그 크신 사랑과 은총을 진정 감사 하오며 우리의 몸과 마음과 정성을 다하여 신령과 진정으로 거룩한 예배를 드리오니 영광 받아 주시옵소서.

인류의 죄 값을 한몸에 지시고 십자가상에서 몸을 다 찢기시고 피와 물을 다 쏟으시며 그 엄청난 수모와 고통을 감수하시고 죽으셨다가 삼일만에 사망의 권세를 깨치시고 다시 살아나셔서 부활의 첫 열매가 되신 예수 그리스도시여!

"할렐루야 우리 예수 부활 승천하셨네" 저희들 진정 기쁨으로 찬양을 드리오니 세세토록 우리와 함께 하시며 주님의 귀하신 뜻을 이루어 주시옵소서. 진정 우리의 죄와 허물들을 주님의 십자가 밑에 다 장사지내기를 원하오니 주님! 받아 주시옵소서.

육신의 정욕과 안목의 정욕과 이생의 자랑으로 지은 죄와 허물들을 대속하여 주심을 믿사오니 주님의 보혈로 정결하고 성결케 하여 주시고 구속의 은총으로 충만하여 주시옵소서. 하늘과 땅의 권세를 가지시고 세상 끝 날까지 우리와 함께 하시겠다고 말씀하신 주님! 저희들 간절히 소망하오니 주님의 부활의 은총이 저희 온 생애 위에 함께하여 주시옵소서.

가정과 자녀들 위에 함께하여 주시옵소서. 특별히 교회와 나라와 민족 위에 함께 하여 주셔서 악한 사단의 권세들을 멸하여 주시고 주님의 의의 열매만이 풍성하며 하나님께 영광과 찬송이 되게 하여 주시옵소서.

남과 북 7천만 민족이 복음으로 하나되게 하시고 삼천리 금수강산에서 하나님을 기뻐하며 찬송하는 찬양의 소리가 넘쳐나게 하시고 영생의 복음을 땅 끝까지 전파하는 복된 나라와 민족으로 삼아주시옵소서.

귀한 예배에 드리는 찬양대의 찬양을 열납하시고 영광받아 주시오며 강단을 통하여 주시는 목사님의 메시지가 길이요 진리요 생명의 말씀으로 듣는 저희 모두에게 생수가 배에서 넘쳐나게 하시옵소서.

독생자를 희생의 제물로 삼기까지 하시며 영생의 길을 열어주신 하나님 아버지께 감사와 찬송과 존귀와 영광을 세세토록 돌리오며, 부활하셔서 영원히 우리와 함께하시는 예수 그리스도의 이름으로 간절히 기도 드리옵나이다. 아멘.

4월

총력전도 주일예배 기도

　죄와 허물로 죽고 멸망 받을 수밖에 없는 저희들을 열방 중에서 택하시고 독생자 예수님을 십자가의 화목제물로 삼으사 구속하시며 자녀로 삼아주신 하나님 아버지! 진정 감사를 드리오며 찬송과 존귀와 영광을 세세토록 돌리옵나이다!

　하나님 아버지! 귀한 시간 저희 온 성도들이 몸과 마음과 정성을 다하여 소리 높여 아버지의 성호를 찬양하며 신령과 진정으로 거룩한 예배를 드리오니 온전히 열납하시고 영광 받아 주시옵소서.

　오 주님! 때가 너무나 악하고 죄가 관영하고 있습니다. 주님의 재림이 임박한 것이 아니온지요, 주님! 이때에 깨어 경성하게 하시옵소서. 모든 욕심을 버리고 나만을 위한 이기심에서 벗어나게 하시옵소서. 주님께서 원하시는 것이 무엇인가를 분별하게 하시고 주님의 몸 되신 교회를 위해 나 자신은 죽이고 주님만을 높이는 신실한 종들이 다 되게 하여 주시옵소서.

　오늘은 특별히 총력전도 주일입니다. 주님께서 그토록 원하시는 생명 구원하는 일에 최선을 다하는 전도자들이 다 되게 하여 주시옵소서. 말씀을 순종하며 힘써 전도하게 하시고 많은 영혼들이 구원받는 귀한 달이 되게 하여 주시옵소서.

　사랑과 은혜가 풍성하신 하나님 아버지! 저희 모두에게 신앙의 부흥을 주시옵소서. 가정의 평강과 기도의 제목들을 응답하여 주시옵소서. 영육을 강건케 하시고 하늘의 신령한 복과 땅의 기름진 복으로 넘치게 하시옵소서.

귀하신 뜻을 두시고 세우신 우리 교회 항상 세상의 빛이 되어 이 지역 50만의 생명을 책임지는 구원의 방주가 되게 하여 주시옵소서.

다음 주일은 30여년 동안 정성을 다 바쳐 본 교회를 섬겨 오신 담임 목사님을 원로 목사로 추대하며, 신임 목사님이 새 담임 목사님으로 취임을 하는 귀중한 예배와 행사를 갖게 됩니다. 모든 예식과 순서마다 주님께서 친히 인도하시고 한없는 은혜와 은총을 내리어 주시옵소서. 원로목사로 추대를 받으시는 주의 사자 위에 항상 영육을 강건케 하시고 한평생 목회자로 걸어오신 발자취와 업적이 교회와 교계에 모범과 귀감이 되게 하시고 하나님 앞과 사람 앞에 칭찬과 기쁨이 되게 하시옵소서. 오늘 단위에서 말씀을 증거 하실 때에도 성령님 충만하시고 길이요 진리요 생명의 말씀으로 큰 은혜를 베풀어 주시옵소서.

신임 담임으로 오시는 주의 사자 목사님 위에도 오직 성령과 말씀과 사랑과 은혜가 충만한 목자로 부임케 하시옵소서. 모든 주의 자녀들을 진심으로 사랑하며 돌보며 섬기는 목자가 되게 하시고 능력과 권세 있는 영적인 지도자로 세워 주시옵소서.

존귀하신 하나님 아버지께 찬송과 영광이 충만하시기를 비오며 교회의 머리가 되시는 예수 그리스도의 이름으로 간절히 기도드리옵나이다. 아멘.

5월

오월의 기도

　우리의 영원한 사랑이시며 소망이신 여호와 하나님 아버지! 오늘 5월 첫 주일 거룩한 성일을 맞아 예수님의 이름으로 몸과 마음과 뜻과 정성을 다하여 신령과 진정으로 거룩한 예배를 드리오니 온전히 열납하여 주시고 찬송과 존귀와 영광을 영원히 받아 주시옵소서.
　독생자 예수님을 십자가상에서 우리의 죄값을 위하여 그 엄청난 고통을 담당하게 하시고 죄악과 사망과 사단의 권세를 멸하시며 부활하게 하사 믿는 자들의 죄를 사해 주시고 구원하여 주시며 새생명으로 부활의 첫 열매가 되게 하셨습니다.
　부활의 첫 열매가 되신 주님! 오월은 너무나도 소중한 달이옵니다. 가정의 달로, 어린이 주일, 어버이 주일, 스승의 주일, 성령강림 주일을 주셨습니다. 오 성령님이여! 충만하시고 역사하여 주시옵소서, 어린이주일을, 어버이주일을, 스승의 주일을, 성령강림주일을 '여호와'의 큰 사랑과 은총으로 베풀어 주시옵소서.
　가정적으로 교회적으로 행복한 달이 되게 하시옵소서. 모든 성도들의 가정마다 신앙으로 하나 되게 하시고, 선물로 주신 자녀들은 믿음에 굳건히 서서 부모에게 효도하며 지혜와 능력과 신실하게 성장하게 하시고, 모든 질병과 근심거리들을 물리쳐 주시고 산업과 기도의 제목들을 응답하여 주셔서 기쁨과 감사와 행복이 넘치는 오월로 주시옵소서.

특별히 성령 강림이 우리의 심령과 가정과 교회 위에 충만하여 주시옵소서. 모두가 성령 충만으로 기쁨과 감사함으로 소명에 충실하며 사명들을 잘 감당하게 하시고, 경배와 찬양과 사랑이 충만한 교회로 죽어가는 이웃의 구원의 방주되어 주님의 뜻을 온전히 받드는 크신 은혜와 은총의 오월이 되게 하시옵소서.

모든 나라들의 흥망성쇠를 주장하시는 하나님 아버지! 우리나라와 민족을 불쌍히 보시고 긍휼을 베풀어 주시옵소서. 남과 북이 하나님 앞에 너무나도 많은 죄를 범하고 있습니다. 용서하여 주시옵소서, 북한 용천의 재앙과 참상을 보고 민족적으로 참회하는 불길을 일게 하여 주시옵소서. 이번 기회가 전화위복되어 주님의 사랑의 교제로 남과 북이 하나가 되게 하시고 온전히 하나님을 경외하는 의로운 나라로 굳건히 세워주시옵소서. 나라와 민족 위에 악한 사단의 세력들을 소멸시켜 주시고 하나님의 의만이 굳게 서게 하시옵소서.

귀한 시간 생명의 말씀을 증거하시는 목사님 위에 영육을 강건케 하시고 성령과 말씀과 능력으로 충만하여 주시옵소서. 주시는 말씀마다 옥토에 뿌린 씨앗이 되어 모든 성도들 위에 지혜와 능력이 되게 하시고 많은 결실을 맺도록 은혜 위에 은혜를 더하여 주시옵소서.

찬송 중에 거하시는 하나님 아버지! 정성으로 진미를 드리는 찬양대의 찬양과 온 성도들의 봉헌을 열납하시고 영광 중에 충만하시옵소서.

오월을 은총의 달로 주시는 예수 그리스도의 이름으로 간절히 기도 드리옵나이다. 아멘.

5월

어린이 주일 예배 기도(1)

　만유의 주재이신 여호와 하나님 아버지! 아버님의 지혜와 신묘막측하신 섭리를 가히 찬송하며 영광을 돌리옵나이다.
　사람을 만물의 영장으로 세우시고 미래와 희망을 주시며 죽음의 때를 거쳐 아름다운 영생의 때로 새롭게 변화와 성장과 발전 속에, 자녀의 은총을 받게 하시오니 오 하나님 아버지! 참으로 감사와 찬양을 돌립니다.
　오늘 우리의 희망이요 미래인 새싹들을 위해 어린이 주일을 주셔서 하나님께 감사와 찬양으로 예배를 드리며 그들을 위하여 기도와 간구를 드릴 수 있도록 은혜를 베풀어 주신 극진하신 사랑과 배려를 가히 찬송하며 영광을 돌립니다.
　위대하신 하나님의 사랑과 은총은 우리 사람을 만물의 영장으로 세워주시고 한없는 사랑과 지혜와 능력으로 은혜를 베풀어 주셨습니다. 대를 이어가며 존귀하신 하나님의 은혜와 사랑 속에 세상의 주관자로 영광 중에 보람을 누리게 하셨습니다. 그러나 미련한 저희 인생들은 그 크신 은혜와 섭리를 헤아리지 못하고 육신의 정욕과 안목의 정욕과 이 생의 자랑과 명예에 급급하여 어리석은 자의 길로 방황하고 있음을 통탄하며 회개하오니 주님! 우리의 죄악을 용서하여 주시옵소서.
　사랑과 지혜와 능력과 미래를 주시는 전능하신 하나님 아버지! 간절히 소망하고 간구하오니 저희들에게 진정한 사랑과 지혜를 주셔서 미래를 바라보며 마땅히 행할 길을 아이에게 가르쳐 늙어도 그 길을 떠나지 않게 하시옵소서.

우리를 사랑하사 선물로 기업으로 주신 자녀 손들이 믿음과 사랑과 소망을 유업으로 계승하게 하시고 십자가상에서 다 버리시고, 다 이루신 주님의 마음과 순종과 용단과 성취를 본받아 하나님의 말씀에 순종하여 인생의 몫을 다 감당하는 신실한 후대들이 되게 하여 주시옵소서.

우리를 택하여 주신 아버지 하나님! 후계자로 주신 자녀 손들을 항상 인도하시고 주관하여 주시옵소서. 항상 깨어 경성하게 하시고 기도와 간구로 지혜를 얻고 능력을 얻고 사랑과 온유와 겸손을 얻어 세상의 소금과 빛이 되게 하시고 주님의 향기가 되게 하여 주시옵소서.

가정에는 희망과 기쁨이 되며 부모에게 순종하고 잘 공경하여 땅에서도 잘되며 장수하는 복을 받게 하시고, 교회의 충직한 일꾼들로 기둥들이 되게 하시옵소서. 때를 따라 경제력도 주시고 권세도 주셔서 주님의 사랑과 공의와 바르게 함과 의로 세상을 다스리며 나라와 민족과 인류에게 공헌하는 신앙의 지도자로 하나님의 영광과 찬송이 되게 하여 주시옵소서.

귀한 시간 말씀을 전하시는 주의 사자 목사님 위에 성령으로 충만하시고 주시는 말씀이 능력과 지혜와 생명력이 충만케 하여 주시옵소서.

아버지 하나님께 존귀와 영광이 충만하시기를 비오며, 어린이를 지극히 사랑하시는 예수님의 이름으로 간절히 기도하옵나이다. 아멘.

5월

어린이날의 기도(2)

　어린이들에게 귀하신 뜻과 비전을 두시고 어린이날을 세워주신 존귀하신 하나님 아버지! 아버지의 귀하신 사랑과 은혜를 진정 감사와 찬송을 드리옵나이다.
　어린이들은 하나님께서 저희들에게 주신 선물이요 기업이라고 하셨습니다.
　저희들의 대를 이어가며 감사와 찬송으로 하나님 아버지를 섬기며 영광을 돌릴 후계자이며 땅 끝까지 복음을 전하며 하나님 나라를 확장하며 주님의 재림을 앞당길 의로운 기업들입니다.
　하나님 아버지! 이들에게 보혜사 성령님으로 늘 함께하여 주시옵소서.
　지혜와 명철을 주셔서 하나님을 알고 말씀에 온전히 순종하는 하나님 마음에 합당한 자녀들로 영과 혼과 몸을 항상 강건하게 하시옵소서.
　믿음에 굳건히 서게 하시고 하나님 나라와 의에 기둥들이 되게 하시옵소서.
　가정에 기쁨과 번영이 되게 하시고 교회에 충실한 기둥들이 되게 하시고 나라와 민족에 위대한 일꾼들이 되게 하시며 온 인류에 영향력이 있는 지도자들이 되어 하나님의 의를 이루는 기업들이 되게 하여 주시옵소서.
　항상 권능의 장중에 붙잡아 주셔서 악한 세력들이 침범하지 못하게 하시고, 오히려 악의 세력들을 제압하고 의를 이루는 사자들이 되게 하여 주시옵소서.

감사와 찬송과 존귀와 영광을 세세토록 받으시기에 합당하신 하나님 아버지!

모든 교회의 어린이 교회마다 주님께서 직접 인도자가 되시어 푸른 초장에서 꼴을 뜯게 하시고 잔잔한 시냇물 가에서 생수를 마시며 기뻐 뛰며 찬양하며 자라게 하옵소서.

영원히 목마르지 않게 하시고 활기찬 새 사람으로 세상에 생기가 되게 하시옵소서.

저들을 통해 방황하는 이웃의 어린 생명들이 주님 앞으로 인도함을 받게 하시고 기하급수로 강을 이루게 하시옵소서.

주님 대신하여 부모를 주셨고 교사를 주셨사오니 모두에게 성령님으로 기름부음을 주시고 소명과 사명에 항상 깨어있게 하시옵소서.

어둠의 세력에서 사랑으로 양육하며 기도로 지키게 하시고 하늘나라의 보배로 크신 은혜와 은총을 주시옵소서.

어린이를 선물로 기업으로 주신 사랑의 아버지 하나님께 영광이 충만 하시기를 원하오며 선한 목자이신 예수 그리스도의 이름으로 간절히 기도하옵나이다. 아멘.

5월

헌아 예배 기도

　선한 목자가 되어주신 하나님 아버지께 감사와 찬송과 존귀와 영광을 돌리옵나이다.
　어린아이들을 용납하시고 천국이 이런 자의 것이라고 말씀하시며 저희 위에 안수하여 주신 사랑의 주님! 주님의 은혜를 감사드리며 어버이주일 이 밤에 하나님께서 선물로 기업으로 주신 어린 생명들을 주님께 의탁하며 헌아 예배로 드리오니 주님의 사랑의 날개 아래 품어주시고 하늘의 신령한 복과 땅의 기름진 복으로 크신 사랑과 은혜를 베풀어 주시옵소서.
　환란풍파 많은 세상에서 항상 주님의 날개 아래 품어주시고 영과 혼과 몸을 강건케 하시며 믿음에 굳건히 서서 하나님의 사람으로 승리자들이 되도록 지혜와 명철을 주시고 말씀으로 자라나 시냇가에 심은 나무와 같이 시절을 좇아 과실을 맺으며 그 잎이 항상 늘 푸르며 행사가 형통하도록 늘 인도하여 주시옵소서.
　"마땅히 행할 길을 아이에게 가르치라 그리하면 늙어도 그것을 떠나지 아니하리라" 밝혀주신 주님! 저희들 그 동안 하나님께서 선물과 기업으로 주신 자녀들에게 주의 말씀과 교훈으로 신실하게 양육하지 못한 것이 너무나 많았습니다. 위하여 중보기도에 너무나 등한히 하였습니다. 진실된 사랑과 주님의 의로 미래를 심어주며 바르게 양육하지 못했습니다. 오히려 세상적인 면을 더 중요시하고 치중하며 양육한 어리석은 부모 노릇을 하였습니다.

주님! 용서하여 주시옵소서. 사랑의 주님! 저희들에게 지혜와 용단을 주셔서 오직 주님께서 원하시는 하나님의 자녀로, 하나님 나라와 의를 위한 주님의 기업으로 기도하며 말씀으로 양육하는 부모가 되게 하여 주시옵소서.

누구든지 내 이름으로 어린아이 하나를 영접하며 곧 나를 영접함이라고 말씀하신 주님! 이 시간 주님을 영접하는 마음으로 어린 생명 하나하나와 우리에게 선물로 주신 모든 자녀 손들을 진심으로 영접하며 하나님께 드리오니 저희들을 온전히 받아주시고 복 내려 주시옵소서.

귀한 예배에 특별찬양을 드리는 부부성가대와 헌아식을 인도하며 말씀을 듣고 단 위에 서시는 목사님께 갑절의 영감으로 충만하여 주시옵고, 진행하는 순서마다 성령님이 친히 주관하시며 주님의 뜻을 이루시고 하나님 큰 영광 받아 주시옵소서.

우리의 영원한 선한 목자이신 예수 그리스도의 이름으로 간절히 기도드리옵나이다. 아멘.

5월

어버이주일 예배 기도(1)

　인류역사를 섭리하시고 주관하시는 하나님 아버지! 생명이 넘치는 오월에 어버이주일을 제정하여 주시고 사랑과 은혜를 베풀어 주시오니 진정 감사와 찬송과 영광을 돌리오며 신령과 진정으로 거룩한 예배를 드리옵나이다.
　죄와 허물로 고아와 같이 방황하며 멸망 받을 수밖에 없는 저희들을 긍휼히 여기사 독생자 예수님을 중보자로 세우시고 속죄함을 주시며 친히 아버지가 되셔서 사랑과 은혜로 구원해주시고 또 인도해 주시며 믿음과 소망과 사랑으로 영생을 베풀어 주셨습니다.
　악한 사단의 준동 속에 환란풍파 많은 힘난한 세상 길을 위하여 양육과 보호자로 육신의 부모를 주시고 또 기업으로 자식을 주셔서 하나님의 가정을 이루게 하시고 주님의 사랑과 은혜를 맛보아 깨닫게 하시며 나그네 인생길에 승리자가 될 수 있도록 베풀어 주신 크신 은혜와 사랑을 진심으로 감사하옵고 찬양과 영광을 돌리옵나이다.
　자비로우신 아버지 하나님! 아버님의 사랑과 은혜가 측량할 수 없이 많사온대 저희들 돌이켜 보면 불효하고 불충한 것 밖에 없습니다. 용서하여 주시옵소서. 사랑하는 주님! 간절히 소망합니다. 여호와 하나님을 온전히 경외하며 사랑하며 순종하며 살기를 원합니다. 하나님의 뜻을 받들어 항상 기뻐하며 쉬지 말고 기도하며 범사에 감사하며 살기를 원합니다. 신령과 진정으로 거룩한 예배를 드리며, 하나님의 교회를 충성으로 섬기되 사랑과 온유와 겸손으로 섬기며 죽어가는 생명들을 사랑하되 전도하여 구원받게 하며 중보기도에 깨어있어 아버지께 영광과 찬송이 되게 하여 주시옵소서.

하나님을 대신하여 세워주신 육신의 부모님에게 주 안에서 순종하며 공경하여 영과 혼과 몸이 강건하신 삶으로 인생 승리자가 되실 수 있도록 정성을 다하여 섬기기를 원합니다. 주여! 인도하여 주시옵소서.

슬하에 선물로 주신 자녀 손들을 하나님 말씀과 교훈으로 양육하며 믿음에 굳건히 서서 세상에 빛들로 향기들로 때론 소금으로 하나님의 기업이 되도록 기도와 사랑의 후원자가 되기를 원하오니 오직 성령님으로 충만하여 주시옵소서. 가정마다 하나님 아버지께서 함께하여 주셔서 이웃들에게 주님의 빛과 향기가 되게 하시고 하나님을 보여 드리는 사랑과 평화가 넘쳐나는 가정이 되게 하여 주시옵소서.

귀한 시간 단에서 주시는 목사님의 말씀이 길이요 진리요 생명의 말씀으로 우리의 삶에 지혜와 능력과 빛이 되게 하여 주시옵소서.

어버이주일을 주신 하나님 아버지를 찬양하오며 예수님의 이름으로 간절히 기도드리옵나이다. 아멘.

5월

어버이주일의 기도(2)

만주의 주 여호와 하나님 아버지! 아버님의 성호를 찬양하오며 감사와 존귀와 영광을 세세토록 돌리옵나이다.

만백성 중에 저희들을 택하여 자녀 삼아 주시고 저희의 아버지가 되어주심을 진심으로 감사와 찬송을 드립니다.

환란풍파로 얼룩진 이 세상 죄값으로 불안과 공포와 근심걱정 속에 살다가 죽고 멸망받을 수밖에 없는 저희들에게 친히 아버지가 되어 주셔서 희망을 주시고 비전과 미래를 열어주심을 가히 찬양하며 영광을 돌립니다.

사랑하는 아버지 하나님! 오늘은 자녀 된 저희들에게 또 어버이날과 주일을 주셔서 저희를 위하여 한 생애를 희생으로 사랑을 베풀어 주신 부모님들을 기리며 감사와 사랑으로 섬길 수 있는 깨우침과 기회를 주심을 감사하오며 섬세하신 배려를 찬양하옵나이다.

자비하신 하나님 아버지! 저희들에게 허락하신 육신의 부모님들 위에 날마다 함께하여 주시고 영과 혼과 몸을 항상 강건케 하여 주시며 믿음에 굳건히 서서 인생 승리자가 되게 하여 주시고 기도의 제목과 소망들 위에 크신 은혜와 복으로 은총을 베풀어 주시옵소서.

겉사람은 쇠약해질지라도 건강케 하시고 속사람은 날로 새로워져서 항상 기쁨의 삶을 살게 하시고 범사에 감사하며 기도의 사명을 잘 감당하여 마지막 날 주님 앞에 설 때에 착하고 충성된 승리자가 되도록 크신 은총을 베풀어 주시옵소서.

  자손 된 저희들이 하나님 앞과 사람 앞에 신실하게 살아 늘 기쁨을 드리게 하시며, 사회생활에 성실하고 부모님의 소원을 이루어 드리는 성공하는 자식들이 되어 부모님께 순종하고 효도하는 자녀들로 범사가 잘되며 장수하는 은혜를 받아 끝까지 효도하는 은혜를 베풀어 주옵소서.

  우리의 영원한 아버지 하나님! 금번 어버이날을 주셔서 하나님 아버지께 또 육신의 어버이께 그 은혜를 새삼 깨달아 감사를 드리며 기도할 수 있도록 은혜 주심을 찬양하며 영광을 돌립니다. 세세토록 영광 중에 충만하시옵소서.

  온 인류의 구세주이신 예수 그리스도의 이름으로 간절히 기도드리옵나이다. 아멘.

5월

성령강림절 기도

　예루살렘을 떠나지 않고 약속을 기다리던 초대교회 믿음의 선진들에게 만백성을 구원하시고자 성령님을 보혜사로 보내주신 사랑의 하나님 아버지!
　하나님의 귀하신 섭리와 계획과 크신 사랑과 역사를 진심으로 감사드리오며 찬송과 존귀와 영광을 세세토록 돌리옵나이다.
　온 인류의 구세주 예수님께서 십자가상에서 우리 사람의 모든 문제를 다 이루시고 부활 승천하셔서 오순절날 마가의 다락방에 모여 전혀 기도에 힘쓴 120여 문도에게 강력한 성령님을 충만히 보내 주시므로 능력과 권능과 믿음과 지혜를 주시어 온 천하에 복음을 전파하게 하시고 오늘 우리에게까지 구원의 복을 받게 하신 사랑의 주님! 진정 감사와 찬양을 돌리옵나이다.
　오늘 성령강림주일을 맞아 저희들 부족하오나 성삼위 하나님의 그 크신 사랑과 은혜를 소리 높여 찬양하며 간구하오니 성령님이여! 귀한 이 시간 보혜사로 충만하시고 흡족하게 기름부음을 주시옵소서.
　자비하신 주님! 저희들은 진정 하나님 아버지를 사랑합니다. 오직 성령으로 충만하여 권능을 받아 사랑으로 화목한 가정을 이루며, 사랑으로 아버지께 영광을 돌리는 교회를 이루며, 사랑으로 이웃에게 복음을 전하며 땅 끝까지 주님의 증인된 삶을 살기를 원합니다. 보혜사 성령님이여! 이 시간 충만하게 임재하여 주시옵소서. 오순절에 마가의 다락방에 임하심 같이 강력하게 임하여 주시고 능력과 권능을 주시옵소서. 우리 주위에는 아직까지 구속주이신 예수님을 믿지 않고 멸망의 길에서 방황하며 죽어가는 사랑하는 가족이나 이웃들이 수없이 많이 있습니다. 저들을 다 구원시키기를 원하오니 성령님! 충만하여 주시옵소서. 저희들의 심령이 뜨거워지게 하시고 교회가 뜨거워지며 나라와 민족이 오직 성령님으로 새롭게 변화되게 하시옵소서.

 사랑의 성령님! 진정으로 하나님을 사랑하며 교회를 사랑하며 서로 서로 사랑으로 종노릇하여 세상에 소금과 빛의 사명을 잘 감당하는 주의 제자가 되게 하여 주시옵소서.

 성령강림절을 주신 아버지 하나님! 세세토록 존귀와 영광이 충만하시옵소서. 저희를 구속하시고 성령님으로 인쳐 주신 예수 그리스도의 이름으로 간절히 기도드리옵나이다. 아멘.

5월

총력전도주일 예배 기도

　한 생명을 온 천하보다 귀하게 보시는 존귀하신 아버지 하나님! 오늘 주님의 몸 되신 우리 교회 위에 총력전도주일로 허락하시고 저희들을 통하여 많은 생명들을 구원시켜 주시는 아버지의 크신 사랑과 은혜를 찬양하오며 감사와 영광을 돌리옵나이다.

　아버지 하나님! 그동안 게으르고 나태한 저희들의 신앙생활과 죄와 허물들을 통회하며 회개하오니 주님의 보혈로 씻어주시고 정결하고 성결한 자녀들로 변화시켜 주시옵소서.

　소자 하나가 하나님 앞으로 돌아오면 하늘에서는 큰 잔치를 베푸신다고 하셨는데 금번 총력전도를 통하여 수많은 잃었던 영혼들이 돌아왔사오니 하나님 아버지! 저들의 영육을 강건케 하시며 가정과 자손과 산업 위에 믿음과 번영의 복을 주셔서 주님의 산 증인들이 되게 하여 주시옵소서.

　그 동안 죽어가는 생명들을 주님 앞으로 인도하기 위하여 기도하며 수고와 헌신한 모든 충성된 성도들 위에 "사람을 옳은 데로 돌아오게 한 자는 하늘의 별과 같이 영원토록 비춰리라" 하신 말씀대로 크게 보상하여 주시고 세상에 빛이 되게 하여 주시옵소서.

　"너희는 온 천하에 다니며 만민에게 복음을 전파하라" "전도의 미련한 것으로 믿는 자들을 구원하시기를 기뻐하시도다" 말씀하신 주님!

금번 5.26 총력전도를 계기로 주님께서 원하시는 전도를 생활화 하고 생명구원에 전심 전력하여 하나님 나라 확장에 역군들이 되게 하시며 한 알의 밀알로 주님의 몸 되신 교회와 하나님 나라를 위한 요긴한 그릇들로 사용하여 주시옵소서.

교회의 머리가 되시는 주님! 주님의 몸 되신 교회 위에 항상 성령으로 충만하시고 역사하여 주시옵소서. 말씀과 사랑과 화목이 충만한 교회 되게 하시고, 모이기에 힘쓰며, 뜨겁게 중보기도 하며, 나라와 민족을 지키며, 온 인류를 힘있게 선교하는 요긴한 교회로 하나님께 영광을 돌리게 하여 주시옵소서.

단 위에서 주시는 사자 목사님의 말씀이 레마로 임하셔서 새신자와 온 성도들이 성령과 말씀으로 변화를 받고 큰 은혜와 복을 받는 주님의 산 증인들이 되게 하여 주시옵소서.

찬송 중에 거하시는 아버지 하나님! 거룩한 예배에 드리는 찬양대의 찬양과 온 성도들의 찬양을 받으시고 영광과 존귀하심이 천하에 충만하시옵소서.

만주의 주가 되시는 예수 그리스도의 이름으로 간절히 기도하옵나이다. 아멘.

6월

나라와 민족을 위한 기도

 온 나라와 민족들의 흥망성쇠를 주관하시는 여호와 하나님 아버지! 44년 전의 6.25 참상을 돌아보며 오늘 안녕과 평강 속에 신령과 진정으로 거룩한 주일예배를 드릴 수 있도록 인도하시는 크신 사랑과 은혜를 진정으로 감사드리오며 찬송과 존귀와 영광을 돌리옵나이다.
 하나님 아버지의 사랑과 은혜가 망극하시온대 저희들 지난 한 주간도 세상과 더불어 살면서 마음과 생각과 행동으로 많은 죄와 허물들을 짓고 주님 앞에 나아왔습니다. 주여! 용서하여 주시옵소서.
 사랑의 아버지 하나님! 이 시간 보혜사 성령님으로 충만하여 주시옵소서. 귀한 예배 위에 저희들 몸과 마음과 뜻과 정성을 드립니다. 온전히 받아 주시옵소서. 드리는 찬송과 간구하는 기도와 소망들을 열납하시고 응답하여 주시옵소서.
 사랑하는 아버지 하나님! 교역자와 당회원과 직원들과 온 성도들 위에 항상 성령님으로 충만하여 주시옵소서. 사랑과 믿음에 굳건히 서게 하시고 주신 사명들을 신실하게 감당하는 충직한 교회가 되게 하여 주시옵소서.
 맡겨 주신 교회와 이 사회와 나라와 민족을 위한 중보기도에 깨어있게 하시고, 사랑으로 선을 베풀며 의의 열매를 맺는 일에 최선을 다하게 하시옵소서. 가정마다 신앙으로 하나 되며 직장과 산업과 생업들에 복을 주시고 교회를 섬기는 일에 우선하게 하시옵소서.

교회 위에 성령으로 충만하시고 악한 사단의 권세를 깨치시며 항상 말씀과 믿음과 소망과 사랑이 충만한 교회로 모이기에 힘쓰며 사랑과 복음의 빛으로 죽어가는 생명들을 구원시키고 나라와 민족을 지키며 온 인류를 선교하는 교회로 사명 감당하도록 인도하여 주시옵소서.

사랑하는 주님! 국내외적으로 개척한 교회와 선교지와 지원하고 있는 미 자립교회와 그곳에서 사역하고 있는 수많은 주의 사자들 위에 성령으로 충만하시고 능력과 권세를 주시옵소서. 악한 영들을 제압하고 주님의 복음을 땅 끝까지 전파할 수 있도록 크신 은혜와 권세를 베풀어 주시옵소서.

자비와 긍휼로 우리나라와 민족을 구해 주시고 지켜주시는 존귀하신 아버지 하나님! 나라와 민족적으로 범하고 있는 죄와 허물들을 용서하여 주시옵소서. 우상숭배와 불신앙과 도덕과 윤리적으로 말할 수 없이 타락하고 탈선하는 사회악과 서로 물고 헐뜯는 죄악들을 용서하여 주시옵소서.

이북 동족들의 무신론과 유물론으로 하나님을 경외하지 않는 죄도 용서하여 주시옵소서. 우리 7천만 민족이 여호와 하나님만을 섬기며 찬양하며 창조주를 근본으로 하는 진리교육을 실시하는 복지국가로 온 나라들에 모범이 되는 나라로 크신 은혜를 베풀어 주시옵소서.

존귀하신 하나님께 온전히 찬양과 영광을 돌리오며 만주의 주가 되시는 예수 그리스도의 이름으로 간절히 기도드리옵나이다. 아멘.

6월

6.25 달 주일예배에 드린 기도(1)

　인류의 역사를 섭리하시고 모든 나라들의 흥망성쇠를 주관하시는 여호와 하나님 아버지! 46년 전 우리나라와 민족이 6.25 사변 공산당들의 만행으로 엄청난 매를 맞고 구사일생으로 소생한 고통과 역경을 돌아보며, 오늘 천만 성도가 주님의 은혜 속에 평화를 누리고 하나님의 성호를 찬양하며 신령과 진정으로 거룩한 예배를 드리오니 감사와 찬송과 존귀와 영광을 온전히 받아 주시옵소서.

　자비하신 하나님 아버지! 죄와 허물로 죽을 수밖에 없는 우리나라와 민족에게 크신 은혜를 베풀어 주셔서 일본제국주의의 식민지 압제하에서 미국을 비롯한 유엔을 통하여 해방과 독립을 주셨습니다.

　그러나 나라는 지도자들을 비롯한 온 국민들이 육신의 정욕과 사리사욕과 권세욕과 이기주의로 치닫다가 6.25의 징계를 맞고 멸망의 직전까지 이르게 되었으나 오직 하나님의 자비와 긍휼로 소생함을 받아 오늘에 이르고 있습니다.

　하나님 아버지! 아직까지 정신을 차리지 못하고 불신앙과 우상숭배와 당쟁과 도덕과 윤리적으로 말할 수 없는 타락과 범죄를 일삼고 있사오니 오, 사랑하는 아버지 하나님! 나라와 민족적인 죄를 용서하여 주시옵소서. 깨어 경성하지 못하고 있는 교회와 교계의 죄도 용서하여 주시옵소서. 부족한 저희들이오나 예수 그리스도의 이름으로 회개하며 간구하오니 자비와 긍휼을 베풀어 이 나라와 민족의 죄와 허물을 용서하여 주시옵소서.

　우리나라와 민족을 택하여 주신 사랑하는 주님! 이 땅 위에 악한 세력을 결박시켜 주시옵소서. 우리의 어리석은 죄악들을 용서하여 주시옵고 오직 성령님의 역사 속에 예수 그리스도만을 믿으며 하나님을 경외하고 주의 사랑으로 충만한 나라와 민족 삼아 주시옵소서. 남북이 주 안에서 하나되게 하시고 7천만 민족이 하나님을 찬양하며 온 세계를 선교하는 선지자의 나라 삼아 주시옵소서.

　나라와 민족의 교육은 창조주시며 인류를 섭리하시고 사랑과 공의와 선을 베푸시는 하나님을 근본으로 하는 진리와 생명 교육이 실시 되게 하시고 인생의 근본문제가 무엇인가를 자라는 어린이와 청소년과 온 국민이 깨달아 알게 하여 주시옵소서.

　"여호와께서 집을 세우지 아니하시면 세우는 자의 수고가 헛되며 여호와께서 성을 지키지 아니하시면 파수꾼의 경성함이 허사로다"라고 밝혀주신 주님! 우리나라와 민족을 끝까지 지켜주시고 온 세계 인류에게 빛이 되는 나라와 민족으로 크신 은혜를 베풀어 주시옵소서.

　귀한 시간 단 위에서 주시는 목사님의 말씀 위에 성령님 충만하시고 생명과 능력과 지혜의 말씀으로 은혜를 베풀어 주시옵소서. 아버지 하나님께 찬양과 영광을 돌리오며 구세주 예수님의 이름으로 간절히 기도드리옵나이다. 아멘.

6월

6.25 전쟁을 회상하며 드린 기도(2)

오늘 6월 첫 주일 거룩한 예배를 월삭 및 성찬 예배로 신령과 진정으로 거룩한 예배를 드릴 수 있도록 은혜를 베풀어주시는 하나님 아버지! 진정 감사를 드리오며 찬송과 존귀와 영광을 돌리옵나이다.

하나님 아버지! 이 예배 위에 보혜사 성령으로 충만하여 주시옵소서. 오순절 마가의 다락방같이 전혀 기도에 힘쓰며 통회자복하고 우리의 죄악들을 깨끗이 씻음 받아 하나님의 자녀로 정결하고 성결케 되게 하여 주시옵소서.

우리 대한민국을 택하여 주신 하나님 아버지! 6월은 우리나라와 민족들이 방종하고 방탕하다가 6.25전쟁이란 무서운 매를 맞은 달이옵니다. 사랑하는 주님! 아직까지도 우리 민족들이 정신을 차리지 못하고 불의와 부정을 일삼고 있습니다. 택함 받은 성도들과 중직자들까지도 세상 사람과 똑같이 이기심에 젖어 마음의 욕심과 명예를 추구하며 어리석게 살고 있습니다

용서하여 주시옵소서. 주여! 밀려오는 세상의 유혹과 사단의 공략들을 과감하게 물리치고 오직 여호와 하나님만을 경외하며 말씀에 순종하는 착하고 충성된 종들이 다 되게 하여 주시옵소서. "마음이 가난한 자는 복이 있나니 천국이 저희 것임이라" 말씀해 주셨습니다. 전적인 하나님의 은혜로 천국까지 유업으로 받은 저희들이 먼저 깨어 경성한

삶을 살게 하여 주시옵소서. 항상 가난한 마음으로 소망 중에 만족한 삶을 살게 하시고 우리를 바라보는 이웃들과 온 나라 불신자들에게 성도의 삶을 통하여 살아계신 하나님을 보여 주게 하시옵소서. 특별히 대통령과 위정자들이 예수 그리스도를 믿고 하나님의 사람들이 되게 하여 주시옵소서. 때마다 일마다 정직한 마음으로 사리사욕을 버리고 공의를 시행하는 의로운 지도자들이 되게 하여 주시옵소서.

만군의 여호와 하나님 아버지! 분단된 나라를 오직 은혜로 평화 속에 하나 되게 하시고 하나님만을 경외하며 온 세계를 선교하는 나라가 되게 하여 주시옵소서.

귀하신 뜻을 두시고 우리 교회를 세워주신 하나님 아버지! 주의 교회 위에 항상 사랑으로 서로 섬기며 기도의 사명과 전도의 사명과 나라를 지키며 온 세계를 선교하는 사명을 잘 감당하는 능력 있는 교회로 연부년 부흥과 성장을 주시옵소서. 귀한 시간 단 위에서 주시는 담임목사님의 말씀이 생명의 떡이 되게 하시고 지혜와 능력과 영생의 말씀으로 큰 은혜 내려 주시옵소서. 찬송과 영광이 만군의 여호와께 충만하시오며 우리나라와 함께하시는 예수 그리스도의 이름으로 간절히 기도드리옵나이다. 아멘.

7월

맥추감사절 예배 기도

　사랑으로 은혜를 베풀어 주시는 아버지 하나님! 미천한 저희들을 하나님의 자녀로 택하여 주시고 지난 반년 동안도 험난한 세상 속에서 안보하셨다가 오늘 7월 첫 주일을 맥추감사절 예배로 베풀어 주시고 신령과 진정으로 거룩한 예배를 드리게 하시오니 진심으로 감사를 드리오며 찬송과 존귀와 영광을 돌리옵나이다.

　특별히 금년에는 하나님의 전을 보다 아름답고 웅장하고 주님의 뜻을 온전히 받들 수 있는 새 성전으로 건축하는 귀한 역사 속에 맥추감사절 예배를 드리게 하시며 순종하고 충성하는 성도들에게 주시는 하늘의 신령한 복과 땅의 기름진 복으로 은혜와 은총을 받게 하시오니 참으로 감사와 찬양을 드립니다.

　독생자를 십자가에 내어주기까지 우리를 사랑하시는 아버지 하나님! 감사합니다. 사랑합니다. 지난날의 모든 것을 돌이켜보면 하나님의 은혜가 아닌 것이 없사온대, 저희들 진정으로 하나님을 사랑하면서도 사랑의 표현이나 감사하는 모습을 보여드리지 못하며 살아온 어리석은 자녀들입니다. 용서하여 주시옵소서. 아버님의 음성을 들으면서도, 성령님의 감화와 감동을 받으면서도 온전히 순종하지 못하고 육신의 정욕과 세상의 욕심과 이생의 자랑과 부귀와 권세와 명예를 좇아 잘못 살아온 철부지 자식들이옵니다. 아버지! 용서하여 주시고 긍휼과 자비를 베풀어 주시옵소서.

　우리의 죄와 허물들을 사해 주시고 구원하여 주신 사랑의 주님! 주님의 십자가의 대속의 은혜와 보혈의 능력과 구속의 은혜가 항상 우리와 함께 하심을 믿습니다. 보혜사 성령님을 은혜로 보내주심을 감사드립니다. 성령님의 인도하심으로 항상 기쁨이 넘치며 감사와 찬송이 넘치는 삶을 살게 하여 주시옵소서. 쉬지 말고 기도하며 중보기도에 깨어있는 충실한 삶을 갖게 하여 주시옵소서. 육체를 위하여 세상 것을 바라보며 살다가 인생의 실패자로 세상을 떠나는 어리석은 자가 아니라 하나님의 나라와 의를 구하며 이를 위해 힘써 살다가 하나님께 올림을 받는 인생의 승리자가 되게 하여 주시옵소서.

　주님의 피 값으로 세우신 우리 교회의 새 성전 건축을 위하여 유치부 어린이로부터 장년에 이르기까지 정성으로 드리는 기도와 헌물과 봉사와 섬김을 받으시고, 주의 능력과 지혜와 온전하신 장중에 붙잡아 인도하여 주시옵소서.

　하나님 마음에 합당하며 주님의 뜻을 온전히 받들 수 있는 성령님 충만하신 성전으로 완공하여 헌당드릴 수 있게 하시고 온 성도들이 많은 체험과 은혜와 복을 받는 기회로 선용하도록 은총을 베풀어 주옵소서.

　전능하신 여호와 하나님! 하나님의 능력과 권세가 나라와 민족을 항상 돌보아 주시옵소서. 귀한 감사절 예배에 말씀을 증거하시며 선포하시는 목사님께 성령님 충만하여 주시옵소서. 영육을 강건케 하시고 주시는 말씀마다 성령님의 기름부음이 넘치게 하시어 능력과 권세 있게 하시며 믿음과 소망과 사랑과 영생의 복을 충만히 내려 주시옵소서. 사랑이신 아버지 하나님께 감사와 찬양과 존귀와 영광을 돌리오며, 선한 목자이신 예수 그리스도의 이름으로 간절히 기도드리옵나이다. 아멘.

7월

여름행사를 앞둔 주일 예배 기도

일을 행하시는 여호와 하나님 아버지! 부족하고 연약한 저희들을 지난 반년 동안도 사랑과 은혜 속에 안보하여 주시고 오늘 거룩한 성일을 또 허락하여 주셔서 신령과 진정으로 거룩한 예배를 드리게 하시며 예배하는 자에게 주시는 사랑과 은혜를 받게 하시오니 참으로 감사하옵고 영광을 돌리옵나이다.

하나님 아버지! 아버님을 진정으로 사랑합니다. 온전히 경외하며 경배합니다.

만주의 주가 되시는 예수님께서 이루어주신 대속의 은혜를 믿고 회개하오니 알고 모르고 범죄 한 육신의 정욕과 안목의 정욕과 이생의 자랑을 다 용서하여 주시옵소서.

사랑의 주님! 귀한 시간 저희 모두 위에 구속의 은총으로 충만하여 주시고 믿음의 부흥을 주시옵소서. 영적인 부흥을 주시고 사랑으로 충만케 하시옵소서. 연약한 육체는 강건하게, 병든 육체는 주님의 능력으로 깨끗하게 고쳐주시옵소서. 가정마다 평강을 주시옵고 경제문제나 자녀문제나 모든 기도제목과 소망들 위에 크신 복을 주시옵소서. 하나님의 뜻을 받들어 항상 기뻐하며 쉬지 말고 기도하며 범사에 감사하는 온전한 성도가 되게 하여 주시옵소서.

하나님 아버지! 우리나라에 자비를 베풀어 주시옵소서. 이 난세를 해결하여 주시옵소서. 안정과 비전을 주시고 하나님만을 경외하는 나라와 민족이 되게 하여 주시옵소서. 보혜사 성령님이여! 교회 위에 충만하여 주시옵소서. 담임목사님을 중심하여 온 성도가 하나되어 주님의 뜻만을 받드는 신실한 교회로 크신 은총을 베풀어 주시옵소서. 우리 은평구만 해도 수십만 명의 생명들이 불신앙 가운데 멸망의 길로 죽어가고 있습니다. 주님! 저들을 다 구원시키는 교회되게 하시옵소서.

금번 여름철을 맞아 어린이 교회의 성경학교와 청소년 교회의 수련회와 청년교구의 하기선교와 온 성도의 수련회를 주님께서 인도하여 주셔서 모두가 하나님을 체험하며 큰 결실을 맺게 하여 주시옵소서. 개척한 교회들과 지원하고 있는 미자립 교회들과 선교지마다 성령님이여! 강하게 역사하여 주시옵소서. 부르짖는 사역자들의 기도를 응답하여 주시고 주님의 뜻을 온전히 이루어 주시옵소서.

내가 주는 물을 먹는 자는 영원히 목마르지 아니하리라 말씀하신 주님! 담임목사님 위에 오직 성령과 말씀으로 충만하여 주시옵소서. 주시는 말씀마다 능력 있게 하시고 믿음과 사랑과 소망과 지혜의 말씀으로 생수가 강같이 흐르게 하시옵소서. 영존하시는 하나님 아버지께 세세토록 존귀와 영광이 충만하시옵소서.

선한 목자이신 예수 그리스도의 이름으로 간절히 기도드리옵나이다. 아멘.

8월

월삭 예배 기도

　8월을 주신 하나님 아버지! 감사와 찬송과 존귀와 영광을 돌리옵나이다. 7월도 아버님의 사랑과 은총 속에 안보하여 주시고 8월 첫날 월삭 예배로 하나님의 성호를 찬양하며 신령과 진정으로 거룩한 예배를 드리게 하시고 사랑과 은혜로 복을 주시오니 하나님 아버지! 참으로 감사와 찬송과 영광을 돌리옵나이다.

　자비로우신 하나님 아버지! 귀한 시간 보혜사 성령님으로 충만하여 주시옵소서.

　지난 한달 동안 세상과 더불어 살면서 주님의 뜻을 받들기보다는 세상의 뜻을 따라 잘못 살아온 것들을 통회 자복하고 회개하오니 십자가 상에서 사죄하신 대속의 은혜로 깨끗하고 정결하게 씻어주시고 새롭게 변화시켜 주시옵소서.

　주님의 전적인 은혜로 8.15 광복을 선물로 받았사온데 이 은혜를 회상하며 세상의 소금으로, 빛으로 신실하게 살아 주님의 뜻을 받들게 하시고, 가정에서나 교회에서나 사회에서 주님의 의를 이루면서 하나님의 사랑과 은혜를 찬양하며 전달하는 그리스도의 향기로 값진 삶을 살게 하여 주시옵소서.

　은혜주시기를 즐겨하시는 하나님 아버지! 귀한 시간 말씀하여 주시옵소서. 말씀이 레마로 임하여 오시옵소서. 저희들 말씀대로 순종하며 살기를 원하오니 믿음과 사랑과 지혜와 능력을 주셔서 쉬지 말고 기도하며 하나님 보시기에 아름다운 삶을 살게 하여 주시옵소서. 가정마다 신앙의 부흥을 주시옵소서. 평강을 주시옵소서. 기도의 제목과 소망들이 응답받는 8월이 되게 하여 주시옵소서.

　사랑하는 주님! 주님의 귀하신 뜻을 두시고 세우신 우리 교회 위에 항상 성령사역으로 주님의 뜻을 이루어 드리는 구원의 방주가 되게 하시고 큰 부흥과 성장을 주시어 사명을 잘 감당하는 모범교회가 되게 하여 주시옵소서.

　오늘부터 다시 시작하는 수련회와 하기선교 봉사 위에 주님이 친히 함께하시며 하나님 나라가 확장되는 큰 역사를 일으켜 주시옵소서.

　귀한 시간 말씀을 증거하시는 목사님 위에 성령님 충만하여 주시옵소서. 오직 말씀으로 충만하시고 사랑과 지혜와 능력의 말씀으로 은혜를 주시옵소서.

　정성으로 찬양을 드리는 교역자 모두 위에 항상 소명에 신실하게 하시고 기도와 사랑과 인내로 사명을 잘 감당하며 승리하는 크신 은혜와 복을 내려주시옵소서.

　우중에도 하나님 앞에 나아와 몸과 마음과 정성을 다하여 헌신하는 모든 성도 위에 하늘의 신령한 복과 땅의 기름진 복으로 충만하게 베풀어 주시옵소서.

　사랑하는 하나님 아버지! 귀한 시간 주님의 귀하신 뜻을 이루시고 영광 중에 충만하시옵소서. 우리의 구속주이신 예수 그리스도의 이름으로 간절히 기도드리옵나이다. 아멘.

8월

주일예배 기도

"너는 내게 부르짖으라 내가 네게 응답하겠고 네가 알지 못하는 크고 비밀한 일을 네게 보이리라" 말씀하신 하나님 아버지! 8월 첫날 이 새벽에 부족한 저희들을 주님의 전으로 인도하여 주셔서 신령과 진정으로 거룩한 월삭 예배를 드리게 하시고 말씀대로 부르짖어 기도하며 우리의 소망들을 응답받게 하시오니 참으로 감사와 찬송과 존귀와 영광을 돌리옵나이다.

하나님 아버지! 이 예배를 온전히 열납하시고 영광 받아주시옵소서. 지난 7개월도 사랑과 은혜로 안보하여 주셨는데 저희들은 범죄하고 실수한 것들이 너무나 많은 죄인들입니다. 주님의 대속의 은혜를 믿사오니 용서하여 주시옵고 8월 달은 주 안에서 믿음으로 신실하게 살며 승리하는 달이 되게 하여 주시옵소서.

사랑의 하나님 아버지! 이 새벽 부르짖는 기도마다 응답하여 주시옵소서. 모든 성도들이 믿음에 굳건히 서게 하시고 영적인 부흥을 주시옵소서. 가정마다 평강을 주시옵고 기도의 제목과 소망들을 응답하여 주시옵소서.

"환난 날에 나를 부르라 내가 너를 건지리니 네가 나를 영화롭게 하리라" 말씀하신 하나님! 8월은 지금부터 61년 전에 우리나라가 일본의 압제 속에 36년 동안이나 유린당하며 고통 중에 신음하고 있을 때 울부짖는 성도들의 기도와 눈물과 순교의 핏값을 보시고 해방과 광복의 엄청난 은혜와 복을 받은 달입니다.

　하나님 아버지! 그 크신 사랑과 은혜를 진정 감사와 찬양을 드립니다.

　그러나 아버지여! 오늘의 현실은 과거 이상으로 더 악하고 방탕하고 무서운 죄악을 범하고 있습니다. 우상숭배와 유물론과 음란하고 패역한 이 사회악과 이기적이고 간악한 정치적인 죄악으로 무서운 죄를 범하고 있습니다. 용서하여 주시옵소서.

　자비하신 아버지! 총체적으로 난국을 맞고 있는 우리나라에 자비를 베풀어 주시옵소서. 대통령을 비롯한 위정자들과 여야 정치인들과 온 국민들이 하나님 앞에 통회자복하고 깨어 경성하게 하시옵소서. 공의와 선으로 나라와 국민을 섬기게 하시고 하나님을 대적하는 악한 세력들을 소멸하여 주시옵소서. 남북이 평화 속에 하나가 되어 온 인류에게 복음과 평화를 전하는 선교국이 되게 하여 주시옵소서.

　아프리카 선교여정 중에 계시는 담임목사님과 일행 위에 늘 동행하여 주시고 주님의 뜻을 온전히 이루시고 귀국하도록 인도하여 주시옵소서.

　귀한 예배를 인도하시는 주의 사자 위에 성령님 충만 하시옵소서. 말씀이 성령으로 충만하며 생명력이 넘쳐 큰 결실을 맺게 하여 주시옵소서.

　만복의 근원이 되시는 하나님 아버지께 감사와 찬송과 영광이 충만하시옵소서. 구세주이신 예수님의 이름으로 간절히 기도드리옵나이다. 아멘.

8월

광복절 주일예배 기도

　일본 제국주의의 압제와 착취 속에서 60년 전에 우리나라와 민족 위에 해방과 광복을 주신 하나님 아버지! 부족하고 미천한 저희들이오나 전심을 다하여 귀하신 성호를 찬양하며 신령과 진정으로 감사 예배를 드리오니 영광을 받아 주시옵소서.

　구속주이신 예수 그리스도여! 귀한 시간 사죄와 구속의 은총으로 충만하여 주시옵소서. 전적인 하나님의 사랑과 은혜로 택함 받은 우리나라와 민족이 특별히 저희 교회들과 성도들까지도 하나님의 크신 사랑과 은혜를 망각하고 그동안 너무나 많은 죄악 속에 방황하며 잘못 살아왔습니다. 자신만을 위한 이기주의에 사로잡혀 이생의 자랑과 명예와 부귀와 육신의 정욕과 향락을 추구하며 잘못 살아온 것이 너무나 많았습니다. 이 사회는 유황불로 멸망 받은 소돔 고모라 성과 같이 한없는 죄악의 수렁 속에 빠져 들고 있습니다. 정치계나 경제계는 사리사욕과 이기주의 늪에 빠져 부정과 부패가 만연하고 있습니다.

　한 동포들은 무신론 공산주의로 만유의 주재이신 여호와 하나님을 대적하고 있습니다. 주님! 나라와 민족과 우리의 현실적인 죄악들을 용서하여 주시옵소서. 바른 정치가 시행되고 참신한 경제로 부흥시켜 주시옵소서. 남북이 주 안에서 신뢰를 갖고 평화스럽게 하나가 되며 7천만 우리 민족이 하나님만을 경외하며 온 인류를 선교하는 의로운 나라와 민족으로 크신 은혜를 주시옵소서.

사랑의 하나님 아버지! 온 성도들의 가정마다 평강을 주시옵소서. 신앙의 부흥을 주시옵소서. 기도의 제목과 소망을 열납하여 주시고 더 좋은 것으로 응답하여 주시옵소서. 항상 기뻐하며 쉬지 말고 기도하며 범사에 감사와 찬송으로 충만한 삶을 살게 하여 주시옵소서.

하늘과 땅의 권세를 가지시고 세상 끝 날까지 우리와 함께하시는 주님! 주님께서 귀하신 뜻을 두시고 세우신 우리교회에 악한 영은 일체 금지시켜 주시옵소서. 담임목사님을 중심하여 당회와 직원과 성도 전체가 하나 되어 서로 사랑하며 서로 섬기는 화목한 교회로 항상 은혜와 평강을 주시옵소서. 열심을 품고 주를 섬기되 기도하는 일과 전도하는 일에 최선을 다하여 질과 양이 큰 부흥을 하게 하시고 모든 교회들 앞에 모범이 되는 교회가 되게 하여 주시옵소서.

귀한 시간 찬양대가 정성을 다하여 찬양을 드립니다. 영광 받아 주시옵소서. 강단에서 선포되고 증거 되는 담임목사님의 말씀 위에 성령님 충만하여 주시옵고 주시는 말씀마다 지혜와 권능과 생명력으로 큰 부흥을 주시옵소서.

광복을 주신 하나님 아버지! 감사와 찬송과 영광이 세세토록 충만하시옵소서. 구속주이신 예수 그리스도의 이름으로 간절히 기도드리옵나이다. 아멘.

8월

해방과 광복의 은혜를 회상하며 드린 기도

　광대하신 여호와 하나님! 연약한 우리나라와 민족을 택하여 주시고 사랑과 은혜를 베풀어 주심을 감사드리오며 몸과 마음과 정성을 다하여 신령과 진정으로 거룩한 예배를 드리오니 영광 받아 주시옵소서.

　7, 8월 무더운 폭염과 수 차례의 태풍과 폭우의 재난 속에서도 지켜 주시고 40년 전 일본의 극악무도한 36년 압제 속에 시달리고 울부짖던 암울한 때 구사일생으로 해방과 광복을 얻은 기쁨을 회상하며, 망극하신 하나님의 은혜에 감사와 찬송과 영광을 돌리옵나이다.

　사랑하는 아버지 하나님! 우리나라와 민족 위에 끝까지 자비와 긍휼을 베풀어 주시옵소서. 아직까지도 하나님의 그 크신 은혜를 깨닫지 못하고 불신앙 속에 온갖 죄를 범하고 있는 민족적인 죄를 용서하여 주시옵소서.

　나라의 위정자들과 지도층에 있는 인사들과 온 국민들의 죄를 용서하여 주시옵소서. 이북에 있는 동족들의 무신론과 인간의 생명을 초개와 같이 여기는 어리석은 죄를 용서하여 주시옵소서. 특별히 먼저 택함을 받은 우리 그리스도인들의 죄를 용서하여 주시옵소서. 사단의 미혹에 빠져 육신의 정욕과 안목의 정욕과 이생의 자랑을 추구하며 명예와 부귀와 권세욕에 사로잡혀 방황하고 있는 교회 지도자들과 성도들의 죄를 용서하여 주시옵고 하루 속히 믿음에 굳건히 서서 깨어 경성하며 신실한 주님의 제자들로 주신 사명 잘 감당하게 하여 주시옵소서.

하나님 아버지! 부족하오나 예수 그리스도의 이름으로 부르짖어 간구하오니 이 사회에 안정과 질서와 평화를 주시옵소서. 정치는 항상 나라와 국민 전체를 위한 공의와 선을 시행하는 하나님의 뜻을 받드는 지혜자의 정치가 되도록 인도하여 주시옵소서. 경제는 참신한 경제로 발전하도록 인도하여 주시옵소서. 특별히 우리 민족의 교육이 창조주 하나님을 근본으로 하는 믿음 위에 사랑과 겸손과 협력과 공의와 선을 이루는 길이요 진리요 생명의 말씀 중심의 교육이 실시되도록 인도하여 주시옵소서.

하나님께 찬송 드리기 위하여 저희들을 택하여 주신 주님! 귀한 예배에 드리는 모든 찬송을 기뻐 받아 주시오며 특별히 준비하여 정성된 찬양을 드리는 찬양대 위에 크신 은총을 베풀어 주시옵소서.

단 위에서 말씀을 전파하는 주의 사자 목사님 위에 성령님으로 충만하여 주시옵소서. 말씀에 능력과 권능을 주시고 생명의 양식으로 기름부음을 주시며 복음으로 세상을 이기며 큰 결실을 맺게 은혜를 베풀어 주시옵소서.

나라와 권세와 영광이 아버지 하나님께 영원 하시오며, 만왕의 왕이신 예수 그리스도의 이름으로 간절히 기도드리옵나이다. 아멘.

8월

태풍과 수해로 고통받을 때 드린 기도

거룩하신 여호와 하나님 아버지! 저희 인간들이 지은 죄와 허물로 사망과 멸망을 받는 것을 긍휼히 여기사 독생자 예수님을 십자가에 대속물로 삼으시고 누구든지 믿기만 하면 구속의 은혜와 영생의 은혜를 선물로 주시는 그 크신 사랑과 은혜를 전심으로 감사하오며 찬송과 존귀와 영광을 돌리옵나이다.

특별히 주님의 은혜로 이 땅 위에 복음이 들어 온지 100년이 된 이 때에 100만 명의 성도들이 여의도 광장에 모여 귀한 단을 쌓고 감사와 회개와 화해와 일치와 민족복음화와 세계선교를 위한 대성회를 베풀게 하시고 주님의 뜻을 제시해 주시니 진정 감사와 찬양을 드리옵나이다.

금번 성회는 오직 성령님의 역사로 이룩된 성회인 줄 믿사오니 지속적인 역사로 부르짖어 간구한 모든 기도들이 교회와 나라와 민족 위에 속속들이 이루어 주시옵기를 간절히 기도드리옵나이다.

상한 심령을 받으시는 아버지 하나님! 저희들 통회자복 하는 심령으로 예배를 드리오니 우리의 몸과 마음과 뜻과 정성을 받아 주시옵소서. 주님의 보혈의 능력으로 정결하고 성결하게 하시고, 물과 성령으로 새사람 되게 하시옵소서.

믿고 간구하오니 성령이여 충만하여 주시옵소서. 모두가 성령세례를 받고 착하고 신실한 종으로 변화되게 하시옵소서. 믿음이 연약한 성도에게는 반석과 같은 믿음을 주시옵고, 충성하기를 원하는 성도에게는 능력과 지혜를 주시옵고, 병마로 고통당하는 성도에게는 주님께서 선포하신 신유의 능력을 믿고 강건함을 받게 하여 주시옵소서. 온 성도들의 가정마다 사랑과 평강을 주시옵고 감사와 찬송과 헌신의 삶이 되도록 은총 베풀어 주시옵소서.

만군의 하나님 아버지! 우리나라와 민족을 특별히 사랑하시어 39년 전 일제치하에서 8.15해방과 광복을 주신 것을 진심으로 감사와 찬양을 드리옵나이다.

전능하신 주님! 이 민족을 항상 능력의 장중에 붙잡아 주시옵소서. 여호와 하나님만을 경외하는 나라로, 그의 의를 세계 만방에 빛나게 하시옵소서. 대통령을 비롯한 위정자들과 이 민족 위에 참 지혜와 명철을 주시어 말씀과 뜻에 순종하게 하시옵소서. 정치는 공의로 안정되며, 경제는 참신한 경제로 발전하고, 교육은 창조주 하나님을 근본으로 하는 진리교육을 실시하게 하시옵소서. 방방곡곡에 세워주신 교회들은 성령과 말씀의 교회로 사랑으로 섬기며 전도하는 교회로 나라와 민족을 구원하며 인류를 선교하는 살아있는 교회 되게 하시옵소서. 찬양대가 하나님의 영광을 찬양하며, 주의 사자 목사님의 말씀 증거와 선포 위에 성령님 충만하시고 능력으로 임하여 주셔서 생명이 소생되고 사명이 큰 결실을 맺는 역사를 일으켜 주시옵소서.

영광과 존귀가 아버지 하나님께 영원하시오며, 예수 그리스도의 이름으로 간절히 기도드리옵나이다. 아멘.

9월

중추절 주일예배 기도

드높은 푸른 하늘아래 들녘마다 황금물결 출렁이고 가지마다 울긋불긋 탐스럽게 맺힌 열매들이 주렁주렁 춤을 추며 산천초목들이 곱디 곱게 단장하고 신묘막측하신 조물주 하나님께 감사와 찬양을 드리는 중추가절 흐뭇한 추석 명절에 사랑하는 가족들과 온 성도들이 한자리에 모여 신령과 진정으로 거룩한 예배를 드릴 수 있도록 은혜를 베풀어 주신 아버지 하나님! 진정 감사와 찬송과 존귀와 영광을 돌리옵나이다. 또한 고향을 찾아 부모형제와 기쁨으로 흐뭇한 정을 나누며 감사와 찬양과 기도로 예배를 드리며 복음을 심는 성도들의 아름다운 모습을 보시고 하나님 아버지! 영광 받아 주시옵소서.

사랑하는 하나님 아버지! 귀한 시간 심히 부족한 종들이오나 예수님의 이름으로 우리의 영과 혼과 몸을 온전히 드리오니 열납하여 주시옵고 하늘의 신령한 복과 땅의 기름진 복으로 풍족하게 내려 주시옵소서.

인류를 죄악과 멸망 속에서 구원하기 위하여 십자가를 지시고 대속하시고 구원하여 주신 예수 그리스도의 공로를 믿사오니 아버지 하나님! 사죄의 은혜와 구속의 은혜로 충만하여 주시옵소서. 그동안 육신의 정욕에 사로잡혀 세상 것들을 탐하며 세상과 짝하여 부모 형제와 자녀들에게 실수하고 범죄한 잘못들과 이기주의로 남을 비판하며 원망하고 교만하게 잘못 살아온 것들과 주님의 말씀과 교회를 사랑하고 섬기는 일들을 등한히 하고 살아온 어리석은 잘못들을 회개하오니 주님! 용서하여 주시옵소서.

오직 주의 성령과 말씀으로 변화 받아 새 사람이 되게 하시고 믿음에 굳건히 서서 신실한 주님의 일꾼들이 되게 하여 주시옵소서. 가정마다 신앙으로 하나 되게 하시고 산업의 부흥과 평강을 주시며 기도의 제목과 소망들을 응답하시고 하나님의 의와 교회를 우선하여 정성으로 섬기는 지혜와 믿음을 베풀어 주시옵소서.

교회의 머리가 되시는 주님! 새성전 건축을 축복하여 주시옵소서. 성전 건축을 담당한 건설사와 함께하시고 감리와 감독을 맡은 분들과 현장에서 수고하는 모든 직원들과 모든 공정 위에 주님 친히 주관하여 주셔서 주님의 뜻을 온전히 받들 수 있는 새성전으로 차질 없이 완공하고 봉헌 하도록 인도하여 주시옵소서.

특별히 7천만 민족이 불신앙과 우상숭배를 버리고 여호와 하나님만을 경외하며 섬기게 하시고 영원한 구속주이신 예수 그리스도를 믿고 따르는 민족으로 함께하여 주시옵소서. 풍요로운 추석을 주신 아버지 하나님께 영광을 돌리오며 인류의 구주가 되시는 예수님의 이름으로 간절히 기도드리옵나이다. 아멘.

9월

긍휼과 자비를 구하는 기도

    자비로우신 하나님 아버지! 아버님의 사랑과 은혜를 진심으로 감사드리며 찬송과 존귀와 영광을 돌리오니 온전히 받아 주시옵소서.
    저희들 지난 한 주간도 세상과 더불어 살면서 마음과 생각과 또 입술과 행실로 실수하고 범죄한 것들이 너무나 많은 죄인들입니다. 주님께서 십자가상에서 우리의 죄악들을 친히 담당하시고 보혈로 깨끗하고 정결하게 씻어 주시며 구원하여 주신 그 크신 사랑과 은혜를 믿사오니 하나님 아버지! 우리의 죄악들을 용서하여 주시옵고 오직 성령으로 기름부음을 주시옵소서.
    긍휼이 많으신 하나님 아버지! 우리를 범죄하게 하는 사단의 세력인 육신의 정욕과 안목의 정욕과 이생의 자랑과 권세욕과 명예욕과 물질욕과 이기심을 제하여 주시옵소서. 오직 성령님으로 거룩하고 성결한 자녀로 인쳐 주시고 사랑과 온유와 겸손한 성도로 주신 멍에를 잘 짊어지고 굳건한 신앙으로 살게 하시옵소서.
    가정마다 믿음의 부흥과 평강을 주시옵소서. 기도의 제목과 소망들을 열납하시고 이루어 주시옵소서. 연약한 육체는 강건하게 하시고 병마로 고통당하는 성도들은 깨끗이 고쳐주시옵소서. 기업으로 주신 자녀 손들이 잘되게 하시고 의인의 가문으로 번성하게 하시며 지경을 넓히는 복을 주시옵소서.

특별히 교회 위에 항상 보혜사 성령님으로 충만하여 주시옵소서.

담임목사님과 온 성도들이 한 마음 한 뜻 되어 모이기에 힘쓰게 하시고 중보 기도의 사명을 잘 감당하며 사랑과 구령이 불타올라 이 지역을 구원시키는 교회로 나라와 민족을 지키며 온 세계를 선교하게 하시고, 오늘 있을 '신앙 좋은 현명한 아이로 키우는 자녀 교육 세미나'에 좋은 결실을 맺게 하여 주시옵소서.

하나님 아버지! 나라와 민족을 긍휼히 여겨주시옵소서. 불쌍히 여겨 주시옵소서. 지금은 총체적으로 위기를 맞고 있습니다. 불안하기 그지 없습니다. 이 위기에서 건져 주시옵소서. 신앙과 도덕과 윤리가 땅에 떨어져 있습니다. 정치와 경제와 안보가 잘못 가고 있습니다. 하나님 아버지! 악한 영의 세력들을 결박하시고 소멸시켜 주시옵소서. 바른 정치가 실시되고 참신한 경제로 회복되며 하나님의 의만이 굳건히 서게 하여 주시옵소서. 남과 북이 주 안에서 평화스럽게 하나 되게 하시고 여호와 하나님만을 섬기며 온 세계를 선교하는 나라와 민족을 삼아 주시옵소서.

귀한 시간 말씀을 증거하시는 강사 목사님 위에 성령님 충만하시고 오직 성령님으로 말씀하여 주시옵소서. 말씀을 듣는 저희 모두에게는 지혜의 말씀과 능력의 말씀과 생명의 말씀으로 은혜가 넘치게 하시옵소서. 믿고 구한 것은 받은 줄로 알라고 말씀하신 예수 그리스도의 이름으로 간절히 기도드리옵나이다. 아멘.

9월

올림픽을 앞둔 주일예배 기도

존귀하신 하나님 아버지 여호와여! 오늘 거룩한 주일, 부족하오나 저희 교회 온 가족들이 예수님의 이름으로 신령과 진정으로 거룩한 예배를 드리오니 온전히 영광 받아 주시옵고 하나님의 영광이 하늘에 충만하심 같이 이 예배 위에도 충만하여 주시옵소서.

자비하신 하나님 아버지! 먼저 우리의 잘못을 자복하고 소원과 기도를 드리오니 이 예배와 기도를 받아주시고 주님의 뜻을 이루시며 영광 받아 주시옵소서.

주님께서 너희는 서로 사랑하라고 새 계명을 주셨는데 저희들은 성도간에 진정한 사랑의 교제를 나누지 못했고 이웃을 사랑하는 사명도 잘 감당하지 못했습니다. 용서하여 주시옵소서. 너희는 만민에게 복음을 전파하라고 하셨는데 게으르고 나태한 가운데 전도도 영혼 구원도 못했습니다. 용서하여 주시옵소서. 원대하신 뜻과 비전을 두시고 교회를 세워 맡겨 주셨는데 저희들은 온전히 섬기지 못했고 진정한 헌신과 봉사도 또 교회 중심으로 살지도 못했습니다 .용서하여 주시옵소서.

너희는 세상의 소금이요 세상의 빛이라 하시며 사명을 주셨는데 소금도 빛도 되지 못했습니다. 용서하여 주시옵소서. 항상 기뻐하며 쉬지 말고 기도하며 범사에 감사하라고 하셨는데 깨어 경성하지 못하고 어리석게도 육신의 정욕으로 세상만을 바라보며 살았습니다. 용서하여 주시옵소서.

 하나님 아버지! 우리 주님 예수 그리스도께서 십자가상에서 대속해 주시고 다 이루어주신 구속의 은혜를 믿사오니 이 시간 오직 성령님으로 저희 모두를 새 사람 새 일꾼으로 변화시켜 주시옵소서. 기름부음을 주시고 말씀에 굳건히 서서 믿음과 사랑으로 온유와 겸손으로 지혜와 명철로 능력과 권능으로 예수 그리스도의 참다운 제자가 되게 하여 주시옵소서.

 복의 근원이 되시는 아버지여! 저희들 간절히 부르짖어 간구하오니 날마다 우리의 영과 혼과 몸이 더 잘되게 하여 주시고 강건케 하여 주시옵소서.

 가정마다 평강과 산업의 복을 주시고 자녀 손들을 하나님의 기업으로 세워 주시옵소서. 오는 17일부터 개최하는 올림픽을 주관하시고 인도하여 주셔서 악한 세력들을 금지시켜 주시고 불상사를 막아 주시며, 성공적인 올림픽으로 온 세계 인류가 하나로 화합되며 대한민국의 국위가 선양되어 주의 복음을 땅 끝까지 전파하는 성령님의 강력하신 역사를 일으켜 주시옵소서.

 귀한 시간 드리는 모든 찬양과 주시는 말씀이 오직 주님의 뜻을 이루시고 하나님께 영광이 되시기를 원하오며, 만왕의 왕이신 예수 그리스도의 이름으로 간절히 기도 드리옵나이다. 아멘.

9월

세례 및 성찬예배에 드린 기도

풍성한 결실의 계절 드높은 가을 하늘 아래 거룩한 주일을 주신 하나님 아버지께 감사와 찬송과 존귀와 영광을 돌리옵나이다.

신령과 진정으로 드리는 예배를 받으시는 하나님 아버지! 우리 교회의 온 가족들이 한자리에 모여 여호와의 성호를 기쁨으로 찬양하며 사랑과 감사와 경배와 기도로 거룩한 예배를 드리오니 하나님의 영광이 하늘에 충만하심같이 이 예배 위에도 충만하여 주시옵소서.

사랑하는 하나님 아버지! 귀한 시간 저희들의 영과 혼과 몸을 아버님께 온전히 드리오니 세상과 더불어 살면서 하나님 보시기에 합당하지 못한 것들 다 용서하여 주시옵소서. 예수 그리스도의 십자가 보혈의 공로를 믿사오니 깨끗하게 씻어주시고 대속의 은총과 구속의 은총으로 충만하여 주시옵소서.

귀한 예배 드리는 모든 기도와 찬송과 헌신을 받아 주시오며 특별히 준비하여 진미로 드리는 찬양대의 찬양이 하나님께는 큰 영광이 되게 하시고 저희 모두에게는 기쁨과 감사와 소망이 되게 하여 주시옵소서.

단 위에서 주시는 말씀마다 성령님의 기름부음이 넘치게 하여 주시옵소서.

말씀이 레마로 임하여 저희 모두의 심령 속에 생명수가 강같이 흐르게 하시고 영원히 목마르지 않게 하시옵소서.

모든 심령 위에 믿음의 부흥을 주시고 가정에는 평강이 되게 하시며 말씀을 받고 아멘 할 때에 우리의 소망들이 다 응답받게 하여 주시옵소서. 말씀이 능력이 되게 하시고 지혜가 되게 하시여 죽어가는 생명들을 구원시키는 전도자들로 사명을 잘 감당하고 착하고 충성된 종들이 되게 하여 주시옵소서.

귀한 예배에 세례를 받고 또 성찬에 임하는 모든 성도들 위에 성령세례도 함께 내려주셔서 하나님의 자녀로 큰 복 있는 삶을 살게 하시고 성찬에 임할 때에 십자가 구속의 은총을 감격하며 예수님의 산 증인들로 신실하게 하시옵소서.

담임목사님 위에 성령님이여! 항상 충만하여 주시옵소서. 영육을 강건하게 하시고, 말씀과 능력과 지혜와 사랑이 충만한 사자로 온 양 떼들을 푸른 초장으로 잔잔한 생명수 물가로 인도하는 목자 되게 하시고 간구하는 기도마다 온전히 열납하여 주시옵소서.

원로목사님 내외분 위에 항상 강건함을 주시고 중보기도사역에 복을 주시옵소서.

충만하신 하나님 아버지! 본 교회 위에 악한 영은 일절 틈타지 못하게 하시옵고 이 지역과 나라와 민족을 살리는 구원의 방주로 요긴하게 쓰여 주시옵소서.

교회의 머리가 되시는 예수 그리스도의 이름으로 간절히 기도드리옵나이다. 아멘.

9월

장로 시무 마지막 주일예배 기도

　열방 중에 부족하고 비천한 저희를 택하여 주시고 주님의 뜻을 이루시며 찬송과 영광을 받으시는 하나님 아버지! 이 거룩한 주일 주님의 교회 믿음의 가족들이 뜻을 같이하여 신령과 진정으로 거룩한 예배를 드리오니 아버지여! 온전히 영광 받아주시옵소서.

　귀한 시간 보혜사 성령님으로 충만하여 주시옵소서. 성찬식을 거행하며, 세례를 베풀 때에 성령님의 기름 부음이 저희 모두 위에 흡족하게 부어 주시고 지은 죄나 허물들을 깨끗이 씻어 주시옵소서. 정결하고 성결하게 변화시켜 주시고 하나님의 신실한 자녀들로 살게 하여 주시옵소서.

　항상 깨어 경성하며 교회를 섬기되 아버지의 일을 우선하게 하시고, 성도들을 사랑하되 진실한 마음으로 사랑하게 하시고, 사단이 주는 미움이나 헐뜯음이나 비난하고 판단하는 교만한 마음을 소멸시켜 주시옵소서. 항상 온유와 겸손으로 서로 존중하며 우애 있게 하시고, 교회의 사명과 비전을 위해 끊임없이 기도하며 충성하는 착하고 충성된 종들이 다 되게 하여 주시옵소서.

　사랑하는 주님! 이 지역만 해도 수십만 명이 예수 그리스도를 믿지 않고 멸망의 길을 걷고 있습니다. 저들을 구원시키는 구원의 방주 교회가 되게 하여 주시옵소서.

특별히 10월 28일 주일 새생명 축제를 기하여 영혼 사랑하는 불타는 마음을 더하여 주시옵소서. 힘써 전도하며 강권하여 데려다가 구원받게 하는 성령의 지혜와 능력을 주시옵소서. 열심으로 충성하여 부흥을 일구는 주역들이 다 되게 하여 주시옵소서.

사랑하는 하나님 아버지! 온 성도들 위에 영혼이 잘되게 하시고 범사가 잘되며 강건한 복을 주시옵소서. 가정마다 믿음의 가정으로 평강을 주시옵고 기업으로 주신 자녀 손들이 믿음에 굳건히 서서 세상의 소금과 빛으로 교회와 나라의 기둥이 되게 하여 주시옵소서.

나라의 흥망성쇠를 주관하시는 하나님 아버지! 죄악이 관영한 우리나라와 민족을 긍휼히 여겨 주시옵소서. 불쌍히 여겨 주시옵소서. 나라와 민족의 총체적인 죄악들을 회개하오니 용서하여 주시옵소서. 천재지변과 각종 재난들을 금하여 주시옵소서.

찬송받기 위해 지어주신 아버지여! 우리의 삶이 찬양하는 삶으로 하나님과 동행하는 행복한 삶이 되게 하여 주시옵고, 은퇴하신 원로목사님과 장로님과 권사님 집사님들의 신원 신을 지켜주시고 중보기도 사역과 소망 위에 크신 은혜와 은총을 베풀어 주시옵소서. 단에서 주시는 목사님의 메시지 위에 성령으로 충만 역사하여 주시옵소서. 말씀마다 권세 있게 하시고 레마로 임하여 주시옵소서. 말씀이 능력이 되게 하시고 생명과 지혜의 말씀으로 옥토에 뿌린 씨앗이 되어 큰 결실을 맺게 하여 주시옵소서. 나라와 권세와 영광이 하나님 아버지께 영원하시오며, 구속주이신 예수 그리스도의 이름으로 간절히 기도드리옵나이다. 아멘.

10월

새 성전에서의 주일예배 기도

　감사와 찬송과 존귀와 영광을 하나님 아버지께 세세토록 돌리옵나이다. 아버지의 크신 사랑과 은총 속에 부족한 저희들을 인도하여 주시고 민족적인 추석명절을 좋은 일기 속에 맞게 하셔서 온 가족과 친족들이 사랑으로 정을 나누며 부모님과 선조들의 은덕을 기리고 하나님께 감사와 찬송으로 예배를 드리게 하시오니 진정 감사와 찬송과 영광을 돌리옵나이다.

　특별히 오늘 10월 첫 주일은 주님께서 귀하신 뜻과 비전을 두시고 본 교회를 세워주신 창립 28주년을 맞는 감명 깊은 성일이며 하나님의 은혜로 아름답고 웅장한 새성전에서 온 성도들이 한 마음 한 뜻을 가지고 신령과 진정으로 거룩한 예배를 드리게 하시오니 오 하나님 아버지! 광대하신 아버님의 은혜와 은총을 가히 찬송하며 영광을 돌리옵나이다.

　저희들이 무엇인대 이처럼 사랑과 은혜를 베풀어 주시나이까? 천막교회, 판자집교회, 그 속에서 비를 주렁주렁 맞아가며 울부짖는 교회학교 어린이들과 성도들의 간구하는 기도소리를 응답해 주시되 더 좋은 것으로 응답해 주시며 크고 비밀한 일까지 보여 주시오니 하나님 아버지! 진정 감사와 찬양을 드리오니 영광 받아 주시옵소서.

　사랑하는 아버지 하나님! 그러나 저희들 돌이켜보면 아버님 앞에 마음으로 생각으로 또 말과 행실로 실수하고 범죄한 것들이 많은 죄인들입니다. 아버지! 긍휼을 베풀어 주시옵소서. 주님의 보혈로 깨끗하고 정결하게 씻어주시며 물과 성령으로 거듭나 신실하고 충성된 일꾼으로 변화시켜 주시옵소서.

"때를 얻든지 못 얻든지 만민에게 복음을 전파하라"고 명하신 주님! 10월 28일 예수님 초청 큰잔치를 친히 주관하여 주시옵소서. 15,000명을 초청하여 5,000명 이상 주님을 영접하고 구원 받기를 원하오니 일기도 좋게 하시고 말씀을 전하시는 목사님 위에 말씀과 성령과 능력을 7배나 더하여 주시고 강단에서 생명수가 넘쳐흘러 말씀을 듣는 자마다 성령의 기름부음으로 흡족한 은혜를 주시옵소서. 이 초청잔치를 위해 온 교회 온 성도들이 한 사람도 낙오자 없이 헌신 충성하게 하시고 충성하는 모든 성도들 위에 큰 은혜와 복을 더하여 주시옵소서.

불을 땅에 던지러 오신 주님! 이 불이 이미 교회 위에 붙었사오니 이 불로 모든 교회와 나라와 민족으로 확산되어 7천만 민족이 여호와 하나님만을 경외하며 온 인류를 선교하는 위대한 나라로 은총 베풀어 주시옵소서.

교회의 머리가 되시는 예수 그리스도의 이름으로 간절히 기도드리옵나이다. 아멘.

10월

창립의 달 주일예배 기도

　존귀하신 여호와 하나님 아버지! 41년 전 이 땅 위에 우리 교회를 설립하시고 저희를 택정하사 오늘에 이르도록 오직 성령 사역으로 주님의 뜻을 이루시며 영광 받아 주시오니 참으로 감사와 찬송과 존귀와 영광을 돌리옵나이다.
　하나님 아버지! 창립의 달 이 거룩한 성일에 신령과 진정으로 거룩한 예배를 드리오니 온전히 열납하시고 영광 받아 주시옵소서.
　하나님 아버지! 저희들 지난 한 주간도 세상과 더불어 살면서 악한 영의 미혹에 빠져 믿지 않는 자들과 똑같이 육신의 정욕과 안목의 정욕과 이생의 자랑에 사로잡혀 실수하고 범죄한 것들이 너무나 많습니다. 간절한 마음으로 회개하오니 용서하여 주시옵소서. 구속주이신 예수님께서 십자가상에서 다 이루어 주신 대속의 은혜를 믿사오니 아버지여! 우리의 죄를 용서하여 주시옵소서. 깨끗이 씻어 주시옵소서. 이 시간 보혜사 성령님으로 기름 부어 주시고 저희 모두에게 성령 세례를 베풀어 주시옵소서. 심령을 정결하게 하시고 성결한 하나님의 자녀들로 변화시켜 주시옵소서.
　하나님 아버지! 우리의 삶이 다시는 죄악 속에 빠지지 않게 하시고 세상의 소금과 빛으로 살게 하여 주시옵소서. 온 성도들의 가정마다 신앙으로 하나 되게 하시고 평강을 주시옵소서. 질병으로 고통 중에 있는 성도에게는 주님의 능력으로 깨끗이 고쳐주시옵고 기업으로 주신 자녀손들 위에 때마다 일마다 주 안에서 신실하게 하시옵소서.

좋으신 섭리와 계획 속에 우리 교회를 세워주시고 우리에게 맡겨주신 하나님 아버지! 항상 성령사역으로 주님의 뜻을 받드는 교회 삼아 주시옵소서.

모이기에 힘쓰는 교회로 사랑의 교제와 중보기도의 사명과 죽어 가는 생명들을 구원시키며 온 세계 인류를 선교하는 교회로 요긴하게 쓰시고 특별히 이 달은 총력전도의 달이오니 한 성도가 한 영혼씩 구원시키는 충성하는 달이 되게 하여 주시옵소서.

모든 나라의 흥망성쇠를 주장하시는 하나님 아버지! 이 땅 위에 악한 세력들을 멸하여 주시옵소서. 하나님의 의만이 견고히 서게 하시고 하나님의 공의만이 시행되게 하시옵소서. 특별히 우리나라와 민족을 불쌍히 여겨주시옵소서. 긍휼을 베풀어 주시옵소서. 총체적으로 난국을 맞고 있습니다. 모두가 우리의 죄 값인 줄 알고 회개하오니 하나님 아버지! 이 민족의 죄를 용서하여 주시옵소서. 이 난국에서 건져 주시옵소서. 오직 여호와 하나님만을 경외하며 온 세계를 선교하는 나라와 민족을 삼아 주시옵소서.

말씀을 들고 단 위에 서시는 목사님 위에 오직 성령과 말씀과 지혜와 능력으로 충만하여 주시옵소서. 주시는 말씀마다 하나님께서 오늘 우리에게 주시는 말씀으로 많은 은혜와 복이 되게 하시옵소서.

하나님 아버지! 감사합니다. 세세토록 찬송과 영광 중에 충만하시옵소서. 그리스도 되시는 예수님의 이름으로 간절히 기도드리옵나이다. 아멘.

10월

'예수님 초청 큰 잔치' 예배 기도

하늘과 땅과 그 가운데 모든 만물을 창조하시고 운행하시는 하나님 아버지! 감사와 찬송과 영광을 돌리옵나이다.

하나님의 사랑과 은혜로 어려운 때이오나 새 성전을 아름답고 웅장하게 건축하게 하시고 예수님 초청 큰 잔치를 베풀어 지역 주민과 친지들을 초청하여 함께 정성을 모아 기쁨과 감사와 찬송으로 경배를 드리며 아버님의 크신 사랑과 은혜를 받게 하시오니 참으로 감사와 찬양을 돌리옵나이다.

사랑이 많으신 하나님 아버지! 오늘 본 교회에 초청 받아 함께 예배드리며 예수님의 잔치에 참여하신 모든 분들 위에 마음에 기쁨을 주시고 감사와 소망과 믿음의 은혜를 주시며 구원의 복과 영생의 복을 주시옵소서.

가정마다 믿음과 평강을 주시고 직장과 산업에 복을 주시며 험난한 세상 속에서 하나님의 사랑과 은혜 속에 한평생을 살면서 하늘의 신령한 복과 땅의 기름진 복으로 기쁨과 감사가 넘치는 생애가 되게 하여 주시옵소서.

특별히 선물로 주신 자녀 손들이 신앙의 장부가 되게 하시고 부모에게 효도하며 악한 길에 빠지지 않게 하시고 의인의 길을 걸으며 하나님의 사랑과 보호와 인도함으로 나라와 사회에 소중한 인물들이 되어 가정과 가문을 빛내며 번영시키는 자녀들이 되게 하여 주시옵소서.

 나라들의 흥망성쇠를 주관하시는 하나님 아버지! 우리나라의 현실을 돌아보시고 이 민족의 앞길을 선히 인도하여 주시옵소서. 악한 세력의 미혹에 빠져 불신앙과 우상숭배와 부정부패와 사리사욕과 이기주의로 어지러워지고 혼탁해진 정치계나 경제계나 이 사회악을 용서하여 주시옵소서. 어서 속히 죄악의 늪에서 빠져 나와 밝은 사회와 의로운 나라가 되게 하여 주시옵소서.

 자비로우신 하나님 아버지! 귀한 시간 하나님의 말씀을 증거하시고 선포하시는 목사님 위에 영육을 강건케 하시고 성령과 말씀으로 충만하여 주시며 말씀마다 능력 있게 하시고 사랑과 지혜와 영생의 말씀으로 큰 은혜를 받게 하여 주시옵소서. 저희 모두는 경청하게 하시고 믿음을 주시고 길이요 진리요 생명의 말씀으로 놀라운 결실을 맺게 하여 주시옵소서.

 오늘의 예수님 초청 큰 잔치를 베풀어 주신 사랑의 하나님 아버지께 찬양대의 정성된 찬양과 함께 감사와 찬송과 영광을 돌리오며 온 인류의 구세주이신 예수 그리스도의 이름으로 간절히 기도드리옵나이다. 아멘.

10월

대각성 전도 부흥성회를 앞둔 기도

광대하신 여호와 하나님 아버지! 귀한 주일 이 거룩한 예배를 영존하시는 하나님 아버지께 온전히 드리오니 감사와 찬송과 존귀와 영광을 세세토록 받아 주시옵소서.

주님의 십자가 보혈의 능력으로 미천한 저희들의 죄악을 사하여 주시고 구속하여 주신 하나님 아버지! 우리의 영과 혼과 몸을 정결케 씻어주시옵소서. 성결케 하시고 거룩케 하시고 하나님의 온전한 자녀들이 다 되게 하여 주시옵소서.

자비하신 하나님 아버지! 귀한 시간 보혜사 성령님으로 충만하여 주시옵소서. 오직 성령으로 말씀을 순종하게 하시고 온유하고 겸손하신 예수 그리스도의 신실한 일꾼들이 다 되게 하여 주시옵소서.

마음을 비우고 가난한 마음으로 청결한 마음으로 화평하게 하는 도구가 되어 오직 사랑의 천사로 기쁨과 감사가 넘치는 주님의 향기가 되게 하여 주시옵소서.

우리 인간이 무엇입니까. 광대하신 하나님 앞에서는 너무나 미약한 존재이온데 어찌하여 나 중심으로 이기주의로 독선과 교만과 어리석음 속에 분수를 모르고 살고 있습니까. 주님! 우리의 잘못들을 용서하여 주시옵소서.

오직 믿음의 주요 또 온전케 하시는 이인 예수님만을 바라보게 하시고, 사람이 아니라 주님께서 원하시는 일들만을 충성으로 감당하며 사는 진실한 그리스도인이 다 되게 하여 주시옵소서.

주님의 몸 되신 교회 위에 오직 성령으로 항상 충만하여 주시옵소서. 악한 영들이 일체 시험하지 못하도록 금지시켜 주시옵소서. 담임목사님을 중심하여 온 교역자들과 당회원들과 직원들과 성도 전체가 주의 사랑으로 하나 되어 깨어 경성하고, 열심을 품고 주를 섬기며, 교회의 사명 감당을 위하여 충성하는 청지기들이 다 되게 하여 주시옵소서.

이달 30일 주일부터 실시하는 영적 대각성 전도부흥성회 위에 성령의 불이 훨훨 타오르게 하시옵소서. 저희들이 먼저 영적으로 큰 각성과 변화를 받게 하여 주시옵소서. 모이기에 힘쓰게 하시고, 모일 때마다 간절한 마음으로 뜨겁게 기도하며, 영혼 사랑하는 불타는 마음으로 힘써 전도하여 모든 태신자들이 다 구원받게 하여 주시옵소서. 이 지역에 죽어가는 수십만의 생명들과 은혜를 사모하며 방황하는 영혼들이 구름떼 같이 몰려와 은혜를 받고 기뻐 뛰며 주를 찬양하는 큰 부흥을 주시옵소서.

귀한 시간 목사님의 설교말씀이 하나님께서 오늘 우리에게 주시는 말씀으로 온전히 임하여 주시옵소서. 살아 역사하시는 길이요 진리요 생명의 말씀으로 은혜가 풍성한 말씀으로 내려 주시옵소서.

찬양대의 정성으로 준비하여 드리는 찬양을 온전히 열납하여 주시고 세세토록 감사와 찬송과 존귀와 영광이 충만하시옵소서.

우리의 영원한 주가 되시는 예수 그리스도의 이름으로 간절히 기도드리옵나이다. 아멘.

10월

감사와 영광을 위해 드린 기도

　존귀하신 하나님 아버지! 부족하고 연약한 저희들에게 주님의 몸 되신 교회를 설립하여 주시고 40여 년 험난한 세파 속에서도 오늘에 이르기까지 주님의 사랑과 은총 속에 안보하여 주시며 성령으로 시대적인 사명을 감당하는 교회로 인도하여 주시오니 참으로 감사와 찬송과 존귀와 영광을 온전히 돌리옵나이다.
　하나님 아버지! 지난 한 주간도 저희들 세상과 더불어 살면서 마음과 생각과 행실로 실수하고 잘못한 죄가 너무나 많았습니다. 용서하여 주시옵소서.
　순수하고 진실된 사랑을 베풀며 세상의 소금으로 빛으로 주의 향기로 살아야 할 우리들이 육신을 위하여 저지른 욕심과 이기적인 삶을 용서하여 주시옵소서.
　믿음의 주요 또 온전케 하시는 예수님만을 바라보고 살아야 할 저희들이 세상을 바라보고 잘못 살아온 안목의 정욕을 용서하여 주시옵소서.
　소망 중에 즐거워하며 예수 그리스도만을 자랑하며 증인된 삶을 살아야 할 저희들이 이생의 자랑을 꿈꾸며 부귀와 영화와 명예욕에 사로잡혀 잘못 살아온 것들을 용서하여 주시옵고 십자가상에서 베풀어주신 사죄의 은총과 보혈의 능력으로 깨끗이 씻어주시옵소서.
　귀한 시간 성찬식에 참예할 때에도 성령님 크게 감동 감화하여 주셔서 주님의 크신 은혜를 기념하며 주님의 진실한 증인으로 새롭게 변화시켜 주시옵소서.

어느덧 결실과 추수의 계절을 맞아 주님의 뜻을 받들어 가을 추수 총력 전도를 시행 중에 있사오니 저희 모두에게 성령님으로 충만하여 주시옵소서. 오직 성령의 권능과 지혜로 한 사람이 한 사람 이상씩 전도하여 주님께로 인도할 수 있도록 전도자로 요긴하게 써 주시옵소서. 작정된 생명들은 모두 주님 앞으로 인도함을 받게 하시고 믿음으로 구원 받고 생명의 복을 받게 하시옵소서.

자비로우신 하나님 아버지! 우리나라와 민족을 불쌍히 여겨주시옵소서. 긍휼히 여겨주시옵소서. 죄악 가운데서 건져 주시고 주님의 뜻을 받들어 하나님을 온전히 경외하며 온 세계를 선교하는 나라와 민족으로 삼아 주시옵소서.

귀한 시간 정성으로 준비하여 드리는 찬양대의 찬양을 열납하시고 영광 받아 주시오며 충성하는 대원 모두 위에 한없는 은혜와 복을 내려 주시옵소서.

단 위에서 말씀을 증거하시는 목사님 위에 성령과 말씀과 능력으로 충만하여 주시옵소서. 주시는 말씀마다 지혜와 생명과 축복이 되어 저희 모두에게 옥토에 떨어진 씨앗과 같이 큰 결실을 맺게 하여 주시옵소서.

임마누엘 우리 하나님 아버지! 존귀와 영광이 항상 충만하시옵소서. 그리스도 되신 예수님의 이름으로 간절히 기도드리옵나이다. 아멘.

10월

청년교구 첫 주일 예배 기도

　사람의 근본은 여호와 하나님을 경외하고 그 명령을 지키는 것이라고 말씀하신 주님! 금번 저희를 사랑하여 주셔서 주님의 몸 되신 저희 교회에 주일 4부 예배를 신설하여 주시고 저희 청년들이 뜻을 모아 전심으로 찬송과 경배로 신령과 진정한 예배를 드릴 수 있도록 크신 은혜를 베풀어 주심을 진정 감사드리오며 찬송과 영광을 하나님 아버지께 온전히 돌리옵나이다.

　보혜사 성령님이여! 귀한 시간 충만하여주시옵소서. 우리 젊은이들의 마음을 활짝 열어주시옵소서. 찬양이 뜨겁게 하시고 기도가 뜨겁게 하시고 말씀으로 뜨겁게 하여 주시옵소서. 여호와 하나님만을 경외하는 지혜와 명철과 믿음과 능력을 주시고, 인생길에 성공과 승리로 하나님의 성호를 찬양케 하옵소서.

　전능하신 하나님 아버지! 저희들이 교회의 희망이 되게 하시고 나라와 민족 앞에 그리스도의 빛과 소금이 되며 기둥과 대들보가 되게 하여 주시옵소서. 나라와 민족과 이 사회가 총체적으로 위기를 맞고 있습니다. 정치와 경제와 안보가 방향을 잃고 있습니다. 갈등과 불안이 고조되고 있습니다.

　사랑의 주님! 우리의 어리석고 미련한 것을 깨우쳐 주시옵소서. 어둠의 세력인 사단의 미혹에 넘어가 무서운 죄악을 범하고 있음을 자백하오니 용서하여 주시옵소서. 하나님 외에 다른 신을 섬기고 있습니다. 우상을 숭배하고 있습니다. 어버이에게 불효하며 살인과 성적인 타락과 중상모략과 이기적인 개인주의와 교만한 죄악들을 범하고 있습니다. 용서하여 주시옵소서. 인명을 초개와 같이 여기며 하나님을 대적하는 공산주의의 죄를 용서하여 주시옵소서. 정치적인 골육상쟁과 부정부패와 독선과 오만한 위정자들의 죄를 용서하여 주시옵소서. 먼저 부름을 받은 우리 크리스천까지도 깨어 경성하지 못하고 세상과 짝하며 육신의 정욕에 빠져 물욕과 명예욕의 노예가 되고 있는 어리석은 죄를 용서하여 주시옵소서. 하늘과 땅의 권세를 가지시고 세상 끝날 까지 우리와 함께하시는 주님! 어둠의 세력들을 물리쳐 주시고 하나님의 의만을 굳건히 세워 주시옵소서.

주님! 여기 주님의 피가 끓는 주의 병기들이 있사오니 교회와 나라와 민족과 인류를 위하여 능력 있는 일꾼들로 사용하여 주시옵소서.

청년의 때 여호와를 경외하라 하신 사랑의 주님! 오늘 청년 중심의 첫 예배를 드리오니 저들로 주의 전을 가득 채우시고, 찬양과 기도와 예배가 점점 뜨거워져 지역을 구원시키며 나라와 민족을 지키고 온 인류에게 복음의 산실이 되게 하여 주시옵소서.

이 시간 메시지를 주시는 목사님 위에 성령의 능력으로 충만하여 주시옵소서. 주시는 말씀이 생명의 말씀이 되게 하시고 지혜와 능력과 빛이 되게 하시옵소서. 우리의 대장이신 예수 그리스도의 이름으로 간절히 기도드리옵나이다. 아멘.

11월

추수감사예배

　험난한 세파 속에서도 낮엔 구름기둥으로 밤엔 불기둥으로 인도하시고 보호하시며 풍성한 결실을 맺게 하시어 오늘 기쁜 마음으로 추수감사절 예배를 드리도록 은혜와 은총을 베풀어 주신 여호와 하나님 아버지! 진정 감사와 찬송과 존귀와 영광을 돌리옵나이다.

　가인의 제사는 받지 않으시고 아벨의 제사를 받으신 아버지 하나님! 저희들 감히 아버님 앞에 설 수 없는 죄인들이오나 어린 양 되시는 예수님의 보혈의 은혜와 사죄의 은혜와 구속의 은혜를 믿고 우리의 몸과 마음과 헌물을 정성으로 봉헌하오니 온전히 열납하여 주시고 영광을 받아 주시옵소서.

　우리를 택하여 주신 자비로우신 아버지 하나님! 주홍과 같이 붉은 우리의 죄와 허물들을 주님께서 십자가상에서 대속해 주시고 사죄하여 주신 것을 믿습니다. 성령님으로 우리와 항상 함께하여 주시사 다시는 죄악 속에 빠지지 않게 하여 주시옵소서. 악한 영 사단의 농락에 넘어가지 않기를 원합니다. 믿음에 굳건히 서서 아버지 하나님만을 섬기며 찬양하며 말씀을 따라 살기를 원합니다. 믿음의 군병으로 승리자가 되기를 원합니다. 항상 함께하시며 붙잡아 주시고 인도하여 주시고 요긴한 그릇으로 사용하여 주시옵소서.

　사랑의 하나님 아버지! 참으로 감사를 드립니다. 사랑이 메마르고 광야와 같은 황막한 세상 속에서도 한결 같은 사랑으로 돌봐주시고 인도하여 주신 은혜 진정 감사드리며 찬양합니다. 온 가족들이 믿음 위에 굳건히 서서 주 안에서 살게 하시고 자녀 손들이 하나님 앞에서 성장하게 인도하심 감사드리며 찬양합니다. 가정과 직장과 산업 위에 함께하셔서 위험할 때 지켜주시고 어려울 때 해결해 주시며 성장과 발전을 주신 은혜 감사드리며 찬양합니다. 남달리 좋은 교회를 주셔서 하나님의 사랑과 은혜를 받으며 믿음을 지키며 성도로 살게 하시니 감사와 찬양을 드립니다. 나라와 민족을 특별히 사랑하여 주셔서 위험 속에서도 지켜주시며 풍요로운 수확을 얻게 하시고 천만 성도를 주시어 온 세계에 복음을 전하는 선교하는 나라로 써주시니 감사와 찬양을 드립니다.

 인애하신 아버지 하나님! 아버님의 사랑과 은혜는 천가지 만가지 손 꼽아 헤아릴 수가 없습니다. 참으로 그 크신 사랑과 은혜를 세세토록 감사드리며 찬송과 존귀와 영광을 돌립니다.

 아버지 하나님! 찬양대의 정성된 찬양과 온 성도의 찬송 속에 영광 받아 주시오며, 담임목사님 위에 성령과 말씀으로 충만하시고 지혜와 능력과 은혜가 넘치는 사자로 말씀을 주실 때마다 큰 결실을 맺는 은총을 베풀어 주시옵소서.

 감사와 찬송과 영광이 아버지 하나님께 영원하시오며 선한 목자이신 예수님의 이름으로 간절히 기도드리옵나이다. 아멘.

11월

주일예배 기도

　오 위대하신 하나님 아버지! 아버님의 성호를 찬양하오며 존귀와 영광을 돌리옵나이다. 오늘 11월 첫 주일 거룩한 예배를 몸과 마음과 뜻을 다하여 정성으로 드리오니 성령님 충만하시고 주님의 뜻을 이루시며 크신 영광을 받아주시옵소서.

　지난 한해를 돌아보면 아버지의 사랑과 은혜가 한량없이 많사온데 저희들 진정한 감사와 찬송을 드리지 못하고 세상 것을 바라보며 육신에 젖어 이기주의로 자신만을 위해 잘못 살아온 것이 너무나 많았습니다. 용서하여 주시옵소서.

　주님의 대속의 은혜를 믿습니다. 보혈의 능력으로 깨끗하고 정결하게 씻어주시고 구속의 은총으로 충만하여 주시옵소서.

　사랑의 주님! 기관들마다 일년을 마감하고 총회를 하고 있습니다. 지난 일 년 동안 수고한 역군들 위에 하늘의 위로와 크신 상급을 내려 주시옵고 새로 선출된 일꾼들 위에 사랑과 지혜와 능력과 충성으로 승리하는 새해를 맞게 하여 주시옵소서.

　자비하신 하나님 아버지! 온 성도들의 가정들이 믿음으로 하나가 되게 하시고 영적인 부흥과 소망과 기도제목들 위에 크신 은혜와 복을 베풀어 주셔서 금년 마무리가 아름다운 한해가 되게 하시며, 명년을 주님의 뜻을 온전히 받드는 희망찬 한해로 맞게 하여 주시옵소서. 교회적으로도 금년 초에 기도하고 세운 목표와 계획들을 잘 마무리하고 결실을 거둬 영광을 돌릴 수 있도록 성령님께서 함께하여 주시옵소서.

나라의 흥망성쇠를 주관하시는 하나님 아버지! 특별히 택하여 주신 우리나라와 민족이 진정 깨어 경성하며 주님 앞에 바로 서게 하시고 그간의 죄와 허물들을 진정으로 회개하고 용서를 받게 하여 주시옵소서.

하나님 아버지! 이 어려운 난국에서 나라와 민족을 건져 주시옵소서. 악한 세력들을 결박하시고 소멸시켜 주시옵소서. 대통령으로부터 위정자들과 여야 정치인들과 온 국민과 특별히 교계 지도자들이 하나님께 순종하게 하시고 온전한 정치를 하도록 변화시켜 주시옵소서.

찬송 중에 거하시는 하나님 아버지! 찬양대의 정성된 찬양을 받으시고 영광이 하나님께 충만하심같이 이 예배 위에도 충만하여 주시옵소서.

말씀을 들고 단 위에 서시는 목사님 위에 영육을 강건케 하시며 성령으로 충만하여 주시옵소서. 증거하시는 말씀마다 생명의 떡이 되게 하시고 지혜와 능력과 세상의 소금과 빛이 되게 하여 주시옵소서.

우리의 영원한 주님이신 예수 그리스도의 이름으로 간절히 기도드리옵나이다. 아멘.

11월

셋째 주일예배 기도

　부족하고 미천한 저희들을 만인 가운데서 택하여 주시고 사랑과 은혜를 베풀어 주시는 여호와 하나님 아버지! 귀한 시간 진실한 마음으로 신령과 진정으로 거룩한 예배를 드리오니 온전히 열납하시고 감사와 찬송과 존귀와 영광을 받아 주시옵소서.

　선한 목자이신 사랑하는 주님! 환란과 풍파가 많았던 금년 한해도 사랑과 은혜로 안보하여 주시온대 저희들 너무나 많은 죄와 허물 속에 살아왔습니다. 마음으로, 입술로 또 생활 속에 게으르고 어리석게 살아온 것이 너무나 많습니다. 육신의 정욕과 안목의 정욕과 이생의 자랑을 추구하며 잘못 살았던 허탄한 죄악들을 용서하여 주시옵소서.

　구속주가 되시는 예수님! 십자가상에서 그 엄청난 수모와 고통을 다 겪으시며 대속하여 주신 사랑과 은혜를 믿사오니 주님의 보혈로 우리의 죄와 허물을 깨끗이 씻어 주시고 용서하여 주시옵소서.

　사랑하는 주님! 오직 보혜사 성령님으로 이 시간 충만하여 주시옵고 우리 모두에게 성령세례를 베풀어 주시옵소서. 하나님의 자녀로 천국 백성으로 인쳐 주시옵소서. 우리의 삶이 다시는 죄악 속에 빠져들지 않게 하시고 세상의 소금과 빛으로 살게 하여 주시옵소서. 우리 모든 성도들에게 믿음의 부흥을 주시옵소서. 가정마다 신앙으로 하나 되게 하시고 평강을 주시옵소서. 몸이 연약한 자에게는 강건한 육체로, 질병으로 고통 중에 있는 성도에게는 신유의 은혜로 깨끗이 고쳐 주시옵소서. 가정마다 드리는 기도의 제목들을 응답하여 주시고 선물로 주신 모든 자녀 손들 위에 때마다 일마다 함께하여 주셔서 영과 혼과 몸이 잘되게 하시고 범사가 잘되며 강건한 복을 주시옵소서.

교회 위에 항상 성령사역으로 주님의 뜻을 바로 받들게 하시고, 모이기에 힘쓰며, 성도 간에 사랑의 교제와 기도의 사명과 구령의 열정이 불타올라 이 지역을 구원시키고 나라와 민족을 구원시키며 온 세계를 선교하는 능력 있는 교회로 사용하여 주시옵소서.

특별히 온 성도와 각 기관들이 풍성한 결실을 맺는 한해가 되게 하시고 지속적으로 부흥하며 성장하는 모범 교회로 모든 교회들에게 본이 되고 귀감이 되게 하여 주시옵소서. 모든 나라의 흥망성쇠를 주장하시는 하나님 아버지! 우리나라와 온 세계 속에 역사하는 악한 세력들을 결박하시고 멸하여 주시옵소서. 하나님의 의만이 견고히 서며 구속의 은총과 평화가 충만케 하시옵소서.

단 위에서 말씀을 증거하시는 목사님 위에 성령님 늘 충만하여 주시옵소서.

마지막 때에 선한 목자의 사명 잘 감당하게 하시고 영육을 강건케 하여 주시옵소서. 주시는 말씀이 지혜와 능력과 영생의 말씀으로 옥토에 뿌린 씨앗과 같이 많은 결실을 맺게 하여 주시옵소서. 찬송 중에 거하시는 하나님 아버지! 특별히 준비하여 드리는 찬양대의 찬송과 온 성도들의 찬송을 열납하시고 영광 받아 주시옵소서.

그리스도 되신 예수님의 이름으로 간절히 기도드리옵나이다. 아멘.

12월

첫 주일예배 기도

알파와 오메가시며 창세 전부터 영원하신 하나님 아버지! 새천년 12월 첫 주일을 맞아 은총을 받은 저희 교회 온 성도들이 몸과 마음과 뜻과 정성을 다하여 신령과 진정으로 거룩한 예배를 드리오니 온전히 감사와 찬송과 존귀와 영광을 받아 주시옵소서.

보혜사 성령님이여! 이 예배를 주관하시고 인도하여 주시옵소서. 주님의 사죄의 은혜와 보혈의 공로를 믿으며 구속의 은총을 믿사오니 금년 한해 동안 저희들 개인과 가정과 교회와 나라적으로 말씀에 온전히 순종치 못하고 게으르고 나태하고 어리석게 잘못 살아온 것이 너무나 많았음을 용서하여 주시옵소서. 육신에 젖어 세상 방식대로 이기주의로 산 것을 용서하여 주시옵소서. 진정한 사랑을 베풀지 못하고 온유와 겸손으로 주님의 의를 이루지 못한 것을 용서하여 주시옵소서. 하나님의 교회를 섬기는 일이나 주님 명하신 일을 우선하지 못하고 허탄한 세상 일에 동분서주한 것을 용서하여 주시옵소서.

오 성령님이여 주님께 작정한 일들이나 금년에 감당할 일들을 다 청산하고 좋은 결실을 맺게 하시고 말씀과 사랑과 지혜와 능력의 새 사람으로 변화 받아 새해를 맞도록 은혜와 은총을 베풀어 주시옵소서.

한 영혼을 온 천하보다 귀히 여기시며 잃어버린 양을 찾아 구원하기를 갈망하고 계시는 주님! 주님께서 인류를 위해 이 땅 위에 오신 성탄의 달에 교회적으로 잃은 양을 모두 찾아 하나님께 드리는 생명구원의 결실을 맺게 하여 주시옵소서. 특별히 한해 동안 충성으로 헌신한 교사와 찬양대원과 기관장과 임원들과 구역장과 보이지 않게 충성으로 봉사한 모든 성도에게 크신 은혜와 복을 주시고, 명년을 위해 세워주신 새 일꾼 모두 위에 성령님 충만하여 주셔서 사랑과 겸손과 지혜와 능력과 인내와 충성으로 주님 앞에 신실한 승리자가 다 되게 하여 주시옵소서.

정치나 경제나 또 사회적으로 너무나도 혼란하고 불안하고 어려웠던 한해이었사오나 지켜주시고 보호해 주신 주님! 나라와 민족이 주 안에서 하나 되게 하시고 오직 여호와 하나님만을 경외하며 섬기는 나라로 공의와 선한 정치가 실시되게 하시고 깨끗하고 올바른 경제로 온 국민이 평강을 누릴 수 있는 복지 강국이 되도록 인도하여 주시옵소서.

오늘 주시는 말씀이 성령으로 충만하시며 지혜와 능력의 말씀으로 생명수가 되게 하시고 큰 은혜로 아름다운 결실을 맺게 하여 주시옵소서. 항상 함께하시는 예수 그리스도의 이름으로 간절히 기도드리옵나이다. 아멘.

12월

성탄절 예배 기도(1)

"지극히 높은 곳에서는 하나님께 영광이요 땅에서는 기뻐하심을 입은 사람들 중에 평화로다." 고요한 들녘에 울려 퍼진 천군 천사의 우렁찬 찬양과 함께 그리스도께서 낮고 천한 이 땅 위에 온유하고 겸손한 아기 예수로 탄생하신 역사적인 날을 맞아 온 성도들이 샘솟듯 솟아나는 기쁨과 감사로 그리스도 예수님께 찬양을 드리며 하나님 아버지께 영광을 돌리옵나이다.

어린아이로부터 청소년들과 청장년들과 백발이 성성한 노년에 이르기까지 모두가 한마음으로 정성을 다하여 축하 잔치도 하고 정성으로 준비한 성가로 찬양잔치도 하고 신령과 진정으로 거룩한 예배도 드리고 새벽미명에 집집마다 찾아 다니며 '기쁘다 구주 오셨네 만백성 맞으라' 고 잠자는 심령들을 깨우치며 복음을 전하기도 하며 구세주 예수님의 탄생을 기뻐하며 감사하며 송축하며 찬양하며 영광을 돌렸사옵니다.

오 사랑의 하나님 아버지여! 만주의 주 예수 그리스도여! 보혜사로 함께하시는 성령님이여! 세세토록 감사와 찬송과 존귀와 영광을 받으시고 늘 상천 하지에 충만하시옵소서.

열방 중에 죄악 가운데서 저희를 지명하여 택하여 주시고 어린 양의 피 값으로 이룩하신 대속의 은혜와 구속의 은혜를 선물로 주시는 영존하시는 하나님! 천하만물을 창조하시고, 운행하시고, 섭리하시는 하나님의 자녀로 삼으시고, 인 쳐 주신 그 크신 사랑을 찬양하며, 경배하며, 영광을 세세토록 돌리옵나이다.

보혜사 성령님이여! 저희에게 믿음 위에 믿음을 더하여 주시옵소서. 말씀 위에 능력을 더하여 주시옵소서. 사랑과 온유와 겸손하게 하시고, 지혜와 명철을 주시옵소서. 기도와 충성으로 소명에 신실하게 하시며, 사명을 능히 감당하는, 착하고 충성된 종으로, 제자로, 자녀로, 위대하신 하나님 아버지 앞에 가히 감사와 찬송과 영광을 날마다 돌리게 하시옵소서.

자비로우신 하나님 아버지! 구세주 예수 그리스도의 성탄의 은혜와 은총이 저희 온 성도들과, 온 인류 만백성에게 충만하게 임하여 주시옵소서.

특별히 우리 대한민국 칠천만 민족 위에 충만하여 주시옵소서. 완악한 심령들이 사단의 권세에서 놓임 받아 참 자유를 누리게 하시고, 지혜를 주시고, 믿음을 주셔서 구세주 예수님을 영접하여 사랑과 평화와 영생을 맛보아 기뻐 뛰며 하나님을 아버지라 부르며 찬양하게 하시옵소서.

오늘 축하예배의 모든 헌신과 기드온 찬양대의 정성된 찬양과 목사님의 말씀 위에 생수가 강같이 흘러 넘치게 하시고 아버지의 은혜와 은총으로 충만하여 주시옵소서.

존귀하신 하나님 아버지께 감사와 찬송과 영광을 돌리오며 구속주로 오신 예수 그리스도의 이름으로 간절히 기도드리옵나이다. 아멘.

12월

성탄절 예배 기도(2)

고요한 밤 거룩한 밤 영광에 묻힌 밤에 천군 천사의 우렁찬 찬양과 축복 속에 탄생하신 그리스도이신 예수님! 오늘 주님께서 이 땅 위에 오신 성탄절을 맞아 온 백성과 함께 저희 교회의 모든 성도들이 진정 기뻐하며 감사와 찬양을 돌리옵나이다.

낮고 천한 인생들! 죄와 허물로 죽고 멸망받기에 합당한 저희를 위하여 독생자를 보내주신 상천하지에 충만하신 사랑의 하나님 여호와께 그 크신 사랑과 은총을 가히 송축하며 존귀와 영광과 찬양을 세세토록 돌리옵나이다.

만민 중에 저희를 지명하여 택하여 주시고 어린양의 피 값으로 이룩하신 구속의 은혜를 선물로 하나님의 자녀로 인 쳐 주신 거룩하신 성령님! 성삼위 하나님의 위대하신 사랑과 오묘하신 섭리와 영원불변하시는 은혜와 은총 앞에 몸과 마음과 정성을 다하여 경배하오며 찬양을 돌리옵나이다.

오 하나님 아버지! 저희들 부족하오나 아버님을 진정으로 사랑합니다. 오직 아버님의 말씀만을 순종하며 살기를 원합니다. 오늘 귀한 성탄예배를 기점으로 성령님의 기름부음을 흡족하게 내려주시옵소서. 원로목사님과 담임목사님과 온 성도들의 가정 위에 성탄의 은총으로 평화와 평강을 주시고 믿음으로 굳건히 서게 하시며 사랑으로 충만케 하시옵소서.

온유와 겸손으로 화목케 하는 삶을 살게 하시고 가정에서 교회에서 사회생활 속에서 그리스도의 빛이 되며 향기가 되게 하시옵소서.

특별히 귀하신 뜻을 두시고 세우신 주님의 몸 되신 교회 위에 사랑의 결정체인 성탄의 은혜와 은총이 항상 충만하게 하시고 주님의 뜻을 온전히 받들어 하나님 보시기에 아름다운 교회로 교회의 사명을 잘 감당하게 하시옵소서.

나라의 흥망성쇠를 주관하시는 하나님 아버지! 금번 나라와 민족적으로 깨어 경성하게 하심을 감사하옵나이다. 나라와 민족 위에 악한 사단의 세력들을 결박시켜 주시옵소서. 우상숭배와 사회악과 정치악과 공산주의 악과 모든 죄와 불의에서 이 민족이 벗어나게 하시옵소서. 남북이 성탄의 은총 속에 복음으로 하나 되게 하시고, 대통령과 위정자들과 온 백성이 여호와 하나님만을 경외하며 세계 인류에게 복음을 전파하는 제2 선민으로 크신 은혜와 복을 베풀어 주시옵소서.

귀한 시간 단 위에서 말씀을 증거하시는 목사님 위에 성령과 말씀으로 충만하여 주시옵소서. 영육을 항상 강건케 하시고 주시는 말씀이 생명의 말씀으로 듣는 자마다 배에서 생수가 넘쳐나게 하시고 능력과 지혜의 말씀으로 옥토에 뿌린 씨앗과 같이 큰 결실을 맺게 하시옵소서. 찬양대와 청년들이 마련한 정성과 헌신 위에 넘치는 은총을 내려 주시옵고 하나님 아버지의 뜻이 하늘에서 이룬 것같이 땅에서도 온전히 이루어 주시옵소서. 저희들을 구속하기 위해 화목제물로 오신 예수님의 이름으로 간절히 기도드리옵나이다. 아멘.

12월

주일예배 기도

   낮고 천한 저희들에게 독생자 예수님을 보내주신 참 좋으신 하나님 아버지!
   아버님께 감사와 찬송과 존귀와 영광을 돌리옵나이다.
   오늘 금년 마지막 달에 모든 교회마다 하나님의 영광으로 충만하여 주시고 온 성도들이 아버님의 영광 중에 하늘의 기쁨을 맛보며 찬송과 경배를 하게 하여 주시옵소서.
   자비로우신 하나님 아버지! 귀한 시간 보혜사 성령님으로 충만 역사하여 주시옵소서. 금년 한해도 저물어 가고 있습니다. 그동안 우리들이 실수하고 잘못한 모든 허물과 죄악들을 용서하여 주시옵소서. 마음으로 생각으로 입술로 행동으로 지은 죄악들이 너무나 많습니다. 주님께서 십자가상에서 그 엄청난 고통을 겪으시고 대속 제물이 되어 주심을 믿사오니, 우리들이 욕심을 따라 나만을 생각하며 주님 앞에 충성을 게을리하고 이기주의로 잘못 살아온 것들을 용서하여 주시옵소서. 주님의 대속과 구속의 은총으로 온전케 하시옵소서. 착하고 충성된 종으로 금년을 마무리하며 새해를 역동하는 해로 맞도록 인도하여 주시옵소서.
   사랑하는 하나님 아버지! 혼탁한 세상 속에서도 귀한 뜻을 두시고 세우신 저희 교회 위에 금년 한해 많은 은혜와 복을 내려 주셨습니다. 참으로 감사를 드립니다.

새해에도 담임목사님과 온 교역자와 당회원과 직원과 성도 전체가 한마음 한뜻 되어 이 지역과 나라와 세상을 변화시키는 소금이 되게 하시고 주의 빛과 향기 되어 착하고 충성된 교회로 요긴하게 사용하여 주시옵소서.

온 성도들의 영과 혼과 몸을 항상 강건케 하시고 가정마다 평강을 주시옵소서.

직장과 산업과 생업들 위에 복을 주시사 주의 일에 능력 있게 하시고 자녀 손, 후세들이 믿음에 굳건히 서서 세상을 이기고 기둥들이 되게 하시며 특별히 온 성도들 위에 영혼이 잘되게 하시고 범사가 잘되며 강건한 복을 날마다 주시옵소서.

우리나라와 민족 위에 하나님의 보호와 인도하심이 항상 함께하여 주시며 온 세계 인류 위에 하나님의 자비와 긍휼을 베풀어 주시고 주님의 뜻만을 이루시옵소서.

찬송을 부르도록 지어주신 하나님 아버지! 귀한 시간 찬양대가 진미로 준비한 찬양을 정성껏 드리오니 온전히 열납하시고 영광 받아 주시옵소서.

단에서 말씀을 주시는 목사님위에 성령님 충만하여 주시옵소서. 주시는 말씀이 권세 있게 하시고 믿음과 소망과 사랑이 충만한 능력의 말씀으로 우리 모두 위에 생명력과 지혜가 되게 하여 주시옵소서.

거룩하신 하나님 아버지께 감사와 찬송과 영광이 충만하시기를 원하오며 그리스도이신 예수님의 이름으로 간절히 기도드리옵나이다. 아멘.

12월

송년주일 예배 기도

 "보라 내가 속히 오리니 내가 줄 상이 내게 있어 각 사람에게 그의 일한 대로 갚아주리라" 말씀하신 주님! 오늘 1995년도 마지막 날 뜻 깊은 주일에 택함 받은 저희 교회의 온 성도들이 신령과 진정으로 거룩한 예배를 상천하지에 오직 한 분이신 여호와 하나님께 드리오니 감사와 찬송과 존귀와 영광을 세세토록 받아 주시옵소서.
 특별히 다사다난했던 금년 한해 천재지변이 세계 곳곳에서 수없이 일어났으며 우리나라에도 천재와 인재로 엄청난 재해와 고난이 닥쳐왔던 한해였지만 저희들을 사랑의 날개 안에 품어 보호해 주시고 은혜로 날마다 채워 주셨습니다. 교회에는 담임목사님을 비롯하여 당회원과 직원과 성도 전체가 한마음 한뜻으로 하나가 되어 말씀을 보수하는 교회로, 땅끝까지 선교하는 교회로, 나라와 민족을 지키는 교회로 역사하게 하시고 은혜 위에 은혜를 더하여 주셨습니다. 오 사랑의 하나님 아버지! 참으로 감사합니다. 전심으로 아버지의 성호를 찬양하오니 영광 받아 주시옵소서.
 하나님 아버지! 아버님의 사랑과 은혜가 이처럼 한량 없으신데 저희들 지난 일년을 돌아보면 너무나 미련하고 어리석게도 육신의 정욕에 빠져 죄인의 길에서 이기주의로 세상 것을 위해 잘못 살아온 것이 너무나 많았습니다. 용서하여 주시옵소서. 주님께서 십자가상에서 우리의

죄를 담당하시고 대속해 주시며 보혈로 깨끗하고 정결하게 씻어 주신 것을 믿습니다,

또한 "그리스도 예수 안에 있는 자에게는 결코 정죄함이 없나니 이는 그리스도 예수 안에 있는 생명의 성령의 법이 죄와 사망의 법에서 너를 해방하였음이라" 말씀하심을 믿사오니 주님! 하나님의 신실한 자녀로 금년을 마무리하고 새해를 소망과 비전과 성취의 은총의 해로 맞게 하여 주시옵소서.

가정마다 항상 기쁨과 평강이 충만케 하시고, 중보기도에 깨어있게 하시며 감사와 찬송과 기쁨이 넘치는 가정으로 소금과 빛의 사명을 잘 감당케 하시옵소서. 교회는 담임목사님을 중심으로 온 성도가 사랑과 신뢰로 하나되게 하시고 성령사역으로 교회의 사명을 잘 감당하게 하시옵소서.

나라는 의인이 득세하며 공의와 선이 주장하는 사랑이 충만한 나라 되게 하시고 악한 세력들은 소멸되며 남북이 평화스럽게 하나가 되게 하시옵소서.

찬양대의 정성된 찬양이 하나님께는 영광이요 저희에게는 평화와 기쁨이 되게 하시고, 주시는 말씀이 능력과 권능으로 생명력이 풍성케 하시며 큰 결실을 맺는 씨앗이 되게 하시옵소서. 세세토록 감사와 영광이 아버지 하나님께 충만하시오며, 예수 그리스도의 이름으로 간절히 기도하옵나이다. 아멘.

교회의 주인은 하나님(여호와)이시며

교회의 주체는 예수 그리스도이시며

교회의 역사(활력)는 성령님이시며

교회의 지체는 성도들이다

지체의 사명은 성삼위 하나님의 뜻을 받들어

교회를 교회답게 하는 것이다

기도는 성삼위 하나님의 마음을 열며

역사를 일으키며

열매를 맺고 꽃을 피우는 열쇠이다

성도의 기도는 아름다운 향기이니

성도는 교회를 위해 구체적인 기도를 드림이 본분이다.

할렐루야!

테마 기도 1
교회를 위한 기도

교회를 위한 기도 (1) (2)
담임목사님을 위한 기도
장로 헌신예배 기도
교역자와 장로 헌신예배 기도
구역예배 기도
군 장병 세례예식 기도

기도는 믿음과 소망과 사랑입니다.
기도는 신뢰와 순종입니다.
기도는 하나님의 보화창고를 여는 열쇠입니다.
기도와 믿음은 보화를 내려 받는 광주리입니다.
기도는 참으로 신비한 체험을 여는 길입니다.

테마 기도 1

교회를 위한 기도(1)

"너는 내게 부르짖으라 내가 네게 응답하겠고 네가 알지 못하는 크고 비밀한 일을 네게 보이리라" 말씀하신 하나님 아버지! 아버님의 전능하심과 신실하심을 진심으로 찬양하며 영광을 돌리옵나이다.

주님께서 귀하신 뜻과 큰 비전을 두시고 저희 교회를 세우시고 저희에게 맡겨주신 은혜를 감사드리오니 주님의 뜻을 온전히 이루시고 영광 받아 주시옵소서.

하나님 아버지! 주님께서 세워주신 저희 교회는 성령님께서 자유자재로 역사하시는 교회로 아버님의 말씀을 온전히 순종하며 구원의 방주사명을 감당하며 나라와 민족을 지키는 교회로 온 인류를 선교하는 모범 교회가 되도록 크신 은혜와 은총을 베풀어 주시옵소서.

사랑의 하나님 아버지! 광야와 같은 이 세상 비바람이 세차게 몰아치고 있습니다. 이곳 저곳에서 비가 함석 지붕을 뚫고 주렁주렁 새고 있습니다. 어린이들이 비를 피해 이곳 저곳 한 모퉁이로 모여 예배를 드리고 있습니다. 우당탕탕 함석 지붕을 내려치는 빗소리에 큰 소리로 외치는 설교 소리도 잘 들리지가 않습니다. 주님! 자비를 베풀어 주시옵소서. 긍휼히 여겨 주시옵소서. 어서 속히 우리에게도 마음 놓고 예배를 드리며 찬송하고 기도할 수 있는 예배당을 주시옵소서. 이 지역에 방황하는 어린 영혼들과 수많은 생명들을 돌보아 주시옵소서.

주여! 구원할 수 있는 새 성전을 주시옵소서. 사랑의 하나님 아버지! 아버지도 아시잖아요. 이 지역은 전쟁 폐허로 아직까지 판자촌이 숲을 이루고 있는 서울역 앞 도동 동자동이어요. 길거리를 방황하는 수많은 헐벗은 생명들이 있어요 저들을 모두 구원시키는 교회 되기를 원해요. 아버지! 속히 새 성전을 주세요. 성장하며 사명 감당하는 큰 교회가 되기를 원해요. 목놓아 우는 이 어린 생명들과 모든 성도들의 간구를 들어 주세요. 하나님! 속히 이루어 주세요. 아버님의 전능하심을 믿습니다. 사랑과 은혜를 베풀어 주실 것을 믿습니다. 아버지! 이 마루바닥이 흥건히 젖도록 드리는 피맺힌 눈물의 기도에 자비를 베풀어 주시고 긍휼을 베풀어 주시고 속히 응답해 주세요. 구하라 찾으라 두드려라 그리하면 주실 것이라 말씀하신 주님! 주님의 말씀을 온전히 믿고 간구하오니 우리의 기도를 속히 이루어 주실 줄 믿습니다.

  귀한 시간 말씀을 주시는 목사님 위에 능력에 능력을 더하여 주시옵소서. 주시는 말씀이 성령으로 충만하시고 우리의 심령 골수에까지 큰 은혜를 주시고, 역사하는 믿음과 활동력을 주시고 큰 결실을 맺게 하여 주시옵소서. 비록 열 명의 찬양대이지만 드리는 찬양에 영광을 받아 주시옵고 온 성도의 심령에 큰 감명을 주시어 찬양하는 교회, 찬양하는 성도의 삶이 되게 하여 주시옵소서. 만백성 가운데서 저희를 택하시고 구원하여 주신 예수 그리스도의 이름으로 간절히 기도드리옵나이다. 아멘.

테마 기도 1

교회를 위한 기도(2)

　말씀과 성령으로 은혜를 베풀어주시는 만유의 주재이신 여호와 하나님 아버지! 원대하신 섭리와 비전을 두시고 45년 전 이 땅 위에 본 교회를 세우시고 부족한 저희들을 택하여 교회를 섬기도록 맡겨주신 은혜를 진정으로 감사드리오며 찬송과 존귀와 영광을 돌리옵나이다.
　사랑하는 하나님 아버지! 저희들 오직 성령의 능력과 지혜와 믿음으로 소명에 순종하기를 원합니다. 주님의 몸 되신 교회를 신실하게 섬기며 사명에 충성을 다하는 착하고 충성된 일꾼들이 다 되게 하여 주시옵소서.
　새해를 맞아 간절히 기도와 간구를 드리오니, 주님의 몸 되신 교회 위에 항상 성령님으로 충만하시고 인도하여 주시옵소서.
　말씀이 살아 역사하는 교회로 주님의 구속의 은혜와 생수가 강같이 흘러 생명력이 넘치게 하시옵소서.
　담임 목자와 온 성도가 믿음으로 사랑으로 신뢰로 하나되어 하나님 보시기에 아름다운 교회 되게 하시옵소서.
　오직 성령님으로 기도하며 주님의 의와 선을 좇아 받들게 하시고 중보적 기도 사명에 깨어 있는 교회되게 하시옵소서.
　기도 드릴 때마다 하나님의 은혜와 응답이 신속하게 하시며 기적이 일어나 기뻐 뛰며 찬양과 기쁨이 충만한 교회되게 하시옵소서.

믿음과 사랑과 소망이 충만한 교회로 서로 사랑으로 자비를 베풀며 온유와 겸손과 화목으로 옷 입고 세상에 소금과 빛과 향기가 되게 하여 주시옵소서.

온 성도들의 영혼이 잘되며 범사가 잘되며 강건한 복을 받는 교회 되게 하시고, 가정의 평강과 산업과 자녀 손이 복을 받으며 어린이로부터 노년에 이르기까지 꿈을 성취하는 미래지향적인 교회로 세상을 이끌어 가게 하시옵소서.

성령의 권능으로 구령 열이 폭발하게 하시고 전도하는 능력과 강권하여 인도하는 역사로 죽어가는 영혼들이 구원을 받으며 시험 중에 있는 자들과 은혜를 갈망하며 방황하는 생명들이 찾아와 인생의 근본 문제를 해결 받는 교회가 되게 하시옵소서.

말씀을 순종하며 나라와 민족을 지키며 땅 끝까지 선교하는 교회로 마지막 날 주님 앞에 설 때에 착하고 충성된 교회가 되게 하여 주시옵소서.

에벤에셀 여호와 하나님 아버지께 나라와 권세와 영광이 영원하시오며 교회의 머리가 되시는 예수 그리스도의 이름으로 간절히 기도 드리옵나이다. 아멘.

테마 기도 1

담임목사님을 위한 기도

주님의 피 값으로 우리 교회를 세우시고 ○○○목사님을 담임목자로 세워주신 성삼위 하나님 아버지께 감사와 찬송과 영광을 돌리옵나이다.

우리 교회의 머리가 되시는 주님! 귀한 시간 예수 그리스도의 이름으로 머리에 기름부음을 받은 저희 장로들이 온 성도와 함께 주의 사자 ○○○ 담임목사님을 위하여 진정한 마음으로 부르짖어 간구하오니 우리의 기도를 열납하여 주시옵소서.

말씀을 들고 단 위에 서실 때마다 오직 성령님으로 능력과 지혜로 충만하시고 생수가 강같이 흐르게 하시옵소서.

말씀을 증거하고 대언하고 선포하실 때마다 성령님으로 역사하시어 옥토에 뿌린 씨앗과 같이 백 배, 천 배, 만 배의 큰 결실을 맺게 하시고 성령으로 기름부음이 넘치게 하시옵소서.

손을 들어 간구하시며 축복하시며 안수하실 때마다 하늘 문을 여시고 온 성도들 위에 하늘의 신령한 복과 땅의 기름진 복으로 기적들이 일어나게 하시옵소서.

교회를 향한 목회 위에 사랑과 온유와 인내로 푸른 초장 잔잔한 시내로 인도하시는 선한 목자상을 이루게 하시고, 오직 성령님의 능력으로 부흥의 파도를 일으켜 죽어가는 생명들이 구름 떼 같이 몰려와 구원을 받는 부흥 성장하는 교회로 이끄시는 믿음과 소망과 지혜와 권능을 주시옵소서.

　하나님의 의로우신 장중에 항상 붙잡아 주셔서 영과 혼과 몸을 강건하게 하시고 드리는 모든 기도와 소망을 열납하시며 큰 믿음으로 승리하시는 목자가 되게 하시옵소서.

　우리 교회의 머리가 되시는 예수 그리스도의 이름으로 간절히 안수하며 기도하옵나이다. 아멘.

　※ 담임목사님의 명에 의하여 당회원들이 목사님 위에 손을 얹고 예수님의 이름으로 간절히 안수기도를 드리다.

테마 기도 1

장로 헌신예배 기도

"오직 너희는 택하신 족속이요 왕 같은 제사장이요 거룩한 나라요 그의 소유된 백성이라" 밝혀주신 여호와 하나님 아버지! 미천한 저희들을 만민 중에서 택하시고 뽑아 주셔서 예수 그리스도의 보혈로 사죄함과 구속함으로 아들 삼아주시고 머리에 기름 부어 장로의 반열에 세우사 주 몸되신 교회를 섬기는 의의 병기로 써 주시오니 진정 감사를 드리며 찬송과 존귀와 영광을 세세토록 돌리옵나이다.

특별히 금년을 마무리하며 새해를 여는 12월 거룩한 주일 이 밤에 저희 장로들이 온 성도와 함께 몸과 마음과 뜻을 다하여 신령과 진정으로 거룩한 헌신 예배를 드립니다. 하나님 아버지! 온전히 열납하여 주시옵소서.

오, 주님! 금년 한 해를 지내면서 육신의 정욕과 안목의 정욕과 이생의 자랑을 꿈꾸며 이기주의에 사로잡혀 교만하고 거짓되이 잘못 살아온 우리의 죄와 허물들을 회개하오니 용서하여 주시옵소서. 주님의 십자가 밑에 장사지내 주시고 오직 성령님으로 새롭게 변화를 받아 새해를 맞게 하여 주시옵소서.

오, 성령님이여! 이 시간 충만하여 주시옵소서. 오직 주님의 의를 위하여 교회와 성도들과 가정을 잘 섬기되 사랑으로 온유와 겸손과 지혜로 섬기는 장로로 의의 병기가 되게 하여 주시옵소서.

목자장이 되시는 사랑의 주님! 저희 30여 장로들을 항상 주님의 능력의 장중에 붙잡아 주시고, 성령과 믿음과 사랑과 지혜가 충만한 장로가 되게 하여 주시옵소서. 양 무리의 본이 되게 하시고 교회와 온 성도들을 기쁜 마음으로 섬기며 맡겨주신 사명에 착하고 충성된 신실한 청지기가 되게 하여 주시옵소서.

특별히 교회 위에 항상 성령님 충만하시고 역사하여 주시옵소서. 모이기에 힘쓰게 하시고 모여 정성된 찬양과 경배로 아버지께 영광을 돌리며 중보기도의 사명을 잘 감당하여 죽어가는 이 지역의 수십만의 생명들을 구원시키고 나라를 지키며 세계를 선교하는 능력 있는 교회로 지속적인 부흥과 성장을 주시옵소서.

이에 저희들은 사랑으로 밑거름이 되며 한 알의 밀알이 되게 하시옵소서.

단 위에서 말씀과 간증으로 살아계신 하나님을 높이며 우리에게 은혜를 주실 강사 장로님 위에 성령 충만하시고 오늘 우리에게 꼭 필요한 말씀만을 주시되 생명과 지혜와 능력으로 임하여 주시옵소서.

귀한 찬양을 드리는 부부찬양대의 찬양을 열납하시고 영광 중에 세세토록 충만하시며 온 성도들 위에 마음 문이 열리고 큰 은혜가 되게 하여 주시옵소서.

열방 중에 택하여 세워주신 선한 목자 예수 그리스도의 이름으로 간절히 기도드리옵나이다. 아멘.

테마 기도 1

교역자와 장로 헌신예배 기도

　사랑과 자비와 긍휼이 풍성하신 하나님 아버지! 아버님의 그 크신 사랑과 은혜를 진심으로 감사하오며 찬송과 존귀와 영광을 세세토록 돌리옵나이다. 주님의 피 값으로 원대하신 뜻과 비전을 두시고 세워주신 본 교회 개척 시에는 많은 시련과 연단으로 훈련시키시고 오늘에는 오직 성령님으로 은혜와 평강의 교회로 연부년 부흥과 성장을 주시오니 참으로 감사를 드립니다.
　새해를 앞두고 결산과 신년의 소망과 비전을 품는 12월 첫 주일 이 밤에 주님의 교회를 위하여 기름 부어 세움을 받은 교역자들과 장로들이 모든 성도들과 함께 귀한 헌신예배를 드리오니 하나님 아버지! 온전히 찬송과 영광을 받아 주시옵소서.
　"내가 너를 구속하였고 내가 너를 지명하여 불렀나니 너는 내 것이라" 말씀하신 주님! 이 시간 보혜사 성령님으로 충만하여 주시옵소서. 저희들 주님께 받은 사랑과 은혜가 한량 없는데 그 은혜를 망각하고 이기주의로 잘못 살아온 것이 너무나 많습니다. 우리에게 맡겨주신 교회의 일보다는 개인적인 사사로운 일을 우선하며 허탄한 것을 위해 잘못 살아온 것이 너무나 많습니다. 용서하여 주시옵소서. 원망하며 비판하며 교만했습니다. 진정한 사랑과 온유와 겸손으로 섬기지도 못했고 화목하지도 못했습니다.

사랑하는 주님! 우리의 잘못된 삶을 용서하여 주시옵소서. 긍휼히 여겨 주시옵소서. 성령의 불로 소멸시켜 주시옵소서.

사랑의 주님! 주님은 주와 선생이 되시면서 제자의 발을 친히 씻겨주시고 본을 보여 주시면서 너희도 이와 같이 행하라고 하셨습니다.

오 주여! 저희들 간절히 소망하고 간구하오니 항상 성령님으로 충만하여 하나님의 자녀 된 온 성도들을 사랑으로 섬기며 온유와 성실로 섬기는 진실한 종이 되며, 영적인 지도자들이 다 되게 하여 주시옵소서. 하나님을 사랑하고 교회를 사랑하고 성도들을 사랑하는데 본이 되게 하여 주시고, 예배에 본이 되며 기도에 본이 되며 구령 열에 본이 되게 하여 주시옵소서. 무엇을 하든지 하나님 제일주의로 살아 양 무리에 본이 되게 하시며 우리 주님 재림하실 때 모두가 착하고 충성된 종으로 들림 받게 하여 주시옵소서.

이 시간 교단 총무 목사님께서 말씀을 주실 때에 성령님 충만하여 주시옵소서. 주시는 말씀이 믿음과 사랑과 진리의 말씀으로 레마로 임하시어 교회를 섬기는 능력과 지혜가 되게 하여 주시옵소서.

우리의 영원한 아버지이신 하나님 여호와께 세세토록 감사와 찬송과 영광을 돌리오며, 저희를 택하여 교회를 섬기게 하시는 예수 그리스도의 이름으로 간절히 기도드리옵나이다. 아멘.

테마 기도 1

구역예배 기도

　복잡한 세상에서 한 주간도 사랑과 은혜 속에 안보하여 주시고 오늘 소중한 구역예배를 사랑하는 ○○○ 성도 가정에서 드리도록 인도하신 자비하신 하나님 아버지! 그 크신 사랑과 은혜를 감사드리오며 찬송과 영광을 돌리옵나이다.

　사랑하는 하나님 아버지! 지난 한 주간 세상과 더불어 살면서 저희들 마음으로 생각으로 입술로 행실로 실수하고 잘못 살아온 죄악들이 많이 있습니다.

　아버지 하나님! 먼저 회개하고 자비와 긍휼을 구하오니 용서하여 주시옵소서.

　우리 주님 예수님께서 십자가상에서 그 엄청난 고통과 수모를 다 감수하시고 대속의 제물이 되시며 우리의 죄 값을 대신 담당하여 주신 은혜를 믿사오니 정결하고 성결하게 변화시켜 주시고 구속의 은총으로 충만하게 하여 주시옵소서.

　하나님 아버지! 귀한 시간 보혜사 성령님으로 충만하시고 기름부음을 주시옵소서. 저희 모두가 구속함을 받은 자녀들로 예수 그리스도의 신실한 증인들이 되게 하시고 하나님의 나라와 주님의 몸 되신 교회를 사랑하며 섬기는 일에 충성을 다하는 일꾼들로 요긴하게 쓰임 받게 하여 주시옵소서.

모든 가정들마다 평강을 주시고 기도 제목과 소망들에 풍성한 복을 주셔서 하나님을 섬기면서 큰 사랑과 은혜를 받는 산 증인들이 되게 하여 주시옵소서.

　특별히 오늘 예배를 드리는 ○○○ 성도의 가정에 하늘의 신령한 복이 날마다 넘치게 하시고 땅에 기름진 복이 충만하여 이웃들과 사랑을 나누며 주님의 사랑과 향기가 되게 하시고 귀한 가정에서 드리는 기도와 소원들을 응답하여 주셔서 자녀 손들이 믿음의 장부로 교회와 나라에 기둥들이 되게 하시며 모든 산업 위에 한량없는 복으로 은총 베풀어 주시옵소서.

　우리의 질병을 짊어지신 예수님! ○○○ 성도가 ○○병으로 몸이 아파 고통 중에 있습니다, 긍휼히 여겨 주시옵소서. 주님께서 십자가에서 우리의 병도 짊어지시고 해결해 주신 것을 믿습니다. 또 주님께서 "내가 채찍에 맞음으로 너희가 나음을 입었다"고 말씀하신 신유의 은혜를 믿사오니 주님! 사랑하는 믿음의 형제 ○○○ 성도의 병을 깨끗이 고쳐 주시옵소서.

　사랑과 은혜가 풍성하신 하나님 아버지! 귀한 시간 말씀을 주시는 강사 구역장님 위에 성령님으로 충만하여 주셔서 이 예배 위에 생명의 말씀으로 큰 은혜를 주시고 저희 모두 위에 기쁨과 감사와 찬송이 넘치는 삶으로 세상에 소금과 빛의 사명을 잘 감당하는 주의 제자가 되게 하여 주시옵소서.

　선한 목자이신 예수 그리스도의 이름으로 간절히 기도드리옵나이다. 아멘.

테마 기도 1

군 장병 세례예식 기도

 "천하 만민에게 구원을 얻을 만한 어떤 이름도 우리에게 주시지 않으시고" 오직 하나님의 독생자 예수 그리스도를 믿음으로 구원을 얻게 하시는 여호와 하나님 아버지! 아버님의 크신 사랑과 은혜를 진심으로 감사하오며 찬송과 영광을 돌리옵나이다.

 사랑하는 하나님 아버지! 오늘 세례를 받는 모든 장병들 위에 성령세례도 함께 주시옵소서. 세례를 받는 모든 장병은 하나님의 아들이요 예수 그리스도의 십자가 군병입니다. 아버지여! 군 복무 하는 동안과 일평생을 능력의 장중에 붙잡아 주시고 동행하여 주시옵소서. 믿음의 장부로 영육을 강건케 하시고 꿈과 비전에 복을 주시사 형통하는 은혜를 주시며 넉넉히 세상을 이기는 승리자가 되게 하여 주시옵소서.

 하나님 아버지! 오늘 예배에 참석한 모든 주의 역군들인 장병들에게 큰 은혜를 주시옵소서. 또한 전국에 있는 모든 장병들이 예수 그리스도를 믿고 구원함을 받아 하나님의 의로운 병기가 되게 하여 주시옵소서.

 "내가 너를 구속하였고 내가 너를 지명하여 불렀나니 너는 내 것이라" 말씀하신 하나님! 심은 대로 거둔다는 말씀대로 군 장병들의 복음화를 위해 헌신하고 충성하는 군종참모 목사님과 협력하는 군목과 군종 하사관들에게 지혜와 능력과 복을 주시어 기도하며 심은 대로 전군이 복음화되게 하시고 이 민족이 복음으로 남북이 주 안에서 평화스럽게 하나가 되는 크신 은혜와 은총을 베풀어 주시옵소서.

　예수 그리스도를 십자가의 대속제물로 삼으시고 믿는 자들에게 구원을 베풀어 주시는 하나님 아버지! 귀한 시간 주님이 세우신 목사님께서 하나님 말씀을 주시고 세례도 베풀겠사오니 주시는 말씀에 성령님으로 충만하여 생명과 지혜의 말씀이 되게 하시고 귀한 아들들이 변화를 받아 믿음과 사랑과 소망으로 능력 있게 살아 세상에 빛과 향기가 되게 하여 주시옵소서.

　오늘을 주신 하나님 아버지께 세세토록 감사와 찬송과 영광을 돌리오며 인류의 죄값을 담당하시고 죽으셨다가 부활하사 항상 우리와 함께 하시는 구세주 예수 그리스도의 이름으로 간절히 기도드리옵나이다. 아멘.

나라의 본분은 하나님의 뜻을 세움이요

하나님의 뜻은 온 백성으로

예수님을 그리스도로 믿고 구원함을 받음이요,

주의 은총 속에 감사와 기쁨과 행복을 누리며

여호와를 찬양하며 경배하며 영광을 돌림이로다.

나라의 흥망성쇠는 하나님께 있으며

나라의 주체는 백성이며

백성의 주체는 성도들이다

그러므로 성도는 마땅히 깨어 경성하며

나라와 민족을 위해 기도함이 마땅한 것이다.

테마 기도 2
나라와 민족, 구국, 연합회 총회

구국기도회를 개회하며 드린 기원(1) (2)

나라와 민족을 위한 기도

광복절 57주년 기념, 나라를 위한 기도

광복절 60주년 기념, 은평구 복음화를 위한 기도

초교파 장로회 창립총회 기도

한마음회(전국장로회) 총회 기도

"여호와께서 집을 세우지 아니하시면 세우는 자의 수고가 헛되며 여호와께서 성을 지키지 아니하시면 파수군의 경성함이 허사로다"

(시 127:1)

테마 기도 2

구국 기도회를 개회하며 드린 기원(1)

"여호와께서 집을 세우지 아니하시면 세우는 자의 수고가 헛되며 여호와께서 성을 지키지 아니하시면 파수꾼의 경성함이 허사로다" 말씀하신 주님!

열방 중에 우리 민족을 택하여 주시고 귀하신 섭리와 비전을 주시어 대한민국을 세워주신 그 크신 사랑과 은혜를 진심으로 감사드리오며 찬송과 존귀와 영광을 돌리옵나이다.

"너는 내게 부르짖으라 내가 네게 응답하겠고 네가 알지 못하는 크고 비밀한 일을 네게 보이리라" 말씀하신 하나님 아버지! 말씀을 의지하여 이 새벽에 저희들 뜻을 모아 부르짖어 간구하오니 우리나라와 민족 위에 자비와 긍휼을 베풀어 주시옵소서.

새롭게 변화시켜 주시사 주님의 사랑으로 하나 되게 하시고 부강한 나라로 온전히 일으켜 주시옵소서.

하늘과 땅의 권세를 가지시고 세상 끝 날까지 우리와 함께하시는 예수 그리스도의 이름으로 간절히 간구하며 기원하옵나이다. 아멘.

테마 기도 2

구국 기도회를 개회하며 드린 기원(2)

　모든 나라의 흥망성쇠를 주장하시는 여호와 하나님 아버지!
　"환난 날에 나를 부르라 내가 너를 건지리니 네가 나를 영화롭게 하리로다" 밝혀주신 말씀을 믿고, 이 새벽에 저희 장로들이 구국의 일념으로 특별 기도회로 모여 하나님 아버지께 부르짖어 간구하오니 온전히 열납하여 주시어 이 환난에서 나라와 민족을 건져 주시고 일으켜 주시옵소서.
　온 민족이, 온 정당들이, 남과 북 동족들이 하나님의 말씀만을 순종하여 오직 사랑으로 하나 되게 하시며, 나라와 민족 위에 번영을 주시고, 온 인류에게 동방의 빛이 되게 하시옵소서.
　우리나라와 민족 위에 크신 은혜를 베풀어 주시는 만왕의 왕이신 예수 그리스도의 이름으로 간절히 간구하며 기원하옵나이다. 아멘.

테마 기도 2

나라와 민족을 위한 기도

　열방 중에 우리나라와 민족을 제2 선민으로 택하여 주신 하나님 아버지께 감사와 찬송과 영광을 돌리옵나이다.
　자비와 긍휼로 우리나라와 민족을 택하여 세워주신 하나님 아버지! 아버님의 크신 사랑과 은혜 위에 택함 받은 저희 은평구 장로들이 이 아침에 마음과 뜻과 정성을 다하여 나라와 민족을 위하여 합심하여 간절히 기도하오니 우리의 기도를 열납하여 주시옵소서.
　죄 값으로 멸망 받을 수밖에 없는 저희 나라와 민족을 오늘에 이르기까지 자비와 긍휼을 베풀어 주시고 많은 은혜와 복을 베풀어 주시온데 아직까지도 깨어 경성하지 못하고 사단 마귀 악한 영의 유혹 속에 빠져 하나님 외에 다른 신을 섬기며 각가지 우상을 숭배하고 또 불신앙과 도덕과 윤리적으로 극도로 타락하고 탈선하는 이 사회악을 용서하여 주시옵소서. 하나님을 대적하고 멸시하며 망령되게 하는 공산주의에 매어있는 이북 동족들의 죄악도 용서하여 주옵소서. 정치계는 사리사욕과 당리당략을 위해 골육상쟁하며 당파 싸움으로 나라를 망치고 있는 미련한 정치인들과 이에 놀아나고 있는 어리석은 백성들의 죄악들을 용서하여 주시옵소서.
　나라와 민족들의 흥망성쇠를 주관하시는 하나님 아버지! 우리나라와 민족을 긍휼히 여겨 주시옵소서. 크신 자비를 베풀어 주시옵소서.

멸망 직전에 있던 니느웨 성과 같이, 세우신 대통령으로부터 온 백성(성도)에 이르기까지 그동안의 어리석고 미련하게 지은 죄악들을 하나님 앞에 통회 자복하고 깨어 경성하여 여호와 하나님만을 온전히 경외하며 서로 사랑으로 하나가 되게 하여 주시옵소서.

귀하신 뜻이 계셔서 기름 부어 세우신 장로를 대통령으로 세워 주셨사오니 항상 믿음에 굳건히 서게 하시고 지혜와 명철과 능력과 권능을 충만케 하시어 다윗 왕과 같이 우리 대한민국을 부강한 나라로 우뚝 세워, 온 세계가 대한민국을 보고 여호와 하나님의 실존과 능력과 역사를 목격하여 존귀하신 하나님 앞으로 돌아오는 역사가 일어나게 하시옵소서.

"하나님을 사랑하는 자 곧 그 뜻대로 부르심을 입은 자들에게는 모든 것이 합력하여 선을 이룬다"고 하였사오니 금번 나라의 이 난국도 합력하여 선을 이루는 유익한 계기가 되게 하여 주시옵소서.

"환난 날에 나를 부르라 내가 너를 건지리니 네가 나를 영화롭게 하리라" 하신 말씀을 믿고 이 시간 저희들 뜻을 모아 간절히 간구하오니 우리나라와 민족을 건져주시고 굳건히 서게 하시며 영광 받아주시옵소서.

온 인류와 나라들의 왕 중의 왕이 되시는 예수 그리스도의 이름으로 간절히 기도드리옵나이다. 아멘

테마 기도 2

광복절 57주년 기념, 나라를 위한 기도

　사랑과 은혜가 풍성하신 여호와 하나님 아버지! 죄와 허물로 멸망 받을 수밖에 없는 저희 나라와 민족을 긍휼히 여기사 57년 전에 해방과 광복을 베풀어 주시고 오늘에 이르기까지 위험한 고비마다 지켜주시며 때를 따라 필요한 은혜를 내리셔서 연약하고 불안한 여건 속에서도 평화를 누리게 하시는 은총을 진정으로 감사를 드리오며 찬송과 영광을 세세토록 돌리옵나이다.

　주님의 은총으로 예수 그리스도를 믿고 하나님을 경외하는 천 이백만 성도를 세워주셨습니다. 그럼에도 아직까지 우상을 숭배하며 불신앙 속에 도덕적으로 윤리적으로 말할 수 없는 죄악 속에 방황하는 민족적인 악과 사회적인 악을 회개하오니 주여! 용서하여 주시옵소서. 먼저 택함 받은 저희들의 잘못도 너무나 많습니다. 긍휼히 여겨 주시옵소서. 자비를 베풀어 주시옵소서. 이 시간 성령의 강한 불로 소멸시켜 주시옵소서. 오순절 마가의 다락방에 120문도에게 내리신 성령의 불로 훨훨 타오르게 하시옵소서. 저희 모두가 십자가 밑에 먼저 죽게 하시고 육신의 정욕과 안목의 정욕과 이생의 자랑을 버리게 하여 주시옵소서.

　자비로우신 하나님 아버지! 주님의 사랑과 권능과 지혜로 저희 모두에게 채워 주셔서 나라와 민족을 복음화 하는데 앞장 서게 하시고 맡겨 주신 교회와 가정과 나라와 민족을 잘 섬기게 하여 주시옵소서.

성령님이여! 모든 교회마다 충만하시고 역사하여 주시옵소서, 교회들마다 진정으로 서로 사랑하며 섬기며 세상의 소금이 되게 하시고 빛으로 향기로 주님의 뜻을 받들어 나라와 민족을 살리는데 최선을 다하는 승리하는 교회들이 되게 하여 주시옵소서.

사랑의 하나님 아버지! 우리 은평구를 사랑하셔서 머리에 기름 부어 세우신 장로를 구청장으로 세워주셨습니다. 참으로 감사와 찬양을 드립니다. 세우신 구청장 위에 믿음과 지혜와 능력을 충만히 주시옵소서. 구청과 산하 모든 기관들이 먼저 복음화 되게 하시고 하나님의 의로 모든 일들을 잘 감당하며 진정으로 구민을 위하고 나라를 위하는 기관들이 되게 하여 주시옵소서. 주님의 사랑과 은혜가 강같이 흐르는 은평구, 복음으로 성화된 은평구, 은혜와 평강이 넘치는 은평구가 되어 나라와 민족을 지키며 선도하는 모범적인 역사를 일으켜 주시옵소서.

구하라 그러면 주실 것이라고 말씀하신 주님! 주님의 말씀을 의지하옵고 이 시간 뜻을 모아 간절히 간구하오니 우리의 기도를 열납하시고 응답하여 주시옵소서.

찬송과 존귀와 영광이 하나님 아버지께 충만하시옵소서. 대한민국을 구별하여 세워주신 예수 그리스도의 이름으로 간절히 기도드리옵나이다. 아멘.

테마 기도 2

광복 60주년 기념, 은평구 복음화를 위한 기도

자비와 긍휼이 풍성하신 하나님 아버지! 우리나라와 민족을 극진히 사랑하사 선진들의 기도와 순교자의 피를 열납하시고 나라와 민족적인 죄를 간과하시며 일본제국주의 36년 압제 하에서 60년 전에 해방과 광복을 주신 그 크신 사랑과 은혜를 진심으로 감사 드리오며 찬송과 존귀와 영광을 세세토록 돌리옵나이다.

특별히 우리 은평구를 사랑하여 주셔서 오늘 특별성회를 개최케 하시고 택함 받은 교회와 성도들이 한자리에 모여 나라와 민족을 위한 구국기도를 드리게 하시며, 은평구의 복음화를 위한 기도와 간구를 하게 하시오니 사랑하는 주님! 참으로 감사와 찬양을 드리옵나이다.

은혜 베풀어 주시기를 즐겨하시는 하나님 아버지! 이 시간 저희들 전심으로 기도드리오니 드리는 기도마다 온전히 열납하시고 응답하여 주시옵소서.

우리 은평구에는 50만의 생명들이 있고 400여 교회가 있습니다. 교회마다 오직 성령과 말씀으로 충만하여 주시옵소서. 사랑이 충만한 교회로 화목한 교회로 이웃을 진정으로 사랑하고 섬김으로 세상에 소금과 빛의 사명을 넉넉히 감당하는 교회가 되게 하여 주시옵소서.

특별히 세워주신 모든 교회와 교역자와 장로들과 직원들과 성도들이 우리를 택하여 주신 예수 그리스도를 본받아 최선을 다하여 사랑 베푸는 일과 전도하는 일에 열심을 다하여 죽어가는 생명들을 구원시키고 하나님의 사랑으로 풍성한 살기 좋은 은평구로 복음화 시키는 역군들이 다 되게 하여 주시옵소서. 은평구청이 복음화 되게 하여 주시옵소서. 경찰서와 소방서와 세무서가 복음화 되게 하여 주시옵소서. 학교들이 복음화 되게 하여 주시옵소서. 기업체들이 복음화 되게 하여 주시옵소서. 산하 모든 기관들과 가정마다 복음화 되게 하여 주시옵소서. 50만 생명들이 예수 그리스도를 믿고 모두 구원받게 하여 주시옵소서.

하늘과 땅의 권세를 가지신 주 예수 그리스도여! 이 지역에 어둠의 세력들을 결박시켜 주시옵소서. 우상숭배를 소멸시켜 주시고 신앙과 도덕과 윤리적으로 타락하고 방탕 하는 이기적인 인본주의를 제거시켜 주시옵소서. 다만 주님의 사랑으로 서로 사랑하며 신뢰하며 은혜와 평강이 넘치는 고장으로 온 나라에 본이 되도록 우리 은평구를 크게 축복하여 주시옵소서.

오늘 귀한 성회를 베풀어주신 하나님 아버지께 감사와 찬송과 영광을 드리오며 우리의 능력이시며 구주가 되시는 예수님의 이름으로 간절히 기도드리옵나이다. 아멘.

테마 기도 2

초교파 장로회 창립 총회 기도

하늘과 땅의 모든 권세를 가지시고 세상 끝 날까지 우리와 함께 하시는 사랑의 하나님! 좋으신 섭리와 계획 속에 머리에 기름부음을 받은 장로들을 하나로 묶어 초교파 은평구 장로회를 설립하는 창립예배로 드리게 하시오니 진정 감사와 찬송과 존귀와 영광을 하나님 아버지께 온전히 돌리옵나이다.

주님! 이 장로회를 통하여 주님의 뜻을 온전히 이루시옵소서. 이 지역의 구원과 평화와 감사와 찬양이 충만케 하는 도구가 되게 하시고 하나님의 영광이 충만한 은평구로 여호와의 성호가 만방에 빛나게 하시옵소서.

그동안 하나님의 사랑으로 한없는 은혜와 자비를 받았사온데 저희들 미련하고 어리석어 그 사랑과 은혜를 망각하고 인본주의로 이기적으로 잘못 살고 잘못 행동한 것이 너무나 많았습니다. 하나님 아버지! 용서하여 주시옵소서. 주님의 보혈로 깨끗하고 정결케 하시고 성결한 일꾼들로 다시 거듭나게 하시옵소서. 모두가 주 안에서 성령과 믿음과 지혜가 충만한 하나님의 종들로 하나가 되게 하시옵소서. 하나님도 하나시요 주님도 하나시요 성령님도 하나시니 우리도 주 안에서 하나 되어 우리 은평 지역과 온 나라를 사랑으로 품고 조성하는 요긴한 일꾼들로 사용하여 주시옵소서.

오늘 진행하는 모든 예배와 회무 위에 성령님께서 친히 주장 인도하셔서 주님의 온전하신 뜻만을 이루시고 하나님께는 큰 영광이요 저희들은 주님의 뜻을 받드는 충성된 시간이 되게 하여 주시옵소서.

사랑하는 하나님 아버지! 소중한 이 자리를 마련해주신 은평교회 위에 항상 성령님으로 충만하여 주시고 이 지역과 나라와 온 세계를 선교하는 모범 교회로 복을 주시옵소서. 귀한 시간 말씀을 전하시는 목사님 위에 성령님 충만하여 주시옵소서. 주시는 말씀이 권능 있게 하시고 사랑과 믿음과 소망이 충만한 말씀으로 저희 모두를 역동케 하여 주시옵소서.

"내가 너를 구속하였고 내가 너를 지명하여 불렀나니 너는 내 것이라" 말씀하신 아버지! 저희들 부족하오나 부름 받은 하나님의 기업들입니다. 주님의 뜻을 온전히 이루어 드리는 요긴한 그릇으로 사용하여 주시고 착하고 충성된 종으로 세상을 이기고 승리하는 일꾼들이 다 되게 하여 주시옵소서.

하나님 아버지! 찬송과 존귀와 영광이 아버지께 항상 충만하시옵소서. 초교파 은평구 장로회를 세워주시는 예수 그리스도의 이름으로 간절히 기도하옵나이다. 아멘.

테마 기도 2

한마음회(전국 장로회) 총회 기도

성결의 본체이신 여호와 하나님 아버지! 지금부터 99년 전에 기독교 대한 성결교회를 귀하신 뜻을 두시고 세워주시사 죄악으로 죽어가는 생명들에게 믿음으로 중생의 은혜를 받게 하시고 성결과 신유의 은총으로 거룩한 삶을 살게 하시며 재림의 소망을 가지고 땅 끝까지 복음을 전파하는 사명을 주신 은혜 진정 감사와 찬송과 영광을 돌리옵나이다.

사랑하는 주님! 여기 성결교회의 장로들이 한 마음과 한 뜻을 가지고 이곳에 제4회 총회로 모여 여호와의 성호를 찬양하며 신령과 진정으로 거룩한 예배를 드리오니 온전히 열납하시고 영광 받아주시옵소서.

"너희는 성결케 하라 내가 거룩하니 너희도 거룩하라." 말씀하신 주님! 귀한 시간 오직 성령님으로 충만하여 주시옵소서. 저희 모두 위에 성령으로 기름을 부어 주시옵소서. 모두가 성결한 장로가 되게 하시고 사명에 충실한 장로로 교회 앞에 본이 되며 세상의 소금과 빛이 되어 착하고 충성된 종들이 다 되게 하여 주시옵소서.

십자가 위에서 다 이루어 주신 주님! 그동안 우리와 우리 교단적인 잘못들을 용서하여 주시옵소서. 사단 마귀의 유혹과 함정에 빠져 교단은 기성이니 예성이니 둘로 갈라져 있고 지도자들은 사리사욕과 허영과 이권을 위해 육신의 정욕과 안목의 정욕과 이생의 자랑을 좇아 어리석게도 잘못 살고 있는 것이 너무나 많습니다.

용서하여 주시옵소서. 주님께서 십자가상에서 베풀어주신 대속의 은혜와 구속의 은혜를 믿사오니 우리의 죄악들을 용서하여 주시옵소서. 오직 물과 성령으로 거듭나게 하시고 진실하게 사명을 감당하는 성결한 지도자들이 되게 하여 주시옵소서.

사랑하는 주님! 전국에서 뜻을 같이하는 장로들이 모인 이 한마음회 위에 성령님 충만하여 주시옵소서. 각 교회와 교단과 장로회를 위한 중보기도의 사역과 성결운동으로 교단을 정화하는 순수한 사명을 감당하여 하나님 마음에 합당하고 아름다운 한마음회가 되게 하여 주시옵소서.

오늘 총회와 진행하는 순서들을 성령님께서 주관하시고 인도하여 주셔서 주님의 뜻만을 이루어 주시옵소서. 하나님 아버지께는 영광이 되게 하시고 저희들은 충성하는 시간이 되게 하여 주시옵소서.

귀한 시간 주시는 메시지 위에 생명력과 사명 감당하는 능력을 주시고, 총회를 위해 기도하며 준비하신 회장 장로님과 총무 장로님과 모든 임원 위에 또 뜻을 같이하여 동참한 모든 회원들 위에 하나님의 크신 사랑과 은혜와 복을 베풀어 주시옵소서. 우리 한마음회를 세워주시고 요긴하게 쓰시는 예수 그리스도의 이름으로 간절히 기도드리옵나이다. 아멘.

본 교회의 주인은 하나님(여호와)이시며

본 교회의 주체는 예수 그리스도이시며

본 교회의 역사(활력)는 성령님이시며

본교회의 지체는 성도들이다

지체의 사명은 성삼위 하나님의 뜻을 받들어

교회를 교회답게 하는 것이다

기도는 성삼위 하나님의 마음을 열며

역사를 일으키며

열매를 맺고 꽃을 피우는 열쇠이다

성도의 기도는 아름다운 향기이니

성도는 교회를 위해 구체적인 기도를 드림이 본분이다.

할렐루야!

테마 기도 3
성전 건축, 사무총회(공동회의), 헌금,
찬양성회, 부흥회

성전 건축을 위한 기도
공동회의(사무총회) 기도
선교사 파송예배 헌금 기도(1) (2)
개척 및 헌당예배 헌금 기도
연합 성회 헌금 기도
어린이 개안 수술을 위한 헌금 기도
찬양예배 기도
은평찬양선교단 헌신예배 기도
찬송가 경연대회에 드린 기도
찬양예배 기도
총동원 전도 부흥회 기도
전도 간증 집회에서 드린 기도(1) (2)
대각성 전도집회와 수험생을 위한 기도
전도훈련성회 기도
심령대부흥성회 기도
특별새벽성회 기도
특별부흥회 기도
중보기도사역 성회 기도
신년 교사 사명부흥회 기도
교사수련회 예배 기도
새생명훈련원 수료식 기도

테마 기도 3

성전 건축을 위한 기도(1)

　사랑의 하나님! 아버님의 크신 사랑과 은혜를 진심으로 감사드리오며 찬송과 존귀와 영광을 돌리옵나이다. 죄와 허물로 죽고 멸망 받을 수밖에 없는 저희들을 각별하신 사랑으로 택하여 주시옵고 '말씀을 보수하며, 선교를 힘쓰며, 나라와 민족을 지키는' 은평교회의 일원으로 삼아주시고 소중한 사명을 보다 더 힘있게 감당할 수 있도록 성전을 다시 확장 건축하는 존귀한 역사를 맡겨주시는 은혜를 생각할 때에 주님의 크신 사랑과 은혜를 진심으로 감사하옵고 감사하옵나이다.

　사랑하는 하나님 아버지! 저희들 이 일을 온전히 감당하기 위하여 특별새벽기도회로 모여 '주님과 더불어 40일을, 기도와 더불어 40일을' 주님 앞에 작정하고 헌신하며 부르짖어 간구드리오니 연약한 저희들에게 보혜사 성령님으로 충만하여 주시옵소서. 이 새벽 저희 모두 위에 오순절 마가의 다락방에 임하신 능력의 성령님으로 온전히 임하여 주시옵소서. 저희들 모두를 새롭게 변화시켜 주시어 능히 성전을 건축할 수 있는 하나님 마음에 합당한 일꾼들이 되게 하여 주시옵소서.

　자비하신 주님! 미워하고 원망하고 비난하고 판단하는 우리의 죄악들을 용서하여 주시옵소서. 탐욕의 생활과 나만을 고집하는 언동과 때때로 교만하고 오만한 어리석은 우리의 언행들을 용서하여 주시옵소서. 하나님을 온전히 신뢰하지 않고 우리의 마음대로 세상을 사는 불신앙적인 죄를 용서하여 주시옵소서. 주님을 믿으면서도 아직까지 구습을 버리지 않고 주위에 덕을 세우지 못하며 우리의 몸을 잘못 관리하며 학대하는 죄를 용서하여 주시옵소서. 우리의 가정이 화목하지 못하며 감사와 찬송이 메마르며 주의 말씀과 교훈으로 자녀들을 바르게 양육하지 못한 어리석은 삶을 용서하여 주시옵소서. 믿음으로 형제 된 성도 간에 진실된 우애를 나누지도 않고, 주님께서 베풀어 주신 교회를 우선하여 섬기지도 않고, 이기적인 생활을 우선하여 잘못 살아온 것을 용서하여 주시옵소서. 기도를 등한히 하고 말씀상고에 게으르며 전도를 열심하지 않은 죄악들을 용서하여 주시옵소서. 주님은 미쁘시고 의로우사 우리가 죄를 자백하고 회개하면 깨끗이 사해주시며 모든 불의에서 깨끗케 하시겠다는 언약을 믿사옵고 이 시간 통회 자복하고 회개하오니 말씀대로 용서하시고 깨끗이 씻어 주시옵소서.

　위대하신 하나님 아버지! 땅의 것을 바라보지 않고 위에 것만을 바라보며 사는 새사람으로 능력을 주시옵소서. 우리에게 허락하신 성전 건축을 위하여 힘을 다하는 기도와 물질과 봉사를 최선으로 봉헌 할 수 있도록 믿음과 사랑과 능력을 더하여 주시옵소서.

　"너희가 내 안에 거하고 내 말이 너희 안에 거하면 무엇이든지 원하는 대로 구하라 그리하면 이루리라" 말씀하신 주님! 금번 하나님 앞에 내놓고 간구하는 크고 작은 우리들의 소망과 기도제목들과 특별히 성전건축의 기도를 응답하여 주시옵소서.

　사랑하는 하나님 아버지! 이 새벽 하나님의 말씀을 증거하시는 담임목사님 위에 성령으로 충만하셔서 놀라운 능력과 은혜와 은총으로 큰 결실을 맺게 하여 주시옵소서. 교회의 창립자이신 예수 그리스도의 이름으로 간절히 기도하옵나이다. 아멘.

테마 기도 3

성전 건축을 위한 기도(2)

감사와 찬송과 존귀와 영광을 아버지 하나님께 돌리옵나이다.

금번 미천한 저희들을 특별히 사랑하시고 인정하사 영존하시는 하나님의 성전을 건축하는 대사명을 주시옵고 주님 앞에 다시 한 번 헌신하며 충성할 수 있는 기회를 허락하신 하나님 아버지! 진심으로 감사하옵고 감사하옵나이다.

사랑하는 하나님 아버지! 저희들 진심으로 원합니다. 주님 앞에 온전히 쓰임 받기를 원합니다. 충성하기를 원합니다. 정성을 다하여 봉사하며 헌신하기를 원합니다. 저희 모두에게 성령님으로 충만하시고 넉넉히 감당할 수 있도록 채워주시고 능력을 주시옵소서.

"너희 행사를 여호와께 맡기라 그리하면 너희 경영하는 것이 이루리라" 밝혀주신 하나님! 금번 이 성전건축을 온전히 주님께 맡기오니 하나님 보시기에 아름답고, 하나님 마음에 합당한 성전을 건축하게 하시옵소서. 새 성전 위에 존귀하신 여호와 하나님의 영광이 이전보다 더 충만하여 주시고, 성전의 십자가를 바라보는 자마다 구원함을 받는 구원의 방주가 되게 하여 주시옵소서. 온 성도들이 나아와 기도와 소망을 드릴 때마다 주님의 크신 사랑과 은혜를 받아 기쁨과 감사가 넘치는 성전이 되게 하시옵소서.

모든 성도들과 자녀 손들이 하나님의 말씀과 교훈으로 믿음에 굳건히 서는 교회되게 하시고 이 시대를 짊어지며 온 인류를 위한 사명을 넉넉히 감당하는 제자들로 양육받는 진리의 터전이 되게 하여 주시옵소서.

이 지역과 사회에 소금과 빛이 되며 이웃과 온 인류에게 구속의 복음을 힘있게 전파하는 선교사명을 잘 감당하게 하시고 주님 재림하실 때 온전히 들림 받는 은총을 베풀어 주시옵소서.

사랑하는 주님! 주님께서 함께 하시면 능치 못함이 없는 줄 믿고 간구하오니 이 성전을 완공하여 헌당예배를 드릴 때까지 온 교우들의 뜨거운 기도와 헌신과 정성이 집중되게 하여 주시옵소서. 물질도 기쁨과 감사함으로 넉넉하게 드릴 수 있도록 가정마다 성령과 말씀과 믿음으로 충만케 하시고, 경영하는 산업과 직장과 경제력에 5병2어의 기적으로 새성전을 건축하고도 남는 복을 주시옵소서. 성전 건축을 담당한 건설사와 수고하는 모든 종사자들 위에도 복을 주시고, 최선을 다하여 신실하게 역사하여 날마다 진척되는 공정이 계획보다 더 좋은 성과를 얻도록 인도하여 주시옵소서.

귀한 시간 말씀에 능력과 권능으로 크신 은혜를 주시옵고 방해하는 악한 세력들을 때마다 묶어주시며 형통한 은혜로 충만하여 주시옵소서. "너는 내게 부르짖으라 내가 네게 응답하겠고 네가 알지 못하는 크고 비밀한 일을 네게 보이리라" 언약하신 위대하신 하나님 아버지께 감사와 찬양을 드리오며 존귀하신 예수님의 이름으로 간절히 기도드리옵나이다. 아멘.

테마 기도 3

공동회의(사무총회) 기도

　본 교회 제44회 사무총회를 개최케 하신 하나님 아버지! 그 크신 사랑과 은혜를 진심으로 감사하오며 찬송과 존귀와 영광을 돌리옵나이다.
　오늘 거룩한 성일 온 성도들이 한자리에 모여 기쁜 마음으로 사무총회를 갖사오니 주님께서 귀하게 세우신 주님의 몸 되신 저희 교회 위에 크신 사랑과 은혜를 베풀어 주시옵소서. 오직 성령님의 기름부음이 넘치는 교회로 온 성도들이 담임목사님을 중심으로 한 마음 한 뜻 되어 열심을 품고 주를 섬기며 이 지역을 구원시키는 구원의 방주가 되게 하여 주시옵소서.
　나라와 민족을 지키며 온 세계를 선교하는 교회로 요긴하게 사용하여 주시옵소서. 모든 교회들에게 본이 되고 귀감이 되는 사랑과 평강이 넘치는 모범교회로 크신 은혜와 복을 주시옵소서. 악한 영은 일체 금지되며 성령님만이 충만 역사하는 교회로 명년에는 일만 명을 돌파하는 부흥과 성장을 주시옵소서.
　사랑이 많으신 하나님 아버지! 세상은 거칠고 험난하기 그지없습니다. 아버지! 주의 몸 되신 저희 교회 온 성도들 위에 영적인 부흥을 주시옵소서. 믿음의 장부로 세워주시옵소서. 지난 일 년 동안 하나님 앞에서 실수하고 범죄하고 잘못한 것이 너무나 많았습니다. 하나님 아버지를 근심되게 하며 철없이 저지른 우리의 죄악들을 용서하여 주시옵소서. 오늘 사무총회를 기하여 새마음 새신앙으로 주님의 뜻만을 온전히 받드는 신실한 종으로 요긴하게 변화시켜 주시옵소서. 악한 영이 우리를 시험하지 못하도록 결박시켜 주시옵소서. 제거시켜 주시옵소서. 보혜사 성령님만이 충만 역사하여 주시옵소서. 우리 모두에게 영혼이 잘되고 범사가 잘되고 강건한 복을 주시옵소서. 가정마다 평강을 주시옵고 기도의 제목마다 응답하여 주시옵소서. 자녀 손들이 믿음 위에 굳건히 서게 하시고 의인의 자손들로 기둥들이 되게 하여 주시옵소서. 경제력들도 크게 복을 주시어 하나님 나라와 의를 위한 선한 일에 넉넉하게 감당할 수 있도록 믿음의 장부들로 사용하여 주시옵소서.

   사랑과 지혜와 능력의 주님! 오늘 모든 회무 위에도 오직 주님께서 주관하시고 인도하여 주셔서 형통하게 하시고 아름다운 결실의 보고와 알찬 비전을 세우는 살아 역동하는 역사적인 사무총회가 되도록 은혜를 베풀어 주시옵소서. 진정으로 교회를 사랑하고 위하는 마음과 믿음과 사랑으로 서로 뜻을 같이 하며 하나가 되어 주님의 뜻만을 온전히 이루어 드리는 회무가 되게 하여 주시옵소서.

   저희 교회를 세워주시고 저희를 귀하게 택하여 주신 하나님 아버지께 감사와 찬송과 영광을 돌리오며 교회의 머리가 되시는 예수 그리스도의 이름으로 간절히 기도드리옵나이다. 아멘.

테마 기도 3

선교사 파송예배 헌금 기도(1)

"너희는 온 천하에 다니며 만민에게 복음을 전파하라" 분부하신 주 예수님! 주님께서 특별한 뜻을 두시고 세워주신 우리 교회를 권능의 장중에 붙잡아 주시고 요긴하게 역사하여 주시는 그 크신 사랑과 은혜를 진심으로 감사하오며 찬송과 영광을 돌리옵나이다.

특별히 이 밤 땅 끝까지 복음을 전파하기 위하여 ○○○ 전도사님 부부를 ○○나라 동족들을 위한 선교사로, ○○○ 집사님 부부를 태국 신학교를 위한 평신도 선교사로 파송하는 역사적인 예배를 드리게 하여 주시니 감사합니다. 부족한 저희들이오나 몸과 마음과 뜻을 다하여 귀한 선교사 파송에 기도와 물질로 동참시켜 주신 그 크신 은혜를 진심으로 감사하오며 찬송과 존귀와 영광을 하나님 아버지께 온전히 돌리옵나이다.

사랑과 은혜가 풍성하신 하나님 아버지! 오늘 선교사로 파송을 받는 귀한 주의 사자들 위에 항상 동행하여 주시옵소서. 영육을 강건케 하시고 말씀의 능력과 권세를 주시며 담력과 지혜로 세워 주시옵소서. 복음의 진실된 증인으로 신실하게 사명을 감당하며 기도로 승리하게 하시옵소서. 사단의 저항과 위협이 극렬한 복음전선에서 항상 함께하시며 신변을 지켜주시고 보호하여 주시옵소서. 종들의 지경을 넓혀주시고 때마다 알찬 결실을 맺게 하시고 다급한 일로 기도드릴 때에 신속히 응답하여 주시옵소서.

　사랑하는 주님! 저희들 부족하오나 선교에 동참키 위하여 두손 모아 기도하며 헌금하오니 주님의 귀하신 뜻을 이루시고 큰 영광을 받아 주시옵소서.

　드려진 헌금이 쓰일 때마다 또 드리는 손길들 위에 오병이어의 기적으로 큰 복과 역사가 함께하여 주시옵소서.

　금년에 저희 교회에서 선교하며 지원하는 국내외 135곳 선교지마다 성령님 강하게 역사하여 주셔서 성숙한 교회가 되게 하여 주시옵소서. 이를 위해 헌금을 작정하고 기도로 동참하는 981분의 성도들 위에 항상 함께하시고 마음의 소망과 드리는 기도들을 날마다 응답하여 주시옵소서. 한평생 주님의 의와 선을 베풀며 기쁨으로 감당할 수 있는 힘과 경제력과 강건함을 주시고 믿음의 승리자가 되게 하여 주시옵소서. "너희가 내 안에 거하고 내 말이 너희 안에 거하면 무엇이든지 원하는 대로 구하라 그리하면 이루리라" 하신 말씀을 믿고 저희들 간절히 간구하오니 우리의 기도를 열납하여 주시옵소서.

　사랑의 하나님 아버지! 귀하신 뜻을 이루시고 영광 받아 주시옵소서. 온 인류의 구세주이신 예수 그리스도의 이름으로 간절히 기도드리옵나이다. 아멘.

테마 기도 3

선교사 파송예배 헌금 기도(2)

　오늘 주님께서 피 값으로 세우신 귀한 교회를 통하여 ○○○ 목사 내외분을 땅 끝까지 복음을 전하는 선교사로 파송할 수 있게 하신 하나님 아버지께 감사와 찬송과 영광을 돌립니다.
　"너희는 온 천하에 다니며 만민에게 복음을 전파하라 믿고 세례를 받는 사람은 구원을 얻을 것이요 믿지 않는 사람은 정죄를 받으리라"(막 16:15, 16) 말씀하신 주님! 귀한 시간 주님의 말씀과 뜻에 순종하여 ○○○ 목사 내외분을 멕시코 지역의 선교사로 파송하오니 보혜사 성령님이여! 항상 충만하시고 함께하시고 안보하시고 역사하여 주시옵소서.
　"하늘과 땅의 모든 권세를 가지시고 세상 끝 날까지 우리와 항상 함께 있으리라" 말씀하신 주님! 조국 산천을 떠나 이국 만리 낯선 곳에 가서 복음을 전파하는 선교사 내외분과 항상 함께하여 주시옵소서.
　영과 혼과 몸을 강건케 하시고 말씀의 생명력과 권능을 주시옵소서. 믿음과 사랑과 소망으로 충만케 하시옵소서, 지혜와 명철로 모든 족속들과 화평을 이루며 선교의 승리자가 되게 하여 주시옵소서. 드리는 기도와 소망들을 신속히 응답하여 주시옵소서. 악한 세력들을 제압하며 심는 대로 거두는 능력과 은총을 베풀어 주시옵소서.
　선교사로 파송하는 교단과 본 교회와 모든 후원하는 성도들이 지속적으로 기도와 물질로 잘 후원할 수 있도록 주님 인도하여 주시옵소서.

　귀한 시간 선교를 위하여 헌금을 하오니 이 헌금이 쓰일 때마다 오병이어의 기적이 일어나게 하시고 주님의 뜻을 이루며 하나님께 큰 영광을 돌리게 하시옵소서.

　드리는 손길마다 만 배로 갚아주시고 이 땅 위에 사는 동안 차고 넘치는 물질로 채워주시며 경제적인 능력으로 하나님 나라와 의를 위한 일이라면 힘 있게 감당할 수 있는 은총을 베풀어 주시옵소서.

　온 인류를 사랑하시는 하나님 아버지! 이 선교 예배를 온전히 드리오니 영광 받아 주시옵소서.

　○○○ 선교사를 택하시고 귀히 쓰시며, 귀한 사자를 파송하는 우리 교회의 머리가 되시는 예수 그리스도의 이름으로 간절히 기도드리옵나이다. 아멘.

테마 기도 3

개척 및 헌당예배 헌금 기도

　사랑과 은혜가 풍성하신 하나님 아버지! 이 지역을 사랑하여 주셔서 오늘 이곳에 신양 성결교회를 개척하게 하시고 아름답게 하나님의 성전을 건축하여 설립예배 및 헌당예배까지 드리게 하시오니 진정으로 감사와 찬송과 존귀와 영광을 돌리옵나이다.

　하나님 아버지! "이 집은 살아계신 하나님의 교회요 진리의 기둥과 터"입니다. 이 교회를 통하여 이 지역 모든 생명(주민)들에게 구속의 은혜를 베풀어 주시옵소서.

　권능의 주님! 이 신양교회 위에 오직 성령님으로 충만하시고 능력과 권능으로 주장하셔서 악한 영들이 일절 훼방하거나 시험하지 못하도록 결박하시고 소멸시켜 주시옵소서.

　본 신양교회에 나아와 하나님을 섬기는 자마다 영혼이 잘되게 하시고 범사가 잘되며 강건한 복을 주시옵고, 지금은 이 지역에 예수 그리스도를 믿는 자가 한 사람도 없으나 이후에는 믿지 않는 자가 한 사람도 없게 하여 주시옵소서.

　"심는 대로 거둔다"고 말씀하신 하나님 아버지! 귀한 시간 본 신양교회를 위하여 저희들 부족하오나 감사한 마음으로 정성껏 헌금을 드리겠사오니 드리는 손길마다 만 배로 갚아 주시고 하늘의 신령한 복과 땅의 기름진 복으로 넘치도록 은총을 베풀어 주시옵소서.

하늘과 땅의 권세를 가지신 주님! 이 헌금 위에 축사하여 주시옵소서. 오병이어의 기적을 주시옵소서. 하나님의 나라와 의를 위하여 헌금이 쓰일 때마다 부족함이 없이 채워주시고 주님의 뜻을 이루게 하시며 담임목자로 시무하실 ○○○ 목사님과 사모님의 사역과 기도마다 크게 복을 주시고 하나님께 큰 영광을 돌리게 하시옵소서.

이 지역을 긍휼히 보시사 귀중한 신양교회를 세워주신 자비로우신 하나님 아버지! 감사와 찬송과 존귀와 영광을 돌리오니 온전히 받아 주시옵고 이 교회 위에 항상 임재하시고 영광 중에 충만하여 주시옵소서.

하늘과 땅의 권세를 가지시고 세상 끝 날까지 함께하시며 교회의 머리가 되시는 예수 그리스도의 이름으로 간절히 기도드리옵나이다. 아멘.

테마 기도 3

연합성회 헌금 기도

"너희는 먼저 그의 나라와 그의 의를 구하라 그리하면 이 모든 것을 더 하여 주시리라" 말씀하신 주님! 부족하고 연약한 저희들을 특별히 사랑하여 주셔서 금번 저희들에게 새천년을 맞아 새 부흥을 받을 수 있는 산상 성회를 베풀어 주시고 시간시간 성령으로 충만하시며 말씀과 기도와 응답으로 복을 주시는 은혜, 진심으로 감사와 찬송과 영광을 돌리옵나이다.

야곱 같은 우리를 이스라엘로 바꿔주신 사랑의 하나님 아버지! 이 시간 저희들 뜻을 모아 간절히 부르짖어 간구하오니 새천년에 새 부흥을 주시옵소서. 모든 성도들마다 영과 혼과 몸을 새롭게 변화시켜 주시고 가정과 교회 위에 새로운 부흥을 주시옵소서.

귀한 시간 두손 모아 정성으로 헌금을 드리오니 봉헌하는 헌금 위에 주님 축사하여 주셔서 오병이어의 기적을 주시고 하나님의 교회를 세우는 데 쓰고도 남는 넉넉한 물질이 되게 하여 주시옵소서.

심는 대로 거둔다고 말씀하신 주님! 봉헌하는 손길마다 만 배의 복을 주시고 일생을 하나님 사랑과 은혜와 복이 날마다 더하며 주님의 의를 위하여 큰 일을 감당하는 복 받은 삶이 되도록 은총 베풀어 주시옵소서.

사랑하는 하나님 아버지! 귀한 시간 믿음이 연약한 자에게는 강하고 담대한 믿음으로 심령에 새 부흥을 주시옵소서. 육체가 연약하거나 질병으로 고통 당하는 성도가 있으면 주님께서 베풀어 주신 신유의 능력으로 병마를 제거하여 주시고 고쳐주시고 튼튼한 육체로 새롭게 변화시켜 주시옵소서. 가정마다 평강을 주시고 자녀 손들이 주 안에서 잘되며 직장과 산업 위에 큰 복을 주시옵소서.

사랑의 주님! 부르짖어 간구하는 기도마다 응답하여 주시옵소서, 섬기고 있는 교회 위에 성령 충만 역사하여 주시옵소서. 뜨거운 교회로 새천년에 새 부흥을 주시옵소서. 모이기에 힘쓰는 교회, 열정적인 기도와 사랑의 교회가 되게 하여 주시옵소서.

만복의 근원이 되시는 하나님 아버지께 감사와 찬송과 영광을 돌리오며 우리를 구원하여 주신 예수 그리스도의 이름으로 간절히 기도드리옵나이다. 아멘.

테마 기도 3

어린이 개안 수술을 위한 헌금 기도

    온 인류를 하나같이 사랑하시며 누구든지 예수 그리스도를 믿고 구원받기를 원하시는 하나님 아버지! 아버님의 크신 사랑과 은혜를 감사하오며 찬송과 존귀와 영광을 세세토록 돌리옵나이다.

    만백성 중에 부족한 저희들을 먼저 택하여 주시고 하나님의 자녀로 세상의 소금과 빛이 되게 하시고 이웃에게 사랑을 나누며 살 수 있는 위치에 세워주심을 진심으로 감사하며 찬양을 드리옵나이다.

    사랑의 주님! 귀한 시간 불우한 이웃 아제르바이잔 어린이들의 개안 수술을 위해 두 손 모아 정성으로 헌금을 드릴 수 있는 기회를 허락하여 주셔서 기쁜 마음으로 헌금에 동참하오니 이 헌금을 축사하여 주시옵소서. 쓰이는 곳마다 오병이어의 기적을 주시옵소서. 눈이 있으나 보지 못하는 안타까운 어린 생명들에게 광명한 세계를 바라보게 하시며 영안까지 밝아지게 하셔서 아버지가 되어주신 하나님의 실존을 깨닫게 하시고 예수 그리스도의 사랑과 구속의 증인들이 되게 하여 주시옵소서.

    누구든지 예수 그리스도를 믿으면 구원을 얻는다는 이 복음이 이를 계기로 아제르바이잔 나라에 왕성하게 전파되게 하시고 여호와 하나님만을 경외하며 찬양하는 나라로 전환시켜 주시옵소서.

    심는 대로 거둔다고 말씀하신 주님! 헌금에 뜻을 모아 동참한 모든 성도들에게 하늘의 신령한 복과 땅의 기름진 복으로 풍성하게 하여 주시옵소서.

영적인 부흥과 육체적인 강건한 복을 주시옵소서.

가정마다 평강을 주시고 온 생애가 선한 일이 있을 때마다 넉넉하게 감당하고도 남는 경제적인 복을 주시며 야베스에게 내려주신 복과 같이 복에 복을 더하여 주시고 지경을 넓혀 주시옵소서.

선한 일을 할 수 있는 기회를 주시고 이에 동참하게 하여 주신 하나님 아버지께 감사를 드리오며, 사랑으로 우리를 구속하시고 은혜를 베풀어 주시는 예수님의 이름으로 간절히 기도드리옵나이다. 아멘.

테마 기도 3

찬양예배 기도

"너희 모든 나라들아 여호와를 찬양하며 너희 모든 백성들아 저를 칭송할지어다 우리에게 향하신 여호와의 인자하심이 크고 진실하심이 영원함이로다 할렐루야 아멘!"이라 밝혀주신 사랑하는 주님! 미천한 저희들을 택하여 구속하시고 지명하여 불러 주셔서 이 거룩한 밤에 찬양으로 하나님 아버지께 영광을 돌리며 큰 은혜와 은총을 받게 하시오니 참으로 감사와 찬송과 존귀와 영광을 돌리옵나이다.

찬송 중에 거하시는 하나님 아버지! 이 거룩한 찬양의 단을 쌓은 살렘 찬양단과 온 성도들의 마음 마음들을 성령으로 기름 부어 천군 천사와 함께 기쁨으로 찬양을 드리게 하시고 하늘 보좌에 영광이 충만하여 우주만상에 별과 같이 빛나게 하시옵소서.

찬양을 드리는 심령마다 성령으로 뜨거워지게 하시고 연약한 육체는 강건해지며 병든 육체는 깨끗이 고침 받게 치료하여 주시옵소서.

믿음이 연약한 자에게는 큰 믿음을 주시고 기도의 제목과 소원하는 간구들을 열납하여 주셔서 가정들에 평강을 주시고 자녀 손들이 믿음에 굳건히 서게 하시며, 직장과 산업들에 복을 주셔서 마음 놓고 교회와 주의 일에 충성하게 하시고 의의 병기로 요긴하게 쓰임 받게 하시옵소서.

특별히 저희 교회 위에 성령사역으로 연부년 부흥과 성장을 주시고,

사랑의 교회로 은혜와 평강을 주시오니 아버지 하나님! 참으로 감사와 찬양과 영광을 드리옵나이다.

전능하신 주여! 담임목사님 위에 항상 영육을 강건케 하시고 능력과 지혜를 주셔서 교단을 위해 꼭 필요한 사자로 귀한 사역을 하게 하시옵소서.

이 밤 찬양예배를 인도하는 살렘 찬양단과 세우신 단장과 인도자와 단원 전체를 장중에 붙잡아 주셔서 저들의 찬양을 통하여 복음이 전파되며 크신 영광을 돌리게 하여 주시옵소서.

강사로 세우신 목사님 위에 영력을 7배나 더하여 주시고 주시는 말씀에 큰 은혜를 내려 주시옵소서.

감사와 찬송과 존귀와 영광이 세세토록 아버님 앞에 충만하시옵기를 비오며 택하여 찬송케 하시는 예수님의 이름으로 간절히 기도드리옵나이다. 아멘.

테마 기도 3

은평찬양선교단 헌신예배 기도

찬양 받기 위해 은평찬양단을 세우시고 찬양드릴 때마다 주님의 뜻을 이루시며 영광 받아 주시는 사랑의 하나님! 참으로 감사와 찬양을 드립니다.

찬양으로 마음이 열리고 기쁨과 감사와 평강이 샘솟듯 하게 하시는 성령님!

찬양으로 기도와 간구를 올려 은혜와 응답을 받게 하시는 주님! 찬양으로 사랑을 나누며 복음 전파와 선교의 씨를 뿌리게 하시는 성령님!

이 거룩한 밤에 저희 은평찬양단이 하나님 여호와의 귀하신 사랑과 은혜를 송축하며 우리의 몸과 마음과 뜻을 다하여 온 성도들과 함께 단을 쌓아 헌신의 예배를 드리오니 온전히 열납하시고 주님의 뜻을 이루시며 큰 영광 받아 주시옵소서.

존귀하신 하나님 아버지! 그동안 저희들 찬송을 드리는데 인색했던 것 자백하오니 용서하여 주시옵소서. 이제부터 영원까지 하나님만을 찬송하며 존귀와 영광을 돌리겠사오니 주님! 인도하시고 도와주시옵소서.

이 밤 찬양드릴 때에 우리의 죄악들이 보혈의 능력으로 눈 녹듯이 사라지게 하시고 주홍같이 붉은 죄악들이 양털보다 더 희게 정결하게 씻어주시옵소서. 우리의 심령들이 뜨거워지게 하시고 기도의 제목과 소망이 응답되며 영육간에 크고 작은 질고들이 신기하게 치료받는 기적들이 나타나게 하시옵소서.

찬송 중에 거하시는 하나님 아버지! 이 밤 찬송을 드릴 때에 오직 성령님으로 기쁨이 넘치게 하시고 사랑과 믿음과 소망이 충만하며 지혜와 능력이 충만하여 아버님 앞에 영광과 찬송이 되게 변화시켜 주시옵소서.

오직 성령님으로 가정과 교회와 사회와 나라와 민족과 인류를 위한 찬양의 병기와 불씨가 되게 하시며 이 불을 능력 있게 붙이는 도구로 쓰시옵소서.

찬양을 드릴 때마다 성령님으로 충만하시어 하늘나라 대사로 주의 향기 되게 하시고 사랑의 빛으로 어둠을 물리치고 천국을 이루는 사신이 되어 하나님께 기쁨과 영광이 되게 하시옵소서.

귀한 시간 말씀을 주시는 목사님과 찬양선교단 위에 성령님으로 충만하여 주시고 영감과 은혜와 능력 있게 하시며 하늘의 신령한 복과 땅에 기름진 복의 전달자로 큰 결실을 거두게 은총을 베풀어 주시옵소서.

찬송 중에 여호와 하나님의 영광이 영원 충만하시오며 교회의 머리가 되시는 예수 그리스도의 이름으로 간절히 기도드리옵나이다. 아멘.

테마 기도 3

찬송가 경연대회에 드린 기도

    선하신 섭리와 은혜 위에 우리를 두시고 항상 사랑과 인자로 은혜를 베풀어 주시는 하나님 아버지! 아버님의 크신 사랑의 경륜을 감사드리며 찬송과 영광을 돌리옵나이다.

    죄와 허물로 죽고 멸망 받을 저희들을 독생 성자 예수님께서 십자가에서 쏟아주신 보혈과 대속과 사죄의 은혜로 구원함을 주시고 하나님의 자녀로까지 인 쳐 주시며 찬송으로 영광을 돌릴 수 있는 귀한 은혜까지 주셨습니다.

    존귀하신 하나님 아버지! 세세무궁토록 온 인류와 천하만물을 통하여 감사와 찬송을 받으시옵소서.

    거룩한 이 밤 저희들 몸과 마음과 정성을 다하여 신령과 진정으로 거룩한 찬송으로 위대하신 여호와의 성호를 높이며 영광을 돌려 드리오니 기뻐 받으시고 영광 중에 영광으로 충만하시옵소서.

    이제부터 영원까지 해 돋는 데서부터 해 지는 데까지 천하만민을 통하여 찬송과 찬양을 받으시기에 합당하신 아버지 하나님! 이 밤 저희 교회의 아들과 딸들이, 어린아이부터 청소년과 장년과 노년에 이르기까지 하나님의 성호를 전심으로 소리 높여 찬송 드리오니 영광 받아 주시옵소서. 금번 찬송 경연 잔치를 통한 찬양의 불길이 모일 때마다 불일 듯 일게 하여 주시옵고 나아가 모든 성도들의 전 생애 위에 찬양으로 기쁨과 평강이 넘치는 하나님 보시기에 아름다운 삶을 살 수 있도록 크신 복을 주시옵소서.

특별히 이 찬양의 불길이 나라와 민족의 가슴마다 불타올라 삼천리 금수강산 방방곡곡에서 하나님을 찬양하는 찬송 소리가 진동하게 하시고, 찬송을 부르는 중 성령의 기름부음을 받게 하시며, 찬송을 부르는 중 시험을 물리치고 세상을 이기게 하시옵소서.

찬송을 부르는 중 연약한 육체는 강건하게, 병든 육체는 고침을 받게 하시고, 찬송을 부르는 중 하나님께 인정 받고 크게 쓰임 받게 하시옵소서.

찬송을 부르는 중 우리의 가정들이 사랑과 평강의 가정이 되게 하시고, 이 사회와 나라가 안정되며 신뢰와 평화가 깃드는 은총을 받게 하시옵소서.

찬송을 부르는 중 우리 민족이 평화롭게 하나로 통일을 이루는 크신 은혜를 베풀어 주시옵고 가슴마다 찬송의 불을 붙이는 병기가 되게 하여 주옵소서. 이 시간 강단에서 주시는 말씀이 생수가 넘쳐 나게 하시고 능력을 공급하는 큰 은혜를 주시옵소서. 찬송과 영광이 하나님 아버지께 영원하시기를 원하오며 예수 그리스도의 이름으로 간절히 기도드리옵나이다. 아멘.

테마 기도 3

찬양예배 기도

 "이 백성은 내가 나를 위하여 지었나니 나의 찬송을 부르게 하려 함이라"고 말씀하신 주 여호와 하나님 아버지! 온 인류와 천하 만물을 대신하여 저희 교회 온 성도들이 시온 찬양대와 기드온 찬양대와 에스더 찬양대와 부부찬양대와 함께 몸과 마음과 뜻을 모아 존귀하신 아버지의 성호를 높이며 시와 찬미와 신령한 노래들로 찬양하오니 크신 영광을 받아 주시옵소서.
 "여호와의 종들아 찬양하라 여호와의 이름을 찬양하라 이제부터 영원까지 여호와의 이름을 찬송할지로다 해 돋는 데서부터 해 지는 데까지 여호와의 이름이 찬양을 받으시리로다" 선포하신 주님! 저희 교회의 온 성도들이 마음 문을 열고 기쁨으로 감사함으로 하나님 아버지께 찬양하오니 영광 받아 주시옵고 하늘의 신령한 복과 땅의 기름진 복으로 단비를 내리어 주시옵소서.
 오, 사랑하는 하나님 아버지! 저희 모두 찬양을 부르는 중 마음이 완악하고 거짓되고 헤아리고 분쟁하는 이기적인 죄악들을 소멸시켜 주시고, 진실하고 선하며 사랑과 온유와 겸손으로 감싸주며 우애하는 화목의 대사가 되게 하여 주시옵소서.
 육신의 정욕이나 안목의 정욕이나 이생의 자랑들을 소멸시켜 주시옵고 이기주의로 나와 내 가정만을 위한 어리석은 삶을 용서하시며, 주님의 의와 나라와 몸 되신 교회를 우선하는 신실한 삶을 살게 하여 주시옵소서.

나라와 민족과 인류를 위해 중보기도에 열심하게 하시고 땅 끝까지 복음 선교와 불우 이웃을 위해 사랑의 마음 문이 열려있게 하시옵소서.

특별히 찬송을 드리는 중에 의로운 태양이 떠올라서 치료하는 광선을 발하여 시험 들어 고통 받고 있는 마음의 병들, 질병으로 고통 받고 있는 육신의 병들, 가족 구원이나 자녀 손들의 앞길을 위한 기도제목들, 산업과 직장과 생업을 위한 기도제목들이 모두 깨끗하게 해결받고 응답받게 하옵소서.

오 사랑의 아버지 하나님! 찬송 중에 모두가 믿음에 굳건히 서게 하시고 참 평안을 주시옵소서. 심령 속에 기쁨이 넘쳐흐르게 하시고 진정한 감사가 충만하게 하시옵소서. 사랑으로 충만하며 온유와 겸손이 되게 하여 주시옵소서.

찬송 중에 거하시는 하나님 아버지! 온 성도들의 소망과 간절한 기도제목마다 응답 받는 기적의 밤이 되게 은총 베풀어 주시옵소서.

오 사랑의 주님! 이 찬양예배 위에 성령님으로 충만하시고 역사하시며 영광 받아 주시옵소서.

구속하시고 찬양하게 하시는 예수 그리스도의 이름으로 간절히 기도드리옵나이다. 아멘.

테마 기도 3

총동원 전도 부흥회 기도

　귀하신 섭리와 비전을 두시고 본 교회를 설립하여 주신지 23주년을 맞아 죽어가는 생명들을 구원시키기 위한 총동원 전도부흥성회를 베풀어주신 하나님 아버지께 감사와 찬송과 영광을 돌리옵나이다.
　특별히 이 밤에는 나라를 위해 귀히 쓰시는 ○○○ 장로님을 강사로 세우시고 은혜를 베풀어주심 진정 감사와 찬양을 드립니다.
　한 영혼을 온 천하보다 더 귀히 여기시는 하나님 아버지! 귀한 시간 장로님께서 복음을 전하실 때 성령님으로 역사하여 주시옵소서. 하나님의 말씀만이 온전히 전파되게 하시고, 말씀을 듣는 저희들의 마음 문이 열리며 영안이 밝아지게 하시옵소서.
　그 동안 저희들은 하나님을 믿는다 하면서도 온전한 신앙으로 살지 못한 것을 용서하여 주시옵소서. 육신의 정욕을 좇아 이생의 자랑과 명예와 부귀를 추구하며 이기적으로 잘못 살아온 것이 너무나 많이 있습니다. 용서하여 주시옵소서. 자만하고 교만하고 나태하고 불성실하며 충성으로 주님 제자의 사명 다하지 못한 것을 회개하오니 용서하여 주시옵소서.
　성령님이여! 충만하시고 강하고 담대한 믿음을 주시옵소서. 크신 능력과 지혜로 채워 주시옵소서. 아직까지 믿지 않는 우리의 가족과 형제자매와 일가 친척들과 이웃들이 있습니다. 진정으로 사랑하는 마음을 주시옵소서.

열심으로 기도하고 전도하여 구원의 자리로 인도하게 하시옵소서.

주님 말씀하시기를 "사람이 한 번 태어났다가 한 번 죽는 것은 정하신 이치요 죽은 후에는 심판이 있다"고 하셨고, "하나님이 세상을 이처럼 사랑하사 독생자를 주셨으니 이는 저를 믿는 자마다 멸망하지 않고 영생을 얻는다"고 하셨으니 이번 성회에 모두가 예수 그리스도를 믿고 한 사람도 심판 받고 멸망 당하는 자 없게 구원하여 주시옵소서.

우리나라와 민족을 특별히 사랑하여 주시는 하나님 아버지! 아직까지도 민족적으로 범하고 있는 우상숭배와 음란과 불의의 죄악들을 회개하오니 용서하여 주시옵소서. 나라와 민족 위에 천재지변을 금하시고 전쟁의 재발을 막아 주시옵소서. 동토로 변한 이북 땅과 로보트화 되고 있는 이북 동족들을 복음으로 소생시켜 주시며 남북이 평화 통일로 하나되게 하시옵소서.

정치와 사회를 안정시켜 주시옵소서. 교육은 하나님을 근본으로 하는 진리교육이 실시되며 온 인류를 선교하는 나라와 민족으로 삼아 주시옵소서.

오 성령님이여! 금번 성회를 주관하시고 인도하여 주셔서 하나님의 귀하신 뜻만을 이루시고 영광이 충만하게 하시옵소서.

만주의 주가 되시는 예수님의 이름으로 간절히 기도드리옵나이다. 아멘.

테마 기도 3

전도 간증 집회에 드린 기도(1)

　희망찬 2002년을 저희들에게 주시고 금년 첫 달에 주님께서 특별히 택하신 박효진 장로님을 전도 강사로 세워주신 사랑의 하나님 아버지! 진심으로 감사를 드리오며 찬송과 존귀와 영광을 돌리옵나이다.
　귀한 시간 장로님께서 말씀과 성령님의 감화에 순종하시며 이루신 위대한 신앙의 결실들을 보이시고, 오직 믿음으로 순종하고 실천한 성령사역의 산 간증을 보여주시는 은혜 진정 감사와 찬양을 드리옵나이다.
　우리의 대장되시는 주님! 저희들도 주님께서 원하시는 일이라면 무엇이나 믿음으로 순종하고 최선을 다하여 충성과 봉사로 좋은 결실을 맺기를 원합니다.
　이 시간 보혜사 성령님으로 충만하시고 기름 부어 주시옵소서.
　보혜사 성령님이여! 주님께서 크신 뜻을 두시고 베풀어 주신 이 성회 위에 또 저희 모두 위에 오순절 마가의 다락방 120문도에게 임하신 불 같은 성령으로 임하여주시옵소서. 차지도 뜨겁지도 아니 하며 미지근한 저희들을 보시고 탄식하고 계시는 성령님! 이 시간 우리 모두가 뜨겁게 뜨겁게 변화되게 하시옵소서.
　사랑의 불길이 구령의 불길이 사명과 사역하는 불길이 훨훨 타오르게 하시옵소서. 강하고 담대한 믿음을 주시고 지혜를 주시고 권능을 주시사 주님의 뜻에 온전히 순종하는 착하고 충성된 종들이 되어 모이기에 힘쓰며 기도에 힘쓰며 사랑 실천에 힘쓰며 전도에 힘쓰는 종들로 변화시켜 주시옵소서.

우리의 믿음과 기도와 충성과 전도로 주의 몸 되신 교회가 부흥 성장하며 나라와 민족이 복음화 되며 온 인류에게 주님의 의를 드러내며 주님의 뜻을 이루어 드리는 착하고 충성된 종들로 승리자가 되게 하여 주시옵소서.

사랑하는 주님! 죽도록 충성하기를 다짐하는 저희 모두위에 하늘의 신령한 복과 땅의 기름진 복으로 충만하게 하시고 주신 사명을 잘 감당하게 능력과 지혜를 주시옵소서.

귀한 시간 하나님의 말씀과 주님의 뜻과 성령님의 역사를 증거 하시는 박효진 장로님 위에 말씀과 지혜와 능력과 은혜가 충만하게 하여 주시사 오늘 우리 교회와 저희 모두 위에 주님의 뜻만을 온전히 이루어 드리는 새 생명의 권능으로 충만하여 주시옵소서.

오늘을 주신 하나님 아버지께 감사와 찬양과 영광을 온전히 돌리오며, 복음이 되시며 전도의 대장되시는 예수 그리스도의 이름으로 간절히 기도드리옵나이다. 아멘.

테마 기도 3

전도 간증 집회에 드린 기도(2)

한 영혼을 온 천하보다 더 귀히 여기시는 사랑의 하나님 아버지! 부족하고 연약한 저희들을 사랑하시되 독생자 예수 그리스도를 십자가의 화목 제물로 삼으시고 누구든지 믿기만 하면 그 믿음을 보시고 의롭다 칭하시며 구속의 은혜와 영생의 복을 베풀어 주시는 그 크신 사랑과 은총을 진심으로 감사드리오며 찬송과 존귀와 영광을 돌리옵나이다.

특별히 금번에 119 총력 전도를 하게 하시고 김종희 권사님을 강사로 세우셔서 한 성도가 한 영혼 이상씩 전도하여 구원 받게 하는 역사적인 기회를 주시며 온 성도가 전도에 도전 받아 진군하게 하시오니 참으로 감사와 찬양을 드리옵나이다.

때를 얻든지 못 얻든지 만민에게 복음을 전파하라 말씀하신 주님! 저희들 진정 복음을 전하며 구원 사역에 충실하기를 원합니다. 보혜사 성령님으로 귀한 시간 충만하시고 역사하여 주시옵소서. 입이 있으나 벙어리 같은 저희들, 마음은 있으나 실천하지 못하는 어리석은 저희들, 세우신 강사님의 말씀을 들을 때에 성령의 불을 붙여 주시고 모두가 믿음에 굳건히 서서 강하고 담대한 전도자로 변화시켜 주시옵소서. 가족과 이웃과 형제자매와 일가친척들을 구원시킬 수 있도록 지혜와 사랑과 권능과 인내를 주시옵소서. 작정된 태신자 5, 6백 명 모두를 전도하여 구원시킬 수 있게 하여 주시옵소서.

오순절 마가의 다락방에 120문도가 전혀 기도에 힘쓸 때에 불같은 능력의 성령이 임하셔서 저들을 통해 온 세계 인류에게 복음이 전파되고 많은 생명들이 구원을 받았습니다. 주여! 이 역사가 오늘 저희 교회 위에 임하여 주시옵소서. 전혀 기도에 힘쓰게 하시옵소서. 불같은 성령으로 임하여 오시옵소서. 능력 받은 성도들로 밖으로 뛰쳐나가 전도하게 하시옵소서. 이웃을 진정으로 사랑하게 하시고 전도하게 하시옵소서.

하늘과 땅의 권세를 가지시고 세상 끝 날까지 우리와 함께하시는 주님! 오늘 이 시간을 계기로 우리 모두 능력의 전도자로 변화시켜 주시옵소서. 오직 권능 받은 성령의 사람으로 우리의 이웃부터 땅 끝까지 한 생명 한 생명을 소중히 생각하며 구원시키는 주님의 도구가 되게 하여 주시옵소서.

이제 ○○○ 강사님께서 주님을 증거하시고 간증하실 때에 성령과 말씀으로 지혜와 권능으로 충만하시고 저희 모두에게 큰 은혜의 시간 되게 하시옵소서.

부족한 종 아무 공로 없사오나 모든 영광을 하나님께 돌리오며 전도의 왕이신 예수 그리스도의 이름으로 간절히 기도드리옵나이다. 아멘.

테마 기도 3

대각성 전도 집회와 수험생을 위한 기도

"구하라 그러면 주실 것이요 찾으라 그러면 찾을 것이요 문을 두드리라 그러면 열릴 것이니라" 말씀하신 주님! 금번 대각성 전도 집회와 대입 수험생을 위한 특별 새벽기도회를 베풀어 주시고 아버지 하나님의 큰 사랑과 큰 은혜를 받게 하시오니 참으로 감사와 찬송과 영광을 돌리옵나이다.

사랑의 주님! 이 특별 새벽기도회가 미스바 대성회가 되게 하여 주시옵소서.

모든 성도들이 전심으로 참석하게 하시고 십자가상에서 보혈 흘려 대속하여 주신 예수 그리스도 앞에 통회 자복하고 보혈의 능력으로 깨끗이 씻음 받고 정결하고 성결한 성도로 거듭나게 하여 주시옵소서. 오직 성령으로 기름부음을 주시고, 말씀을 들을 때에 심령이 뜨거워지며 대각성을 하여 죽어가는 생명을 구원시키는 일에 전념할 수 있도록 넉넉한 마음과 믿음과 능력을 내려 주시옵소서.

사랑의 주님! 모든 성도들의 가족을 구원시켜 주시옵소서. 형제자매와 일가친척들을 다 구원시켜 주시옵소서. 죽어가는 이웃들이 한없이 많이 있습니다. 은평구만 해도 35만 명의 생명들이 예수 그리스도를 믿지 않고 불신앙으로 멸망의 길에서 방황하고 있습니다. 오 주여! 우리들에게 뜨거운 사랑을 주시옵소서. 구령 열이 불타오르게 하시고 지혜와 권능과 열정을 주셔서 저들 모두를 구원시키는 놀라운 성령사역을 행하게 하여 주시옵소서.

자비로우신 하나님 아버지! 우리의 모든 자녀 손들이 영적인 믿음의 사람들이 되게 하여 주시옵소서. 믿음의 장부가 되게 하시고 말씀에 순종하는 삶으로 하나님 나라와 의를 구하며 신실하게 사는 지혜를 주시옵소서. 금번 대입 수험에도 좋은 결실을 맺게 하여 주시옵소서. 가정에는 기쁨이 되게 하시고 교회에는 요긴한 일꾼과 기둥들이 되게 하시며 나라와 세상에는 하나님의 큰 그릇들로 영향력 있는 훌륭한 지도자들이 되게 하여 주시옵소서. 귀한 집회 시간 시간 성령과 말씀으로 충만하여 주시옵소서. 말씀을 증거하시며 선포하시는 목사님 위에 영육을 강건케 하시고 능력과 지혜로 충만하여 주시옵소서.

귀한 성회를 주신 하나님 아버지께 감사를 드리오며 우리의 영원한 주님이신 예수 그리스도의 이름으로 간절히 기도드리옵나이다. 아멘.

테마 기도 3

전도훈련성회 기도

　만민 중에 저희들을 택하여 구속하시고 자녀로 삼으시사 예수 그리스도의 제자로 주님의 교회를 섬기며 복음을 전하는 전도자의 위치에 세워주신 하나님 아버지! 아버님의 크신 사랑과 은혜를 감사하오며 찬송과 존귀와 영광을 돌리옵나이다.

　특별히 오늘부터 연3일간 전도훈련 성회를 열어주시고 부족한 저희들을 일꾼 삼아 주신 주님! 하늘과 땅의 권세를 가지시고 세상 끝 날까지 우리와 항상 함께 있으리라 말씀하신 대로 이 성회 위에도 함께하시며 온전히 주관하시고 주님의 뜻을 이루어 주시옵소서.

　사랑하는 주님! 이 성회 위에 보혜사 성령님으로 충만하여 주시옵소서.

　저희 모두 위에 성령의 불 세례를 주시고 변화시켜 주시옵소서.

　그 동안 주님을 믿노라 하면서도 차지도 뜨겁지도 아니하고 미지근했던 우리의 신앙생활을 용서하여 주시옵소서. 세상에 소금이 되고 빛이 되어 주의 향기를 날려야 하는데 오히려 맛을 잃은 소금이 되고 빛을 잃은 신앙생활을 용서하여 주시옵소서.

　내 가족들이 주를 모르고 죽어가고 있으며 우리의 친족들과 이웃들이 멸망의 길에서 방황하고 있는데 진실된 주의 증인으로 살지 못한 것들을 용서하여 주시옵소서.

　하늘과 땅의 모든 권세를 가지신 주님! 이 시간 저희 모든 심령마다 신실한 일꾼으로 변화시켜 주시옵소서. 진실한 하나님의 자녀 되게 하시고 충성된 주님의 제자로 쓰시옵소서. 우리를 통하여 이웃들이 구원 받게 하시고 이 지역과 나라와 온 인류를 특별히 북한 동족들까지도 구원시키는 복음의 도구로 사용하여 주시옵소서.

주님의 뜻을 온전히 받들어 교회를 부흥시키며 하나님 나라를 확장하며 영광을 돌리는 충성된 밑거름이 되게 하여 주시옵소서.

사랑하는 주님! 금번 집회의 강사로 세우신 ○○○ 목사님 위에 성령님으로 충만하시며 말씀의 능력과 풍성한 생명력으로 전도훈련에 참여하는 저희 모두가 충성된 전도자로 변화 받게 하여 주시옵소서.

심는 대로 거둔다는 말씀대로 좋은 씨를 많이 심어 좋은 열매를 많이 거두는 믿음과 사랑과 지혜와 능력의 역군들이 되게 하여 주시옵소서.

전능하신 주님! 귀한 성회 위에 악한 사단의 궤계를 일체 금지시켜 주시고, 여호와 하나님의 뜻만을 이루시고 영광 받아 주시옵소서. 전도하라 명하신 예수 그리스도의 이름으로 간절히 기도드리옵나이다. 아멘.

테마 기도 3

심령대부흥성회 기도

　부족하고 연약한 저희들을 택하여 자녀 삼아주시고 심령 대부흥성회를 베풀어주신 존귀하신 여호와 하나님 아버지! 아버님의 크신 사랑과 은혜를 진심으로 감사드리오며 찬송과 존귀와 영광을 세세토록 돌리옵나이다.

　우리의 몸과 마음과 생각과 행동 전체를 알고 계시는 아버지 하나님! 아버님 앞에 우리의 전체를 드리오니 주님의 보혈로 지은 죄와 허물들을 사하여 주시고 깨끗게 하시며 정결하고 성결한 자녀들로 변화시켜 주시옵소서.

　그동안 주님을 믿는다 하면서도 너무나 미지근한 믿음으로 섬겼습니다. 주님의 뜻을 받들며 주님의 몸 되신 교회에 충성을 한다 하면서도 나태한 가운데 등한히 한 것이 너무나 많았습니다. 시시때때로 성령님께서 깨닫게 하시고 명하시는 데도 불순종한 것이 너무나 많았습니다. 이 시간 우리의 죄와 허물들을 회개하오니 용서하여 주시옵소서. 미련하게 어리석게 불순종한 죄와 허물들을 다 용서하여 주시옵소서.

　사랑하는 주님! 귀한 성회 첫날 첫 시간부터 시간 시간 성령님으로 충만하여 주시옵소서. 오순절 마가의 다락방에 120문도가 모여 전혀 기도에 힘쓸 때에 불같은 성령이 임하시고 능력과 권능으로 충만하신 것같이, 이 성회 위에 오직 성령으로 역사하여 주시옵소서. 성령님의 역사하심이 우리 교회 위에 항상 충만하여 주셔서 교회의 사명을 온전히 감당하며 사랑으로 충만한 교회, 믿음으로 역사하는 교회, 죽어가는 생명들을 구원시키는 구원의 방주교회, 나라를 지키며 온 인류를 선교하며 힘 있게 역사하는 교회로 연부년 부흥과 성장을 주시옵소서.

저희 모든 성도들은 기도의 사람이 되게 하시고 믿음과 사랑으로 교회를 섬기는 충직한 청지기가 되게 하여 주시옵소서. 죽어가는 생명들을 불쌍히 여기는 마음을 주시고 힘써 전도하여 생명을 구원시키는 전도자가 되게 하여 주시옵소서.

가정마다 신앙으로 하나 되게 하시고 사랑과 평화가 가득한 가정을 이루며 직장과 산업과 비전 위에 또한 기도제목과 소망들을 응답받는 성회로 크신 은혜와 복을 베풀어 주시옵소서.

길과 진리와 생명이 되시는 주님! 귀한 성회에 말씀을 듣고 서시는 강사 목사님 위에 성령과 말씀과 능력으로 충만하여 주시옵소서. 주시는 말씀마다 옥토에 뿌린 씨앗이 되어 큰 결실을 맺게 하여 주시고 악한 영은 일절 금지되며 주님의 귀하신 뜻만을 이루어 주시옵소서. 귀한 성회를 베풀어 주신 아버지 하나님께 감사와 찬송을 드리오며 우리의 주님이신 예수 그리스도의 이름으로 간절히 기도드리옵나이다. 아멘.

테마 기도 3

특별새벽성회 기도

　그리스도 예수님 안에 있는 생명의 성령의 법으로 죄와 사망과 멸망 속에서 우리를 해방하시고 구원하여 주신 여호와 하나님 아버지! 아버님의 그 크신 사랑과 은혜를 진심으로 감사하오며 찬송과 존귀와 영광을 돌리옵나이다.

　특별히 금번 귀한 성회를 열어주시고 성령의 불이 타오르게 하라는 명제 하에 큰 깨달음과 성령의 임재와 충만을 체험하게 하시오니 하나님 아버지! 참으로 감사하오며 찬양과 영광을 드리옵나이다.

　"말세에 내 영으로 모든 육체에게 물 붓듯 부어 주리라" 하신 말씀을 믿고 전심으로 열망하고 간구하오니 하나님 아버지! 오직 성령님으로 충만하여 주시고 물 붓듯 부어 주시옵소서.

　초대교회에 예수님을 따르던 120문도들이 오순절에 마가의 다락방에 모여 통회 자복하며, 약속하신 성령을 열망하고 전심으로 기도에 힘쓸 때에 강한 바람소리를 내며 불꽃같이 내려오신 성령님이여! 이 시간 저희들 그동안 게으르고 나태하고 충성하지 못한 죄와 잘못들을 회개하오니 불쌍히 여겨 주시옵소서. 긍휼히 여겨 주시옵소서. 오직 불같은 성령님으로 충만하시고 기름부음을 주시옵소서.

　보혜사 성령님이여! 귀한 시간 저희 모두가 주신 은사들을 재발견하고 감사하며 찬양하며 주님을 온전케 하는 삶을 살게 하여 주시옵소서.

성령님의 권능으로 주님의 참 사랑을 실천하게 하시고 항상 기뻐하며 쉬지 말고 기도하며 범사에 감사하며 행복한 삶을 살게 하여 주시옵소서.

영혼을 사랑하는 마음이 불타오르게 하시고, 육신을 좇아 불신앙으로 멸망의 길로 빠져 들어가는 가족들과 이웃들에게 주님의 참 사랑을 보여주며 저들의 생명을 구원시키는 일에 최선을 다하는 신실한 삶을 살게 하여 주시옵소서.

귀한 시간 4대교구 구역장들이 정성을 다해 찬양을 드리오니 모든 수고와 헌신을 받아주시고 크신 은혜와 은총을 내려 주시옵소서.

이제 단 위에서 말씀을 증거하시며 선포하시는 목사님 위에 성령과 말씀과 능력으로 충만하여 주시옵소서. 주시는 말씀마다 레마로 임하여 저희 모두에게 생명의 양식이 되게 하시고, 능력과 권능이 되게 하시고, 지혜와 명철의 말씀으로 온전히 임하여 주시옵소서. 말씀마다 아멘으로 화답하고 순종하여 삶에 생수가 강같이 넘쳐흐르게 하시옵소서.

"너희가 내 이름으로 무엇이든지 내게 구하면 내가 다 시행하리라" 말씀하신 주님! 말씀대로 순종하오니 온전히 이루어 주시고 영광 받아 주시옵소서.

영존하시는 하나님 아버지께 감사와 영광을 드리오며, 우리를 구속하여 주신 예수 그리스도의 이름으로 간절히 기도드리옵나이다. 아멘.

테마 기도 3

특별부흥회 기도

　죄와 허물로 멸망 받을 수밖에 없는 저희들을 사랑으로 택하여 주시고 금번 특별 부흥성회를 베풀어 주시사 시간 시간 오직 성령과 말씀으로 큰 은혜를 베풀어 주시는 하나님 아버지! 그 크신 사랑과 은혜를 진심으로 감사하오며 찬송과 존귀와 영광을 돌리옵나이다.

　자비로우신 하나님 아버지! 귀한 시간 보혜사 성령님으로 충만하시고 역사하여 주시옵소서. 오직 성령으로 저희들을 감화 감동하여 주시고 마음으로 생각으로 또 입술과 행실로 실수하고 범죄한 죄악들을 생각나게 하시고 간절한 마음으로 회개하여 용서함 받고 새 사람이 되게 하여 주시옵소서.

　위대하신 하나님 아버지! 이 시간 저희 모두에게 성령의 사람으로 큰 부흥을 주시옵소서. 믿음의 부흥을 주시옵소서. 말씀의 부흥을 주시옵소서. 기도의 부흥을 주시옵소서. 전도의 부흥을 주시옵소서. 말로만 사랑하는 것이 아니라 오직 행함과 진실함으로 서로 사랑하는 진실된 사랑의 부흥을 주시옵소서.

　때마다 일마다 하늘의 신령한 복과 땅의 기름진 복이 넘치는 교회로 소문나게 하시고 원근 각처에서 택함 받은 백성들이 한없이 몰려와 구원을 받는 큰 부흥을 주시옵소서. 교단적으로나 교계적으로 질과 양이 신실하게 부흥하고 성장하는 모범 교회로 큰 부흥을 주시옵소서.

은혜 베풀어 주시기를 즐겨하시는 사랑의 하나님 아버지! 이번 성회 위에 큰 기적을 나타내 주시옵소서. 온 성도들의 가정마다 신앙으로 하나 되게 하시고 기도의 제목들이 응답받는 기적을 보여 주시옵소서. 육체의 질병들이 고침 받고 감사와 기쁨이 넘치는 기적을 보여 주시옵소서. 직장과 산업과 생업들이 잘되는 기적을 주시옵소서. 가정과 교회와 사회를 섬기며 하나님이 원하시는 일들을 얼마든지 감당할 수 있는 경제적인 기적을 나타내 주시옵소서. 자녀들이 믿음의 가문을 이루며 의인의 자손들로 요긴하게 쓰임 받는 기업들이 다 되게 하여 주시옵소서.

　귀한 시간 찬양을 드리는 찬양대 위에 하나님의 사랑과 은혜가 넘치게 하시며, 말씀을 증거하시는 목사님 위에 오직 성령과 말씀으로 지혜와 능력과 생명력으로 충만하여 주시옵소서. 주시는 말씀마다 생수가 강같이 흐르게 하시고 옥토에 뿌린 씨앗이 되어 백 배 천 배 큰 결실을 맺게 하여 주시옵소서.

　저희들을 택하여 주시고 천국 잔치를 베풀어 주신 하나님 아버지께 감사를 드리오며 구속주이신 예수 그리스도의 이름으로 간절히 기도드리옵나이다. 아멘.

테마 기도 3

중보기도사역 성회 기도

"구하라 그러면 주실 것이요 찾으라 그러면 찾을 것이요 문을 두드리라 그러면 열릴 것이라" 말씀하신 주님! 저희들을 극진히 사랑하사 중보기도 사역 성회를 허락하시고 성령으로 역사하시며 말씀으로 깨우쳐 주시어 택함 받은 성도로서 귀한 소명의 불을 붙여 주시오니 참으로 감사와 찬송과 영광을 돌리옵나이다.

주님께서는 낮고 천한 저희들의 죄 값을 대속하기 위하여 그 엄청난 고통과 수모와 역경의 십자가를 감수하시고 죽으셨다가 부활하시고 믿는 자들에게는 사죄와 구원과 영생의 은혜를 베풀어주셨습니다. 오늘도 하나님 보좌 우편에 계시면서 저희들을 위해 중보기도를 쉬지 않으시며 후계자로 우리를 세워 영혼을 사랑하며 구령에 힘쓰기를 기다리시며 중보기도를 명하시고 계시온대, 저희들은 가족과 친족을 위한 중보기도도 이웃을 위한 중보기도도 교회와 나라를 위한 중보기도도 너무나 게으르고 나태하고 있습니다. 주님! 우리의 잘못들을 용서하여 주시옵소서.

보혜사 성령님이여! 이 시간 충만하시고 역사하여 주시옵소서. 악한 영은 일체 금지시켜 주시고 주시는 말씀마다 온전히 깨달아 순종하도록 인도하여 주시옵소서. 저희들 연약하고 부족하오나 주님의 능력과 지혜와 큰 믿음을 주셔서 진정한 중보기도 사역자로 사명 감당하게 하시옵소서. 죽어가는 영혼들을 구원하는 중보기도 사역자로, 가족과 일가친척과 우리의 이웃과 이 지역과 나라와 민족과 온 인류를 위해 기도와 간구를 쉬지 않는 착하고 충성된 일꾼들이 다 되게 하여 주시옵소서.

특별히 주님의 몸 되신 교회 위에 오직 성령님으로 모이기에 힘쓰며 말씀의 불과 기도의 불과 전도의 불과 믿음과 사랑의 불이 훨훨 타오르게 하시고 영혼이 잘되며 범사가 잘되며 강건한 은혜와 복이 넘쳐 주님의 산 증인 교회로 중보기도 사역을 잘 감당하게 하시옵소서.

귀한 시간 말씀을 들고 서시는 강사 목사님을 강건케 하시고 성령과 말씀과 능력과 지혜로 충만하여 주시옵소서.

귀한 성회를 베풀어 주신 하나님 아버지께 감사와 영광이 충만하시기를 원하오며 중보자이신 예수 그리스도의 이름으로 간절히 기도드리옵나이다. 아멘.

테마 기도 3

신년 교사 사명부흥회 기도

"마땅히 행할 길을 아이에게 가르치라 그리하면 늙어도 그것을 떠나지 아니하리라" 말씀하신 하나님 아버지! 부족한 저희들을 택하사 그처럼 소중히 여기시는 어린 생명들을 맡기시고 목자로 교사로 때론 친구로 아버지와 어머니로 삼아 주신 그 크신 은혜와 사랑을 진심으로 감사하오며 찬송과 존귀와 영광을 돌리옵나이다.

은혜로 구속하여 주시고 교사로까지 세워주신 아버지 하나님! 저희들 막중한 사명을 그 동안 소홀히 하며 게으르고 나태한 것이 너무나 많았습니다. 용서하여 주시옵소서. 오직 성령님으로 첫 시간부터 시간시간 새롭게 깨닫게 하셔서 사명이 부흥되고 능력이 향상되어 신실하고 충성된 교사로 새롭게 태어나는 사명부흥회로 크신 은혜를 베풀어 주시옵소서.

강사로 세우신 ○○○ 목사님 위에 성령과 말씀으로 충만하여 주셔서 주시는 말씀이 능력 있게 하시고 사랑과 지혜와 생명의 말씀으로 모든 교사들이 선한 목자이신 예수님을 본받게 하시고, 양을 위하여 목숨을 버리는 데까지 나아가는 선한 목자들이 다 되게 하여 주시옵소서.

말씀과 믿음과 사랑과 생수가 충만한 교사가 되게 하시고 기도와 인내와 충성과 희생으로 목양하는 착하고 충성된 교사로 온전히 변화시켜 주시옵소서.

선한 목자이신 주님! 교사가 살아야 어린 양들이 살아납니다. 어린이가 살아야 교회가 살고 교회가 살아야 우리나라가 살게 됩니다.

사랑의 주님! 우리나라가 살아야 온 세계 인류에게 복음을 전파하고 주님 재림이 앞당길 수 있습니다. 사랑하는 예수님! 오직 주의 성령님으로 저희 모두에게 충만하여 주시옵소서. 변화시켜 주시옵소서. 새롭게 하여 주시옵소서. 저희들을 쓰셔서 부흥의 불길이 훨훨 타오르게 하시옵소서. 서울지역 교회마다 부흥의 불길이 타오르게 하시고 전국 교회 위에 놀라운 부흥의 역사가 일게 하여 주셔서 이 나라 칠천만 민족 위에 부흥의 파도가 세차게 일게 하여 주시옵소서.

금번 신년 교사강습회를 위해 충성하신 교육부장과 위원들과 연합회 임원들 위에 주님의 은혜와 은총을 내려 주시옵소서.

사랑과 은혜로 저희들을 세워주신 하나님 아버지께 감사와 영광을 돌리오며 오늘을 주신 그리스도 예수님 이름으로 간절히 기도드리옵나이다. 아멘.

테마 기도 3

교사수련회 예배 기도

"네가 이 사람들보다 나를 더 사랑하느냐 그러면 내 양을 먹이라" 세 번씩이나 간곡히 다짐시키시면서 부탁하신 주 예수님! 이 땅 위에 수많은 사람들 가운데 가장 부족한 저희들을 택하셔서 구속하여 주시고 특별히 주님께서 사랑하시며 귀하게 여기시는 어린 생명들을 감히 하나님의 말씀과 교훈으로 양육하며 인도 할 수 있는 교사로 선택하여 사명주심을 생각할 때에 진정 감사하옵고 찬양을 드리옵나이다.

한 영혼을 온 천하보다 귀히 여기시는 하나님 아버지! 저희들 지난 날의 미련한 신앙생활과 어리석게도 불충성한 잘못들을 다시 한 번 회개하오니 용서하여 주시옵소서.

주님께서 주신 교사의 사명을 더 충실하게 감당하고자 모든 성도들과 함께 예배를 드리며 수련회를 갖사오니 이 시간 성령님이 스승 되시고 주관하셔서 깨닫게 하시고 행할 바를 행할 수 있는 사랑과 지혜와 능력을 충만히 내리어 주옵소서.

"마땅히 행할 길을 아이에게 가르치라 그리하면 늙어도 그것을 떠나지 아니하리라" 밝혀주셨습니다. 오늘 진정으로 주님을 사랑하며 주님의 뜻에 순종하기를 원하오니 주님 앞에 머리 숙여 간구하는 저희 모두 위에 주님께서 원하시는 믿음과 사랑과 말씀과 비전과 지혜의 은혜를 충만히 내려 주시사 마땅히 행할 바를 어린 생명들에게 가르치고 인도하는 신실한 교사가 되게 하여 주시옵소서.

저희 교사들과 모든 성도는 어린 생명 하나하나를 진정 소중히 여기며 진실된 사랑을 베풀고 옳은 길로 인도하는 작은 목자들이 되어 마지막 날 주님 앞에 설 때에 모두가 잘했다 인정 받는 착하고 충성된 종들이 다 되게 하여 주시옵소서.

사랑하는 주님! 주님의 피로 값 주고 세우신 교회 위에 생명의 말씀이 풍성한 푸른 목장으로 항상 생수가 넘쳐 흐르는 목장이 되게 하시고 사랑과 은혜가 풍성한 동산이 되게 하여 주시옵소서.

오늘 강사로 세우시는 주의 사자 위에 성령과 말씀으로 충만하게 하시고 주님께서 원하시는 뜻을 온전히 이루시며 큰 결실을 맺게 하여 주시옵소서.

모든 감사와 찬송과 영광을 하나님 아버지께 드리오며 선한 목자 장이신 예수 그리스도의 이름으로 간절히 기도하옵나이다. 아멘.

테마 기도 3

새생명훈련원 수료식 기도

　한 영혼을 온 천하보다 귀히 여기시는 하나님 아버지! 오늘 스승의 주일 거룩한 저녁 예배에 온 인류의 참된 스승이 되시는 예수님께서 특별히 세워주신 저희 교회의 새생명훈련원 제1기생 31분의 수료예배와 식을 모든 성도들과 함께 갖게 하시오니 진정 감사와 찬송과 영광을 돌리옵나이다.

　위대하신 하나님 아버지! 험난한 풍파가 소용돌이치는 죄악이 관영한 이 세상 속에서 사단 마귀의 미혹과 유혹에 빠져 자신도 모르는 사이에 멸망과 사망의 구렁텅이로 빠져 들어가고 있는 우리의 이웃들을 구원하고 새 생명을 얻게 하고자 그 동안 가정이나 사업이나 여러 가지 일들이 많음에도 불구하고 주님의 소명에 우선하여 인내로 교육과 훈련을 받으며 사역해온 금번 수료자들 그간도 복음을 전하여 죽어가는 442명이나 주님을 영접하게 하고 오늘 수료식을 갖습니다.

　오 사랑의 하나님! 제1기 수료자 31분 모두 위에 크신 은혜와 복을 풍성히 내려 주시옵소서.

　그동안 많은 수고와 정성을 쏟아 지도하고 사역한 훈련원 간사 모두와 배후에서 보살펴 주시고 기도해 주신 목사님과 전도사님 위에 하나님의 크신 사랑과 은혜를 내려 주시옵소서.

　특별히 새생명을 구원하고자 기도와 간구와 전도에 열중하는 우리 교회 위에 항상 성령님 충만하셔서 이 지역에 불신앙으로 죽어가고 있는 수십만의 생명들을 모두 구원시키는 기적을 일구는 능력 있는 교회가 되게 하여 주시옵소서.

사랑하는 하나님 아버지! 이 귀한 시간 메시지를 주시는 목사님 위에 성령님과 말씀으로 충만하시고 주시는 말씀마다 능력과 지혜로 생수가 넘쳐나게 하시며 옥토에 뿌린 씨앗과 같이 많은 결실을 맺게 하여 주시옵소서.

새생명을 주시는 하나님 아버지께 감사와 찬송과 영광을 돌리오며 온 인류의 스승이 되시는 예수 그리스도의 이름으로 간절히 기도드리옵나이다. 아멘.

기도는 주님께 기쁨과 영광을 올리는 멜로디입니다

기도는 나를 이기는 승리입니다

기도는 세상을 이기는 승리입니다

기도는 천국을 얻는 승리입니다

기도는 영생복락을 얻는 은총입니다

주님은 사랑으로 말씀 하십니다

"쉬지 말고 기도하라" "성령으로 무시로 기도하라"

할렐루야!

테마 기도 4
기원, 신유, 결혼, 고희, 회갑, 개업, 장례

하나님을 찬양하며 드린 기원
병 고침을 위한 신유 기도(1) (2) (3)
결혼 예식 기도
병원 개업 예배 기도
음식점 개업 예배 기도
고희감사예배 기도(1) (2)
회갑감사예배 기도
천국환송예배 기도(1) (2)
입관예배 기도
하관예배 기도
조문예배 기도
추모예배 기도

기도는 주님께 기쁨과 영광을 올리는 멜로디입니다
기도는 나를 이기는 승리입니다
기도는 세상을 이기는 승리입니다
기도는 천국을 얻는 승리입니다
기도는 영생복락을 얻는 은총입니다
주님은 사랑으로 말씀하십니다
"쉬지 말고 기도하라" "성령으로 무시로 기도하라"

테마 기도 4

하나님을 찬양하며 드린 기원

　인자하신 여호와의 성호를 높이며 감사와 찬송과 영광을 세세토록 돌립니다.
　우주만물을 창조하시고 인간을 만물의 영장으로 세우신 하나님의 섭리와 계획을 높이 찬양하며 감사와 영광을 돌립니다.
　부족한 우리를 사랑하시고 선히 인도하셔서 사랑하는 자녀 손들과 기쁨으로 상봉하게 하시고 가까이서 돌봐주며 사랑을 베풀 수 있도록 은총 베푸심을 감사드립니다. 또한 자녀 손들의 사랑을 받으며 효를 받을 수 있는 은혜를 감사 드리며 "부모에게 순종하고 효도하는 자녀들에게 언약하신 땅에서 잘되게 하시며 장수하게 하신다"는 복을 받는 언약의 자손들로 만대에 이르도록 은총을 베풀어 주옵소서.
　자녀 손들의 비전과 기도제목과 하는 일들 위에 은혜 위에 은혜를 더하여 주시옵고 세상의 빛으로 영향력 있는 하나님의 기업들이 되도록 날마다 풍성한 은총으로 더하여 주옵소서.
　머무는 동안 하나님의 사랑과 은총 속에 평강을 주시고 이곳 교우와 이웃들과도 좋은 교제를 나누며 하나님 보시기에 아름다운 시간들이 되게 하옵소서.
　조국을 지켜주시고 미래가 밝고 번영하게 하시며 가정과 교회 위에 하나님의 사랑하심과 인도하심으로 복이 되고 형통하게 은총을 베풀어 주옵소서.

    택하여 주시고 인도하시며 보호함 속에 복을 주시는 하나님 아버지께 감사와 찬양을 드리오며 예수님의 이름으로 기원합니다. 할렐루야! 아멘.

기도는 하나님의 선물입니다.
기도는 닫힌 것을 여는 만능열쇠입니다.
기도는 하나님의 마음도 나의 마음도 세상의 마음도
그 어떠한 마음과 일(사안)들도 여는 신비의 열쇠입니다.
다만 진실한 마음으로 하나님 마음에 합당하게
예수님의 이름으로 기도를 하여야 합니다.

테마 기도 4

병 고침을 위한 신유 기도(1)

"내 이름(여호와)을 경외하는 너희에게는 의로운 해가 떠올라서 치료하는 광선을 발하리니 너희가 나가서 외양간에서 나온 송아지같이 뛰리라"(말 4:2)고 언약하신 하나님 아버지! 여기 예수 그리스도를 구주로 믿고 구원을 받은 하나님의 자녀가 육신의 질병 ○○○로 고통을 받으며 병상에 누워있습니다. "하나님은 치료하시는 여호와"라 말씀하셨습니다. 하나님 아버지! 예수님의 이름으로 믿고 간구하오니 말씀대로 치료하시고 고쳐 주시옵소서.

전능하신 하나님 아버지! 진정으로 아버지를 사랑하고 경외합니다. 그 동안 어리석고 미련하여 말씀을 따라 살지 못하고 육신의 정욕을 따라 잘못 살아온 것이 너무나 많았습니다. 하나님을 사랑하기보다는 세상을 더 사랑하고, 하나님의 일보다는 내 생각대로 이기적으로 잘못 살아온 것이 너무나 많았습니다. 하나님 아버지! 잘못을 회개하고 자백하오니 용서하여 주시옵소서.

앞으로는 하나님을 사랑하고 하나님의 일을 우선하며 믿음으로 바르게 살겠습니다. 아버지여! ○○○ 성도(혹은 저)의 병을 고쳐 주시옵소서. 깨끗하게 고쳐 주시옵고 영광 받아 주시옵소서.

자비하신 하나님 아버지! 아버님을 사랑합니다. 정성으로 경외하겠습니다. 인류의 구세주 예수님께서 채찍에 맞으시고 십자가를 지시고

엄청난 고통을 받으시며 우리의 죄와 질병까지도 담당해 주신 것을 믿습니다,

아버지여! 치료하는 광선을 발하여 주시옵소서. 주님의 보혈의 능력을 믿사오니 치료하는 광선으로 이 병을 고침 받고 기뻐 뛰게 하시옵소서. 말씀을 믿사오니 말씀대로 고쳐 주시옵소서.

믿고 구한 것은 받은 줄로 알라 의심하지 않으면 그대로 이루리라 하신 말씀을 믿습니다. 오 아버지여! 말씀대로 고쳐주심을 믿습니다. 감사합니다. 참으로 감사를 드립니다. 영광 받아 주시옵소서.

하나님 아버지의 크신 사랑과 은혜를 감사하오며, 이 ○○○ 성도를 죄악 가운데서 구원해 주시고 ○○질병 가운데서 고쳐주신 우리 주 예수 그리스도의 이름으로 간절히 기도드리옵나이다. 아멘.

테마 기도 4

병 고침을 위한 신유 기도(2)

　우리의 연약한 것을 친히 담당하시고 병을 짊어지신 주님!(마 8:17) "친히 나무에 달려 그 몸으로 우리 죄를 담당하셨으니 이는 우리로 죄에 대하여 죽고 의에 대하여 살게 하심이라 저가 채찍에 맞음으로 너희는 나음을 얻었나니"(벧전 2:24). 주님께서 친히 우리의 죄와 병을 담당하시고 병에서 나음을 주신 것을 밝혀주셨습니다. 사랑의 예수님! 참으로 감사를 드립니다.

　자비로우신 하나님 아버지! ○○○성도가 몸(마음)에 ○○○병이 들어 고통을 받고 있습니다. ○○○ 성도는 예수님을 구주로 믿고 구원받은 하나님의 자녀입니다. 주님의 대속의 은혜를 믿습니다. 주님께서 흘리신 보혈로 사죄하여 주신 것을 믿습니다. 성경에 밝혀 주신대로 "내가 채찍에 맞음으로 너희가 나음을 얻었다"고 하신 말씀을 믿습니다. 사랑하는 주님! 오직 주님의 말씀대로, 보혈의 능력으로 ○○○ 성도의 병을 깨끗이 고쳐주시옵소서.

　"내 영혼아 여호와를 송축하며 그 모든 은택을 잊지 말지어다 저가 네 모든 죄악을 사하시며 네 모든 병을 고치시며 네 생명을 파멸에서 구속하시고 인자와 긍휼로 관을 씌우시며 좋은 것으로 네 소원을 만족케 하사 네 청춘으로 독수리 같이 새롭게 하시는도다"(시 103:2-5). 다윗을 통하여 하나님의 사랑과 은혜를 밝혀주신 주님! 주님의 은혜로 구속함을 받고 하나님의 자녀가 되었음에도 그 동안 하나님을 믿고 사랑하며 섬기는 일에 게으르고 나태했습니다. 세상 것을 바라보며 나 자신만을 위하여 이기적으로 잘못 살아온 것이 너무나 많았습니다. 주 예수님! 통회 자복하고 회개하오니 용서하여 주시옵소서. 앞으로는 하나님을 경외하며 주님을 위한 일에 충성하며 살겠습니다. 긍휼히 여겨주시옵소서. 자비를 베풀어 주시옵소서. 이 질병에서 깨끗이 고쳐주시옵소서. 병의 근원까지 고쳐주시옵소서, 주님을 위해 신실하게 살겠사오니 깨끗하게, 튼튼하게, 완전하게 고쳐 주시옵소서(말씀을 믿고 만 왕의 왕이 되시는 예수 그리스도의 이름으로 명하노니 사악한 귀신은 떠나갈지어다. 예수님의 보혈의 능력으로 명하노니 이 악한 귀신은 떠나갈지어다. 오직 보혜사 성령님만이 주장하시고 내주하여 주시옵소서).

  사랑하는 주님! "믿고 구한 것은 받은 줄로 믿고, 의심하지 않으면 그대로 이루리라" 하신 말씀을 믿사오니 말씀대로 이루어 주옵소서. 주님! 믿습니다. 고쳐주심을 믿습니다. 참으로 감사합니다.

  여호와 라파 하나님 아버지의 성호를 송축합니다. 영광 받아 주시옵소서. 치료하여 주신 예수 그리스도의 이름으로 간절히 기도드리옵나이다. 아멘.

테마 기도 4

병 고침을 받기 위한 기도(3)

"너희 중에 병든 자가 있느냐 저는 교회의 장로들을 청할 것이요 그들은 주의 이름으로 기름을 바르며 위하여 기도할지니라 믿음의 기도는 병든 자를 구원하리니 주께서 저를 일으키시리라 혹시 죄를 범하였을지라도 사하심을 얻으리라 이러므로 너희 죄를 서로 고하며 병 낫기를 위하여 서로 기도하라 의인의 간구는 역사하는 힘이 많으니라"(약 5:14-16) 말씀하신 예수 그리스도시여! 우리의 병을 친히 짊어지시고 고쳐 주심을 감사드리옵나이다. 사랑하는 주님! 여기 주님의 대속의 은혜와 보혈의 능력으로 죄를 용서 받고 구원함을 받아 하나님의 자녀가 된 ○○○ 성도가 질병에 사로잡혀 고통을 받고 있습니다.

사랑과 자비와 긍휼이 많으신 예수님! 주님께서 밝혀주신 말씀대로 주님께서 피 값으로 세우신 ○○교회의 장로를 청하여 병 낫기를 위하여 기도하오니 주님의 언약대로 보혈의 능력으로 깨끗이 고쳐 주시옵소서.

자비하신 하나님! 아버님의 엄청난 사랑과 은혜로 구원 받고 영생의 복까지 얻었으면서 그 동안 어리석고 미련하게 육신의 정욕을 좇아 자신만을 위주로 잘못 살아온 것이 너무나 많은 죄인입니다. 통회 자복하고 회개하오니 용서하여 주시옵소서. 앞으로의 삶은 주님 중심으로 주를 위하여 살겠사오니 긍휼히 여겨주시옵소서. 자비를 베풀어 주시옵소서. 주님께서 채찍에 맞음으로 우리의 병을 낫게 하시고 십자가에서 우리의 질고를 지시고 슬픔을 당하여 주신 것을 믿습니다. 주여! 주님의 보혈의 능력으로 깨끗이 고쳐 주시옵소서.

사랑하는 하나님 아버지! 부족한 종이오나 예수 그리스도의 이름으로 간구하오니 보혜사 성령님의 신유의 은사와 능력으로 기름을 바르며 병의 근원부터 깨끗하게 치료하시고 고쳐주시옵소서. "믿음의 기도는 병든 자를 구원하리니 주께서 저를 일으키시리라" 말씀하신 대로 일으켜주시옵소서. 주님의 능력을 보여 주시옵소서. 주님의 기적을 보여 주시옵소서. 하나님 아버지께 큰 영광을 돌리게 하여 주시옵소서. 기뻐 뛰며 감사와 찬송으로 아버지께 영광을 돌리며 주님의 산 증인으로 쓰시고 복음 전파의 종으로 사용하여 주시옵소서.

믿고 구한 것은 받은 줄로 믿으라고 말씀하신 주님! 믿고 구하고 의심하지 않으면 그대로 이루리라고 말씀하신 주님! 말씀대로 믿고 간구하오니 이루어 주시옵소서. 믿습니다. 감사합니다. 영광 받아 주시옵소서.

여호와 라파, 하나님 아버지께 감사와 찬송과 영광을 돌리오며, 구속하시고 병을 고쳐주시는 예수님 이름으로 간절히 기도드리옵나이다. 아멘.

테마 기도 4

결혼 예식 기도

사랑의 본체가 되시는 하나님 아버지! 사람을 하나님의 형상대로 지으시되 남자와 여자로 지어 주시고 사랑의 끈으로 부부의 연을 맺어 한 가정을 이루게 하시며 사랑으로 서로 의지하고 협력하며 아름다운 삶을 살 수 있도록 은혜를 베푸신 그 사랑의 섭리와 아름다운 계획을 진심으로 감사하오며 찬송과 영광을 돌리옵나이다.

특별히 오늘 하민음 군과 주사랑 양이 하나님의 좋으신 섭리와 은총으로 성직자로 존경을 받으시는 ○○○ 목사님의 주례 하에 거룩한 혼인 예식을 드리게 하시는 은총, 진정 감사와 찬양을 드리옵나이다.

사랑의 하나님 아버지! 이 혼인 예식 위에 크신 은혜와 복을 내려주시옵소서.

기쁨이 넘치며 감사가 넘치며 복이 넘치는 행복한 결혼예식이 되게 하여 주시옵소서.

진행하는 순서마다 사랑과 기쁨이 넘치게 하시고 양가 부모님과 하객 모두가 마음껏 축복하는 아름다운 예식이 되게 하여 주시옵소서.

집례하시는 주례자 목사님의 말씀과 기도와 축복이 또 하객 모두의 축복이 옥토에 뿌린 씨앗이 되어 좋은 결실을 맺게 하시고 삶의 잠언과 복이 되게 하옵소서.

복의 근원이 되시는 하나님께서 때마다 일마다 돌봐주시며 복을 주시는 가정이 되게 하여 주시옵소서. 신앙의 자손들로 후손의 복을 주시고, 강건한 복과 산업의 복과 꿈과 비전에 복을 주셔서 세상에 빛으로 인정받는 인물이 되게 하시며 하나님 나라와 의를 위해 위대한 일을 감당하는 기업으로 크신 은혜와 복을 내려 주시옵소서.

하나님을 사랑하며 말씀을 순종하는 가정으로 하나님의 교회를 진실된 마음으로 섬기게 하시고 양가 부모님들에게 효성을 다하여 칭찬받는 부부가 되며 동기간에 우애를 돈독히 하는 가정으로 땅에서 번성하는 복과 장수하는 복을 받는 은혜와 은총을 베풀어 주시옵소서.

사회생활도 이웃을 사랑하며 좋은 관계를 맺어 세상에 빛과 소금이 되어 주의 향기가 되게 하시고 의로운 삶을 살아 덕을 끼치며 인생 승리자가 되게 하여 주시옵소서.

만민 중에서 뽑아 사랑의 부부로 한 가정을 이루게 하신 하나님께 감사와 찬양을 드리오며, 인류의 구주가 되시는 예수 그리스도의 이름으로 간절히 기도드리옵나이다. 아멘.

테마 기도 4

병원 개업 예배 기도

　연약한 자와 병든 자를 불쌍히 보시고 사랑과 긍휼을 베풀어 주시는 하나님 아버지! 감사와 찬송과 영광을 돌리옵나이다.
　건강한 자에게는 의원이 쓸데없고 병든 자에게만 쓸데 있다고 말씀하신 주님! 주님께서 만백성 중에서 귀하게 택하여 주신 ○○○(박사) 선생님을 믿음의 아들로 삼으시고 최선을 다하여 교회와 하나님 나라를 위하여 충성하게 하시며 특별히 훌륭한 의술로 오늘에 이르게 하셔서 병들고 연약하여 고통당하는 자들을 주의 사랑으로 위로하고 사랑과 긍휼로 치료할 수 있도록 이곳에 ○○○ 내과 병원을 개설케 하신 은혜 진심으로 감사와 찬송을 드리옵나이다.
　사랑의 주님! 지혜의 주님! 소성케 하시는 주님! 병든 자마다 고쳐주시는 능력의 주님! 주님의 그 크신 치유의 능력과 지혜를 우리 ○○○ 선생님 위에 충만히 부어 주시옵소서. 병원을 찾아오는 환자마다 위로를 받으며 완전히 고침 받게 하시고, 그들의 영과 혼과 몸까지도 구원을 받는 기적적인 역사가 일어나게 하시옵소서.
　만병의 대 의사가 되시는 사랑의 하나님! 주께서 귀하게 택하여 주신 ○○○ 선생님 위에 하나님의 의로운 일들을 이루어 드리는 훌륭한 의사가 되도록 하늘의 신령한 복과 땅의 기름진 복으로 넘치게 하여 주시고, 때마다 일마다 지경을 넓혀주시어 하나님 나라와 의를 위하여 큰 일을 감당하도록 번영과 발전과 승리를 주시고 항상 주님의 장중에 붙잡아 동행하여 주시옵소서.

귀한 시간 목사님께서 하나님의 말씀을 주실 때에 지혜와 능력과 소성케 하는 생명의 말씀으로 큰 은혜와 복이 되게 하여 주시옵소서.

어둠의 세력을 멸하시고 밝은 빛이 되시는 예수 그리스도의 이름으로 간절히 기도드리옵나이다. 아멘.

테마 기도 4

음식점 개업 예배 기도

"여호와를 경외하며 그 도를 행하는 자마다 복이 있도다" 말씀하신 주님! 귀한 시간 사랑이 많으신 하나님 아버지께 감사와 찬송과 영광을 돌리옵나이다.

만백성 가운데서 우리 ○○○ 장로님과 ○○○ 권사님을 귀하게 택하여 주시고 오늘에 이르기까지 사랑과 은혜를 베푸시며 새 건물로 주택과 사업장을 함께 허락하여 주신 그 크신 사랑과 은혜를 진심으로 감사하며 찬양과 영광을 돌립니다.

사랑과 은혜가 풍성하신 하나님 아버지! 귀한 새 가옥과 가정 위에 항상 임재하시어 가정 천국을 이루게 하시고 그곳에서 드리는 찬송과 기도를 온전히 열납하시고 영광 받아 주시옵소서.

노모와 장로님 내외분 위에 항상 영육을 강건케 하시고 가정에 평강을 주시며 선물로 주신 자녀 손들은 하나님께서 주신 기업들이오니 저들의 생애가 하나님께 인정받고 요긴하게 쓰임 받는 믿음의 후손들로 귀한 가문을 이루고 의로운 기업이 되도록 하늘의 신령한 복과 땅의 기름진 복으로 풍성케 하여 주시옵소서.

만복의 근원이 되시는 하나님 아버지! ○ 장로님과 ○ 권사님의 뜻이 주님의 몸 되신 교회와 하나님 나라와 의를 위해 분명히 섰사오니 이 빌딩과 음식점과 산업 위에 크게 복을 주셔서 하나님께 큰 영광을 돌리게 하시고 주님 원하시는 대로 넉넉하게 주의 일을 감당하는 기업이 되도록 인도하여 주시옵소서.

이곳에서 수고하는 직원들과 이 사업장을 이용하는 모든 고객들과 이웃들이 참 사랑을 맛보게 하시고 육에 만족과 영적인 흡족함까지 누리는 소문난 기업으로 창대한 복을 내려 주시옵소서.

귀한 시간 주의 사자 목사님께서 하나님 말씀을 주실 때에 축복과 은혜의 말씀으로 충만하여 주시고 주님의 귀하신 뜻을 이루시며 하나님 영광 받아주시옵소서.

오늘의 이 산업을 하나님께 의탁하오니 개업 예배를 드리는 장로님 내외분의 기도의 제목과 산업 위에 사랑과 지혜와 형통하는 복으로 충만하여 주시옵소서.

귀한 종들을 택하여 주시고 사랑과 은혜를 베풀어 주시며 복을 주시는 하나님 아버지께 감사와 영광을 돌리오며, 우리의 선한 목자이신 예수 그리스도의 이름으로 간절히 기도드리옵나이다. 아멘.

테마 기도 4

사랑하는 아버님(河 完字容字 長老님) 고희 감사예배를 드리며

2006년 6월 3일. 며느리 한미영 올림

생명의 근원 되시는 하나님께서 지금부터 70년 전에 존경하는 아버님을 세상에 보내시고 오늘까지 지키시고 인도하시며 귀하게 세워주심을 감사드립니다. 인생 칠십 고래희(人生七十古來稀)라 하였고, "백발은 영화의 면류관이요 의로운 길에서 얻는다"(잠 16:31)고 말씀하신 것처럼, 지금까지 장수하게 하심을 다시 한 번 하나님께 영광 돌리며 감사를 드립니다.

아버님께서 늘 즐겨 부르시던 "여호와는 나의 목자시니 내게 부족함이 없으리로다 나로 하여금 푸른 초장에 누이시며 잔잔한 물가로 인도하시는도다" 이 찬양 속에 모든 삶의 기준이 오직 예수님만을 좇아 좌로나 우로나 치우치지 않는 삶을 살아오심을 마음 깊은 곳에서부터 존경하는 마음을 금할 수가 없습니다.

세상이 자랑하는 물질의 축복보다 한 교회의 시작과 성장의 시기에 하나님의 역사하심을 체험하시며 감사와 만족의 삶을 사신 아버님. 또 하루하루의 생활 속에서도 하나님과 깊은 교제를 나누시며 자식들에게, 교회의 여러 지체들에게, 또한 이웃들에게 축복의 통로가 되게 하시니 이 또한 더 큰 감사요 하나님이 아버님께 주신 은혜가 아닌가 생각합니다.

새벽마다 자녀들을 위해 기도하시는 두 분께 저희 자녀들은 그 뜻을 거역하고, 마음을 아프게 해드린 일이 너무나 많았음을 고백합니다. 부모님의 마음보다는 저희들 생각대로 고집대로 살아온 지난날들을 이제는 여호와를 경외하는 것과 같이 부모님을 공경하며 순종하는 모범을 보일 수 있기를 오늘을 통하여 다짐합니다.

이제까지 지켜 주시고 사랑하시고 크신 은혜와 복을 주신 하나님께서 아버님과 어머님의 노년에도 야베스의 기도처럼 복에 복을 더하시고 그 지경을 넓혀 귀하게 쓰시며 함께하실 것을 저희 자녀들은 믿습니다.

언제나 영적으로 승리하시기를 바라며 육적으로도 강건하셔서 저희와 함께 작은 가족의 천국을 이루어 나가기를 진심으로 소망합니다.

다시 한 번 오늘 아버님 고희를 맞아 하나님께 감사 예배를 드리며 작은 정성이오나 효도할 수 있는 기회를 갖게 됨을 진심으로 감사를 드리며 예수님의 이름으로 기도드립니다.

아버님 어머님 사랑합니다. 영원히
아들 재일, 며느리 한미영, 손녀 지혜, 손자 지호.
딸 은숙, 사위 이종일, 손자 이서구, 이준구 올림.

테마 기도 4

○○○ 장로 고희(칠순) 감사 예배

"백발은 영화의 면류관이라 의로운 길에서 얻으리라" 말씀하신 하나님 아버지! 만백성 중에 사랑하는 ○○○ 장로님을 귀하게 택하사 큰 사랑과 큰 은혜로 오늘에 이르기까지 안보하여 주시고 오늘 칠순을 맞게 하신 그 크신 사랑과 은총을 가히 찬송하오며 감사와 찬송과 영광을 돌리옵나이다.

기업으로 주신 삼형제 아들과 자부들에게 지극한 효성심을 주셔서 뜻 깊은 오늘 효도를 받으시며 사랑하는 가족과 친지들과 성도들이 함께 기뻐하며 사랑을 나누며 찬양을 하나님께 올릴 수 있도록 아름답게 인도하셨사오니 참으로 감사를 드립니다.

에벤에셀 우리 하나님 아버지! 장로님 내외분의 온 생애 위에 항상 함께하셔서 때마다 일마다 하늘의 신령한 복과 땅의 기름진 복으로 넘치게 하여 주시옵소서.

자녀 손들은 믿음 위에 굳건히 서서 신앙의 가문을 이루며 부모님께 순종하고 효성을 다하는 의로운 후손들로 대대로 번성하게 하시고 기도의 제목과 소망들을 복 주시사 효도하고 큰 사랑과 큰 은혜를 받는 자손들이 다 되도록 크신 은총을 베풀어 주시옵소서.

효성으로 정성껏 준비한 귀한 식탁 위에 은혜와 복을 주셔서 기쁨으로 축하하며 사랑을 나누는 모든 하객들 위에 믿음과 사랑과 평강이 넘쳐흐르는 생명의 양식으로 흡족하도록 은혜 위에 은혜를 더하여 주시옵소서.

오늘의 주인공이 된 ○○○ 장로님과 ○○○ 권사님을 귀하게 택하신 하나님 아버지께 감사와 찬양을 드리오며 고희의 기쁨과 영광을 주시는 선한 목자 예수 그리스도의 이름으로 간절히 기도하옵나이다.

아멘.

여기 주님의 속삭임이 있습니다,
여기 주님의 분부가 있습니다,
여기 주님의 명령이 있습니다,
너는 내게 기도하라
내게 기도하면 내가 시행하리라.

테마 기도 4

○○○ 장로 회갑 감사예배의 기도

"여호와를 경외하며 그 도를 행하는 자마다 복이 있도다" 말씀하신 하나님 아버지! 감사와 찬송과 영광을 돌리옵나이다.

험난한 세파 속에서도 대대로 하나님을 경외하며 그 도 행하기에 전념하신 ○○○ 장로님의 회갑을 맞아 자녀들이 정성으로 뜻을 모아 섬기시는 교회 담임목사님의 인도 하에 부모님의 친지와 형제자매를 초청하여 기쁨과 감사로 회갑 감사 예배를 드리며 기쁨을 나눌 수 있도록 은혜를 베풀어 주심 진심으로 감사하옵고 찬송과 존귀와 영광을 돌리옵나이다.

사랑과 은혜가 풍성하신 하나님 아버지! 귀한 시간 주님의 크신 은혜와 은총이 회갑을 맞는 ○○○ 장로님과 한평생을 신실하게 내조하며 귀한 가정을 이룬 ○○○ 권사님 위에 풍성하게 내려주시옵소서. 오늘에 이르기까지 교회를 위해 하나님의 나라와 의를 위해 전심으로 헌신과 봉사를 하는 충직한 삶을 살아왔습니다. "내가 너를 구속하였고 내가 너를 지명하여 불렀나니 너는 내 것이라" 말씀하신 언약대로 장로님 내외분의 온 생애가 지금보다 더 하나님 앞에 인정받는 생애가 되게 하시고 영혼이 잘되게 하심같이 범사가 잘되며 강건한 복으로 크신 은총을 베풀어 주시옵소서.

가정 위에 항상 평강의 복으로 충만하여 주시고 슬하에 선물로 주신 자녀 손들은 하나님께서 주신 기업들이오니 항상 동행하여 주시며 저들이 믿음에 굳건히 서게 하시고 기도드릴 때마다 응답하시고 세상의 빛으로 주의 향기로 크게 복 받는 가문을 이루게 하시옵소서.

사랑이신 하나님 아버지! 장로님의 생애 위에 꿈과 비전의 복을 주시고 기도의 제목과 소망들을 때마다 일마다 이뤄주셔서 항상 감사가 넘치는 생애가 되게 하시며 섬기는 교회와 하나님 나라 위해 마음껏 헌신 봉사할 수 있도록 은혜 위에 은혜를 더 베풀어 주시옵소서.

특별히 장로님의 노 부모님 위에 강건함으로 늘 함께하시고 일생이 크게 복을 받은 의인으로 만민에게 칭송받는 은총을 베풀어 주시옵소서.

귀한 시간 목사님의 말씀 위에 생수가 넘쳐흐르게 하시고 인생길 위에 빛과 향기로 복이 되게 하시옵소서.

○○○ 장로님을 택하시고 귀히 쓰시는 하나님 아버지께 감사와 찬양을 돌리오며 선한 목자이신 예수 그리스도의 이름으로 간절히 기도드리옵나이다. 아멘.

테마 기도 4

고 ○○○ 장로 천국환송예배 기도

"나는 부활이요 생명이니 나를 믿는 자는 죽어도 살겠고 살아서 나를 믿는 자는 영원히 죽지 아니하리라"고 밝혀주신 사랑의 주님!

"지금 이후로 주 안에서 죽는 자들은 복이 있도다" 말씀하신 성령님!

만백성 가운데서 하나님의 크신 사랑과 은총으로 구속함을 받으시고 특별히 머리에 기름부음을 받아 장로의 반열에서 하나님 나라와 교회를 위하여 한 생애를 충성과 헌신으로 의로운 삶을 사신 ○○○ 장로님이 향년 78세를 일기로 이 세상을 떠나 하늘나라로 가셨기에 장로님의 유족과 그토록 애착을 쏟으시며 자애와 온유와 겸손으로 본을 보이시고 사랑을 베푸셨던 본 교회 성도들이 원근 각처에서 찾아오신 조문객들과 함께 경건한 마음으로 천국환송예배를 드립니다.

사랑의 주님! 주님께서 택하시고 귀하게 쓰시던 한 의인이 하나님 앞으로 가셨습니다. 그동안 수고와 헌신과 충성을 보시고 지금 천국에서는 천군 천사와 앞서간 성도들과 함께 금 거문고 소리에 맞춰 장로님을 위로하시고 치하하시고 많은 상급을 베푸시며 하나님께 큰 영광을 돌리실 줄 믿습니다.

주님! 질병과 고통이 없고 근심이나 걱정도 없고 죽음이나 이별이 없는 기쁨과 즐거움이 넘치는 행복한 그 좋은 천국에서 마음껏 하나님 아버지를 찬양하며 영광 중에 한없는 기쁨과 감사와 행복을 누리시도록 큰 은혜와 사랑을 베풀어 주시옵소서.

　사랑하는 하나님 아버지! 천국에 가신 장로님께서 우리를 보시고 유혹이 많고 거짓이 많은 이 땅 위에서 사랑과 온유와 겸손한 삶 속에 믿음의 승리자가 되기를 염원하시는 기도에 부응하는 저희 모든 성도들이 되게 하시고, 특별히 유족 ○○○ 권사님과 자녀 손들을 위하여 간구하시는 소망과, 그동안 심고 가꾸어온 많은 기도와 소망들이 다 풍성한 열매로 맺게 하여 주시옵소서.

　권사님과 자녀 손들 위에 이별의 아픔과 슬픔을 씻어 주시고 믿음과 소망으로 천국에 계신 장하신 어른을 바라보며 위로받게 하시고, 기업으로 주신 자녀 손들은 믿음의 승리자가 되신 아버지의 유지를 받들어 믿음에 굳건히 서서 신실한 믿음의 가문을 대대로 이루며, 생존해 계신 어머님께 효도하는 자손들로 하는 일마다 복을 받으며 의인의 후손들로 번성하게 은총 베풀어 주시옵소서.

　이제 봉독하는 하나님의 말씀과 담임목사님께서 주시는 말씀이 낙원에 계신 장로님에게 큰 기쁨이 되게 하시고, 유족들과 모든 조문객 위에 믿음과 소망과 영생의 말씀이 되게 하시며 인생길 위에 빛이 되게 하여 주시옵소서.

　사랑의 주님! 이 환송예배와 모든 장례 절차를 친히 인도하시고 주관하여 주셔서 하나님의 영광으로 충만하여 주시고 장로님의 가시는 길이 아름답고 복되게 하시옵소서.

　성도의 죽음을 귀중히 보시는 하나님의 은총이 함께하심을 믿으며, 장로님을 귀하게 택하여 주신 예수 그리스도의 이름으로 간절히 기도하옵나이다. 아멘.

테마 기도 4

○○○ 선교사 천국환송예배 기도

"지금 이후로 주 안에서 죽는 자들은 복이 있도다 하시매 성령이 가라사대 그러하다 저희 수고를 그치고 쉬리니 이는 저희의 행한 일이 따름이라 하시더라" 말씀하신 사랑의 주님! 오늘 주님의 말씀에 순종하여 선교사로 충성하시던 ○○○ 선교사님이 하나님께 소천 받음으로, 천국환송예배를 유족과 교우들과 조문객들이 경건한 마음으로 드리오니 온전히 열납하여 주시옵소서.

땅 끝까지 이르러 내 증인이 되라 명하신 주님의 말씀에 순종하여 지금부터 10년 전에 부모 친척 본토 정든 고향을 떠나 황무지와 같았던 무신론 나라 중국대륙에 남편과 함께 들어가 멸망을 받는 불쌍한 영혼들을 위해 생명의 위험을 무릅쓰면서 눈물과 피와 땀으로 복음의 씨를 뿌리며 선교사역을 감행했습니다. 연약한 육체를 이끌고 외로움과 위험과 수많은 역경과 고통을 마다하지 않고 오직 십자가상의 주님만을 바라보며 달려갈 길을 다 달려갔습니다. 찾아오는 육신의 욕망도 세상의 부귀와 영화도 한 가정의 단란한 행복도 오직 주님만을 생각하며 초개와 같이 버리고 하나님의 나라와 의를 위해 죽도록 충성하며 헌신했습니다. 모든 성도들과 믿는 자들에게 본이 되며 귀감이 되는 발자취를 남기고 이제 하나님의 부름에 순종했습니다.

사랑의 주님! 이제 그 육체의 장기마저 주님의 의를 이루고자 죽어가는 이웃에게 사랑을 베풀었습니다. 네 사람의 생명을 얻었고 소망과 희망을 주었습니다.

주님! 주님께서 예비해 놓으신 그 좋은 천국! 낙원의 복으로 충만케 하여 주시옵소서. 눈물과 땀으로 뿌리고 가꿔놓은 그 씨앗들이 무성히 자라 풍성한 열매를 맺게 하여 주시옵소서. 하나님 앞에 큰 상급을 받게 하시고 주님 품에 편히 쉬게 하시옵소서. 기쁨과 감사와 행복만이 충만케 하시고 앞서간 성도들과 함께 천군 천사의 찬양과 칭송을 받으며 주님을 높이며 하나님 앞에 찬양과 영광을 마음껏 돌리게 하시옵소서.

자비하신 주님! 잠시나마 이별의 아쉬움과 슬픔에 잠겨 있는 부군 ○○○ 선교사와 두 아들과 자부들의 눈물을 씻겨주시고 위로하여 주시옵소서. 하늘의 소망을 갖게 하시고 소망 중에 믿음으로 낙원에서 주님의 품에 안겨 사랑과 칭찬을 받으며 행복 속에 즐거워하는 사랑하는 아내, 사랑하는 어머니를 바라보게 하시고 유족들 위에 크신 은혜와 은총을 베풀어 주시옵소서.

하나님 아버지! 이제 교단 해외 선교위원장이신 ○○○ 목사님께서 하나님의 말씀을 주십니다. 유족과 저희 전체 위에 성령님의 감화감동을 주시어 인생길 위에 지침이 되는 생명의 말씀으로 임하여 주시옵소서.

오늘의 장례일정 전체를 주님께 의탁하옵고 부활이요 생명이 되시는 예수 그리스도의 이름으로 간절히 기도하옵나이다. 아멘.

테마 기도 4

○○○ 장로 입관예배(총회장) 기도

"자금이후로 주 안에서 죽는 자들은 복이 있도다" "이는 저희의 행한 일이 따름이라"고 말씀하신 주님! 만백성 중에 ○○○ 장로님을 택하시고 84개 성상을 동행하시며 큰 사명을 감당하여 믿음의 승리자로, 만유의 주재이신 하나님이 계시고 구세주 예수님이 계신 그 좋은 낙원으로 입성하게 하신 성령님! 그 귀하신 섭리와 인도하심에 온 유족과 성도들이 머리 숙여 경건한 마음으로 엄숙히 입관 예배를 드리오니 하나님 아버지! 이 예배를 온전히 열납하시고 영광 받아 주시옵소서.

육정으로는 이별의 아픔이 충격적이고 슬프고 안타깝기 그지없사오나 그동안 믿음과 사랑과 온유와 겸손으로 하나님과 교회를 섬기는 본을 보이시고 때를 맞아 본향인 천국에 가셔서 앞서간 성도들의 환영 속에 기쁨과 감사함으로 하나님의 성호를 소리 높여 찬양하며 큰 영광을 돌리시는 장로님의 모습을 바라보오니 하나님 아버지! 한없는 영광과 찬송을 받으시고 많은 위로와 상급으로 보상하여 주시며 영원토록 기쁨과 감사와 행복이 충만하시도록 크신 은총을 베풀어 주시옵소서.

나라와 민족이 시대적으로 환란풍파가 많았던 시기였으나 진실한 믿음으로 하나님만을 경외하며 그의 나라와 의를 위하여 또한 교회와 교단의 사명감당과 농어촌 교회의 어려운 목회자들을 위해 노심초사 눈물로 기도하시고 꿋꿋하게 헌신하시며 뿌리신 씨앗이 얼마입니까.

그뿐만이 아니라 우리 교회의 개척자로 오늘에 이르기까지 헌신하시고 눈물로 뿌린 씨앗이 그 얼마입니까. 주님! 장로님께서 심고 뿌리신 그 많은 씨앗들이 꽃을 피우고 알찬 열매를 맺게 하여 주시옵소서.

　사시사철 생명수 강이 흐르고 달마다 과실을 맺는 광명한 천국에서 천사의 시중을 받으시고 앞서간 성도들과 함께 환희에 찬 찬송으로 하나님께 영광을 돌리며 주님의 사랑과 은총 속에 만족한 행복으로 안식을 누리도록 크신 은총을 베풀어 주시옵소서.

　사랑의 하나님 아버지! 장로님이 사랑하시며 보살피던 부인 권사님을 위로하시고 믿음과 소망을 주시며 영육을 강건하게 하시옵소서. 슬하에 선물로 주신 5남 2녀 자손들 위에 아버지의 뜻과 유지를 받들어 서로 사랑하며 믿음의 가문을 이루고 의인의 자손들로 번성하게 하시며 생존해 계신 어머님에게 효성을 다하는 자손들로, 큰 은혜와 복을 받는 후손들로 은총을 베풀어 주시옵소서.

　이 경건한 시간 총회장 목사님의 말씀이 고인에는 만족이 되게 하시고, 유족들과 동참한 모든 조문객 위에 위로와 소망과 믿음의 말씀으로 은혜 베풀어 주시옵소서. 앞으로의 모든 장례일정을 주님께서 주관하여 주셔서 믿음으로 승리하신 의인의 가시는 길이 하나님께는 영광이요, 이 땅 위에는 귀감이 되는 은혜의 모습으로 인도하여 주시옵소서. 나는 부활이요 생명이라 말씀하신 예수 그리스도의 이름으로 간절히 기도드리옵나이다. 아멘.

테마 기도 4

○○○ 장로 하관예배 기도

"나는 부활이요 생명이니 나를 믿는 자는 죽어도 살겠다"고 말씀하신 주님!

천지의 주재이신 하나님의 사랑과 은총 하에 ○○○ 장로님을 귀하게 택하시고 신앙과 덕을 겸비하신 여사 ○○○ 권사님과의 사이에서 3남 2녀의 자랑스런 자녀를 기업으로 주셨습니다. 공직에서 나라와 사회에 의와 평화를 위해 헌신하게 하시고 특별히 본 교회의 장로로 세움을 받아 크고 작은 일에 요긴하게 쓰임 받으시며 끝까지 믿음을 지키시고 84세를 일기로 하나님께 소천을 받으셨기에 유족과 저희들은 부활의 소망 중에 장로님의 시신을 흙 속에 매장하는 하관예배를 드립니다.

자비와 긍휼이 풍성하신 하나님 아버지! 저희들은 믿습니다. "자금 이후로 주 안에서 죽는 자들은 복이 있도다" 하신 말씀을, 또 "성령이 가라사대 그러하다 저희의 수고를 그치고 쉬리니 이는 저희의 행한 일이 따름이니라" 하신 말씀을. 사랑하는 주님! 우리 장로님은 끝까지 믿음을 지키시고 믿음의 승리자가 되셨습니다. 사단 마귀는 택한 자라도 넘어뜨리려고 갖가지 유혹과 시험과 역경과 질병과 고통과 절망을 가져왔지만 믿음과 인내로 승리하셨습니다.

장로님을 구속하신 주님! 주님의 귀하신 품에 장로님을 고이 품어주시옵소서.

근심도 걱정도 질고도 고통도 없는 그 좋은 낙원에서 천군 천사와 앞서간 성도들과 함께 기쁨과 감사로 하나님의 성호를 찬양하며 영원한 행복을 마음껏 누리게 하시옵소서.

사랑하는 주님! 그곳에서 간절한 마음으로 사랑하는 부인과 자녀 손들을 위한 도고를 응답하여 주셔서 하나님 앞과 사람 앞에 사랑과 칭찬 받는 믿음의 가문을 자손만대로 이루며 큰 은혜와 복 받은 자손들이 다 되게 하여 주시옵소서. 모든 유족들이 믿음과 소망으로 낙원에서 기쁨과 즐거움에 계시는 장로님을 바라보며 위로받게 하시옵소서.

사랑의 주님! 이제 장로님의 몸은 흙으로 돌아가오나 주님께서 만왕의 왕으로 재림하실 때 첫째 부활에 참예하는 귀한 은총을 베풀어 주시옵소서.

사랑과 은혜가 많으신 하나님 아버지! 이 하관예배를 받으시고 주님의 뜻을 온전히 이루어 주시옵소서. 하나님 앞에는 큰 영광이 되시고 성령님의 감화가 저희 모두에게 충만하셔서 인생이 무엇인가를 다시 한 번 깨닫고 하나님의 말씀에 온전히 순종하고 경외하는 시간 되게 하여 주시옵소서.

하나님 아버지! 이 뜻 깊은 시간 하나님의 말씀으로 메시지를 주시는 조용호 목사님과 함께하시고 주시는 말씀이 고인에게는 기쁨이며 저희 모두에게는 생명과 지혜의 말씀으로 인생길에 등불이 되게 하시옵소서. 길이요 진리요 영원한 생명이 되시는 구속주이신 예수님의 이름으로 간절히 기도드리옵나이다. 아멘.

테마 기도 4

조문(입관) 예배의 기도

　성도의 죽음을 귀중히 보신다고 말씀하신 하나님 아버지!
　만백성 가운데서 귀하게 택함 받아 예수 그리스도를 믿음으로 구원을 받은 ○○○ 성도께서 ○○세를 일기로 육신의 장막을 벗고 그 영혼이 하나님 나라로 가셨기에 유족들과 교우들이 ○○○ 목사님의 인도 하에 경건한 마음으로 조문(입관)예배를 드리오니 하나님 아버지! 이 예배를 받아주시고 낙원(천국)으로 가신 귀한 성도 위에 한없으신 사랑과 은혜를 베풀어 주시옵소서.
　사랑이 많으신 하나님 아버지! 이 세상을 떠나 낙원(천국)으로 가신 ○○○ 성도께서 그동안 병상에 계시면서도 믿음 위에 굳건히 서서 소망 가운데 가족들과 일가친척과 이웃과 교회와 나라를 위하여 눈물로 기도하신 그 간절한 기도가 얼마였습니까. 하나님 아버지! 그 소망과 드린 기도들이 다 풍성한 열매를 맺게 하여 주시옵소서.
　환란과 고통과 질고가 많은 이 세상을 믿음으로 승리하시고 하늘나라로 가셨으니 앞서간 성도들과 천군 천사의 환영을 받으며 기쁨으로 감사함으로 하나님을 찬송하며 큰 영광을 돌리게 하시옵고, 인애하신 주님의 품에 안겨 많은 상급과 은총으로 기쁨과 행복이 충만한 가운데 안식하게 하시옵소서.
　사랑이 많으신 하나님 아버지! 그 좋은 천국에서 가족들을 바라보며 드리는 간절한 도고 기도를 열납하시고, 온 가족과 자손들이 믿음에 굳건히 서서 믿음의 가문을 이루며 의인의 자손들로 번성하게 하시고 교회와 나라를 위해 귀하게 쓰임 받는 훌륭한 자손들로 은총을 베풀어 주시옵소서.

자비하신 주님! 앞으로의 모든 장례 일정을 인도하여 주셔서 형통하게 하시고 귀한 성도의 가시는 길이 하나님께 영광을 돌리며 복된 길이 되게 하여 주시옵소서.

말씀을 주시는 ○○○ 목사님의 말씀 위에 성령으로 기름부음을 주시사 유명을 달리한 ○○○ 성도에게 기쁨과 감사의 말씀이 되게 하시고, 유족들과 저희 모두 위에는 길이요 진리요 생명의 말씀으로 큰 은혜를 베풀어 주시옵소서.

○○○ 성도를 귀하게 택하시고 믿음으로 인생 승리자가 되게 하여 주신 예수 그리스도의 이름으로 간절히 기도드리옵나이다. 아멘.

테마 기도 4

○○○ 성도의 3주기 추모예배 기도

 만백성 가운데 우리를 택하여 주신 자비하신 여호와 하나님 아버지! 오늘 고 ○○○ 성도께서 낙원으로 가신 지 3주기를 맞아 유족 ㅇㅇㅇ 집사님을 비롯한 자녀 손들과 친척들과 성도들이 섬기시던 주의 몸 되신 교회 ○○○ 목사님의 인도 하에 고인을 기리며 추모의 예배를 경건한 마음으로 드리오니 이 예배를 온전히 열납하여 주시옵소서.

 사랑이 많으신 하나님 아버지! 낙원에 계신 ㅇㅇㅇ 성도님 위에 아버님의 크신 사랑과 은혜 속에 한없는 행복으로 안식하게 하시고, 온 유족 위에 크신 사랑과 은총으로 충만하여 주시옵소서.

 사랑의 주님! 하나님을 극진히 사랑하셨던 낙원에 계신 ○○○ 성도님, 그분을 추모하며 그리워하는 유족들과 성도들이 여기 있습니다. 주님의 은혜로 영적인 교통이 아름답게 이루어지게 하여 주시옵소서.

 "나는 부활이요 생명이니 나를 믿는 자는 죽어 살겠고 무릇 살아서 나를 믿는 자는 영원히 죽지 아니 하리라" 말씀하신 주님! 오직 하나님의 은혜로 주님 재림하실 때에 첫째 부활이나 휴거에 우리 모두 참예하여 감격과 환희 속에 기쁨의 상봉을 가질 수 있도록 크신 은혜를 베풀어 주시옵소서.

 우리의 선한 목자이신 하나님 아버지 우리 ○○○ 집사님과 자손들 위에 늘 함께하여 주시옵소서. 기도의 제목과 소망들을 이루어 주시옵고 때마다 일마다 하늘의 신령한 은혜로 땅의 기름진 복으로 풍성케 하여 주시옵소서. 낙원에서 기도하시는 ○○○ 성도님의 소망대로 믿음 위에 굳건히 서서 소명과 사명에 신실하게 하시고 하나님의 사랑과 은혜 속에 충만한 유족들로 세상에 빛과 주의 향기로 승리하는 삶을 살도록 크게 복을 내려 주시옵소서.

귀한 시간 하나님의 말씀을 주시는 목사님 위에 오직 성령님으로 충만하여 주시옵소서. 유족과 저희 모두의 인생길 위에 생명의 말씀과 지혜의 말씀과 소망과 능력의 말씀으로 크신 은혜를 내려 주시옵소서. 온 인류의 길이요 진리요 생명이신 그리스도 예수님의 이름으로 간절히 기도드리옵나이다. 아멘.

기도는 소망 성취입니다

기도는 현재의 것도 미래의 것도 과거의 것도

신실하게 가꾸고 알찬 열매를 맺게 하는

아름다운 쟁기이며 도구입니다.

기도는 성령의 능력입니다

기도는 길가와 같은 밭도

자갈밭이나 가시덩쿨 밭도

옥토로 변화시키는 성령의 능력입니다.

할렐루야!

테마기도 5
연합성회 및 각종 행사 때 드린 기도

노회(지방회) 개회예배 기도
노회(지방회) 폐회예배 기도
장로회 총회 기도 (1) (2)
노회(지방회) 신년 교례예배 기도
직분자 세미나 기도
교회개척 설립예배 기도
목사 취임예배 기도
장로장립식 기도
원로장로 추대식 기도
107분 임직예식 예배 기도
명예장로 및 명예권사 추대 예배 기도
여전도연합회 부흥성회 기도
산상연합성회 기도 (1) (2) (3)

기도는 사랑입니다.
기도는 하나님을 사랑하는 표현입니다.
기도는 하나님과의 신실한 교통(교제)입니다.
하나님은 기도를 기다리고 계십니다.

테마 기도 5

노회(지방회) 개회예배 기도

"보라 내가 새 일을 행하리니" "일어나 빛을 발하라" 명하신 하나님 아버지! 다사다난했던 지난 세월들을 살과 같이 지나게 하시고 역사하는 해로 새천년을 맞게 하시오니 진정 감사와 찬송과 영광을 돌리옵나이다.

주님께서 특별하신 뜻을 두시고 93년 전에 우리 성결교회를 세우시며 중생, 성결, 신유, 재림의 복음의 기치를 높이 들고 이 민족을 복음화 하며 땅 끝까지 선교하게 하시고 오늘은 제54회 서울 서 지방회로 소집하여 먼저 하나님 아버지 앞에 신령과 진정으로 헌신의 예배와 성찬식을 갖게 하시오니 주님! 참으로 감사와 찬양을 드리옵나이다.

그 동안 저희들, 하나님의 전적인 사랑과 은혜로 구속함을 받고 주님의 교회에 사역자로 쓰임 받고 있으면서도 사단의 유혹에 빠져 육신의 정욕과 안목의 정욕과 이생의 자랑을 꿈꾸며 어리석게 사역한 것이 너무나 많았습니다. 아버지여! 용서하여 주시옵소서. 주님의 십자가 보혈로 깨끗이 씻어 주시고 정결하고 성결한 종이 되게 하여 주시옵소서. 성령님이여! 은총을 베풀어 주시옵소서. 말씀 위에 믿음과 기도를, 사랑과 온유 위에 능력과 헌신 하는 종으로 신실하게 하시옵소서.

지방 내 모든 교회 위에 성령님이여 충만하시고 역사하여 주시옵소서. 간구하는 기도와 소망들을 이루어 주시옵소서. 모든 사역자와 직원들과 성도 전체가 한 마음 한 뜻 되어 일어나 빛을 발하며 새 일을 행하는 교회 되게 하시옵소서.

새 일을 행하시는 주님! 오늘 이 예배와 모든 진행되는 순서와 회무마다 온전히 주관하시고 인도하여 주시옵소서. 주님의 귀하신 뜻을 이루시는 지방회가 되게 하여 주시옵소서. 동참한 모든 목사님 장로님 대의원 모두에게 예수 그리스도의 마음을 품게 하시고 주님의 비전과 지혜로 채워 주셔서 오늘 지방회가 생산적인 성회가 되게 하시옵소서. 서로가 이해하고 위로하고 치하하며 하나로 연합하는 하나님 보시기에 심히 합당한 지방회로 주의 일을 행하게 하시옵소서.

귀한 시간 지방회장 ○○○ 목사님의 설교 말씀이 옥토에 뿌린 씨앗이 되게 하시고, 성찬식에 성령님의 기름부음으로 주님의 고난에 동참하며 이를 기념하고 재림하시는 주님의 품에 안길 때까지 신실한 증인의 사명을 감당하게 하시옵소서.

존귀하신 하나님 아버지께 감사와 찬송과 영광을 온전히 돌리오며 지방회의 머리가 되시는 예수 그리스도의 이름으로 간절히 기도드리옵나이다. 아멘.

테마 기도 5

노회(지방회) 폐회예배 기도

광대하신 여호와 하나님 아버지! 부족한 저희들을 만민 중에서 택정하사 예수 그리스도의 구속의 은혜를 받게 하시고 특별히 지명하여 불러 주셔서 주님의 것으로 삼으시고 주님의 몸 되신 교회를 섬기게 하시는 그 크신 은혜를 진심으로 감사 드리오며 찬송과 존귀와 영광을 돌리옵나이다.

특별히 오늘은 하나님께서 귀하신 뜻을 두시고 세우신 기독교대한성결교회 서울 서지방회 제50회 지방회를 주 안에서 은혜롭게 마치고 폐회예배를 드리게 하시오니 참으로 감사와 찬송을 돌리옵나이다.

하나님 아버지! 간절히 간구하며 기도하오니 대의원 모두와 모든 교회 위에 항상 성령님으로 충만하여 주시옵소서. 항상 사랑으로 충만하며 온유와 겸손으로 종 노릇 하게 하시옵소서. 제자들의 발을 씻기시며 너희도 이렇게 하라고 본을 보여 주신 주님을 본받아 항상 성도들을 섬기되 어린 소자로부터 성도들 한 분 한 분까지 주님 섬기듯 진정으로 섬기는 직분자들이 되게 하여 주시옵소서.

모든 교회마다 교역자와 직원들과 성도들이 진정한 사랑의 공동체를 이루어 이웃을 섬기며 세상의 소금과 빛이 되는 교회가 되게 하시고 질적으로 양적으로 큰 부흥의 불길을 일으키는 한 해가 되게 하여 주시옵소서.

전국 37개 지방회에 모범이 되게 하시고 교단 발전에 표본이 되는 역사를 일으켜 주시옵소서.

시대적으로 교단과 교계를 위하여 주님께서 원하시는 일들을 감당하는 지방회가 되고자 ○○○ 목사님을 교단 부 총회장으로 추대하기로 결의 했사오니 목사님을 능력 있는 사자로 세워주시고, 하나님 나라와 의를 위하여 시대적인 사명을 잘 감당하는 지방회가 되게 하여 주시옵소서.

사랑의 하나님 아버지! 금번 ○○○ 목사님을 지방회 제50회 회장님으로 세워주심을 감사합니다. 신임 회장을 비롯하여 온 임원과 모든 대의원들이 주님의 진리 위에 굳건히 서서 행진함으로 교회와 지방회에 큰 기쁨이 넘치는 은총의 해가 되게 하여 주시옵소서.

금년 교단총회를 주관하셔서 성결교회가 하나되어 나라와 민족과 온 인류를 위해 주님의 뜻을 바로 받드는 참신한 교단으로 인도하여 주시옵소서.

임마누엘 하나님 아버지께 모든 영광과 찬송을 돌리오며, 길이요 진리요 생명 되시는 예수 그리스도의 이름으로 간절히 기도드리옵나이다. 아멘.

테마 기도 5

장로회 총회 기도

　기독교대한성결교회 서울 서지방 장로회 제46회 총회를 개최케 하신 만군의 왕이 되시는 하나님 아버지께 감사와 찬송과 영광을 돌리옵나이다.
　하나님 아버지! 오늘 뜻 깊은 이 총회를 개최할 수 있도록 장소를 허락한 본교회는 주님께서 귀하신 뜻을 두시고 세우신 교회입니다. 항상 성령님으로 충만하시고 역사하여 주시옵소서. 말씀이 충만하고 은혜가 넘치며 사랑으로 화목을 이루고 주님을 모르는 수많은 생명들이 찾아와 구원을 받는 구원의 방주로 교회 중에 모범교회로 크게 쓰임 받게 하여 주시옵소서. 특별히 오늘 ○○○ 목사님을 단 위에 세우시고 저희 장로회에 요긴한 말씀으로 깨우쳐 주시고 지침을 삼을 수 있도록 크신 은혜를 주심을 감사드립니다. 저희들과 장로회 위에 말씀이 항상 살아 역사하여 주시옵소서.
　사랑의 주님! 부족한 저희들을 택하여 주시고 세워주셔서 교회를 섬기며 하나님 나라와 의를 위해 기업으로 쓰심을 진심으로 감사와 찬양을 돌리옵나이다. 특별히 뜻을 두시고 세우신 서지방 장로회를 맡겨주셔서 지난 일년 동안도 교회와 지방회와 교단을 위해 충성 할 수 있게 하시고, 오늘 귀한 총회를 통해 수고하신 임원들의 노고를 치하하며 새 일꾼을 선출하여 오직 성령사역으로 진군할 수 있는 기회와 은혜를 베풀어 주시오니 참으로 감사를 드립니다. 지난 한해 동안 충성한 회장과 모든 임원들과 회원들 위에 크신 은혜와 복을 내려 주시옵고, 우리 장로회가 가일층 모이기에 힘쓰며 임원을 중심하여 온 회원들이 하나가 되어 오직 성령으로 사명 감당하게 하여 주시옵소서.

하나님 아버지! 귀한 시간 특별찬양을 드리는 글로리아 찬양대와 장로 성가단 위에 복에 복을 더하여 주시옵고 헌신하는 모든 일꾼들 위에 아버지의 크신 사랑과 은총으로 채워 주시옵소서.

모든 회무를 주님께 의탁하며 감사와 찬양과 영광을 아버지 하나님께 돌리오니 영광 받아 주시옵소서. 저희 장로회의 영원한 대장이 되시는 예수 그리스도의 이름으로 간절히 기도드리옵나이다. 아멘.

테마 기도 5

장로회 총회 기도

"견고하며 흔들리지 말고 항상 주의 일에 더욱 힘쓰는 자들이 되라." 말씀하신 주님! 주님의 크신 뜻을 두고 세우신 우리 서지방 장로회의 제48년차 정기총회를 귀하게 쓰시는 교회에서 개최케 하시고 ○○○ 목사님을 단 위에 세우셔서 주님의 깊으신 뜻을 깨달아 알게 하시며 장로회가 할 일이 무엇인가 도전을 받고 사랑으로 하나 되는 귀한 은혜를 받게 하시오니 참으로 감사와 찬송과 영광을 돌리옵나이다.

에벤에셀 우리 하나님 아버지! 지난 일년 동안 세우신 회장을 비롯한 임원들과 회원들이 열심을 품고 주의 일에 충성하게 하시고 회원 상호 간에 친목을 증진하며 주님의 병기로 쓰임 받게 하심을 진정 감사와 찬송과 영광을 돌리옵나이다.

사랑하는 주님! 이 시간 진행되는 모든 회무를 주관하시고 인도하여 주셔서 주님의 뜻을 온전히 이루시고 하나님께 영광을 돌리게 하시옵소서.

저희 모든 장로들은 적극적으로 동참하여 주님 앞에 충성하는 은혜의 시간이 되게 하여 주시옵소서.

이새의 아들 다윗을 만나니 내 마음에 합한 자라 저를 들어 내 뜻을 다 이루게 하리라 말씀하신 하나님 아버지! 21세기를 맞아 우리 장로회가 보다 더 하나님의 뜻을 받드는 주님의 병기가 되기를 원하오니 말씀을 온전히 따르며 믿음과 지혜와 능력이 있고 사랑과 온유로 화목을 이루는 주님께 합당한 충직한 종들을 새일꾼으로 회장과 임원으로 세워 주시옵소서.

만왕의 왕이 되시는 주님! 저희 장로회가 모든 지교회와 지방회와 교단과 나라와 민족과 온 인류를 위해 마땅히 행할 바를 행하는 역동하는 성령 충만한 장로회가 되도록 인도하여 주시고 주님의 요긴한 병기로 쓰시옵소서.

알파와 오메가이신 주님! 이 총회를 온전히 의탁하오니 방해하는 악한 영은 일체 금지시켜 주시고 보혜사 성령님으로 인도하여 주시옵소서.

모든 영광을 하나님 아버지께 돌리오며 우리 장로회의 대장이신 예수 그리스도의 이름으로 간절히 기도드리옵나이다. 아멘.

테마 기도 5

노회(지방회) 신년 교례예배 기도

새천년을 허락하신 하나님 아버지! 감사와 찬송과 영광을 돌리옵나이다.

의미 깊은 새천년을 맞게 하시고 구속하시고 지명하시고 중생 성결 신유 재림의 신앙 기치 아래 하나님의 것으로 지명 받은 지방회 교역자 부부와 장로 부부들이 모여 하나님의 성호를 찬양하며 신년 감사예배와 사랑의 교류를 갖게 하신 크신 사랑과 은혜를 깊이 감사 드리며 존귀와 영광을 온전히 돌리옵나이다.

하나님 아버지! 신령과 진정으로 드리는 거룩한 이 예배 위에 성령님의 기름부음을 주시고 온전히 주님의 뜻을 이루어 주시옵소서.

주님의 나라와 교회를 위하여 특별히 세워주신 모든 교역자 내외와 장로 내외 위에 성령으로 항상 충만하시고 주님의 사랑과 온유와 믿음과 지혜로 채워주시어 맡겨주신 교회를 잘 섬기며 신실하게 헌신 할 수 있도록 은혜 위에 은혜를 더하여 주시옵소서.

섬기시는 모든 교회 위에 새롭게 변화시켜 주시옵소서. 오직 성령의 뜨거운 바람으로 모이기에 힘쓰게 하시고 감사와 찬양의 바람이 새롭게 일게 하여 주시옵소서. 부르짖어 간구하는 기도의 바람을 일으켜 주시옵고, 구령 열이 불타올라 전도의 바람이 세차게 불게 하여 주시옵소서. 교역자와 장로와 직원들과 성도 전체가 믿음 위에 굳게 서서 열심을 품고 사랑으로 섬기게 하시고 가정들마다 평강을 주시고 이웃들에게 소금과 빛의 사명을 잘 감당하여 모든 교회들마다 부흥의 불길이 세차게 타오르는 새천년으로 복에 복을 더하여 주시옵소서.

미자립교회는 속히 자립교회로 성장 부흥하게 하시고 지역의 생명들을 책임지고 구원시키는 구원의 방주가 되며 오히려 돕는 교회로 나라를 지키며 선교하는 교회가 되게 하여 주시옵소서.

사랑의 하나님 아버지! 이 귀한 자리를 배설하여 주신 ○○교회 위에 특별한 은혜와 은총을 내리어 주시옵고 찬양을 드리는 찬양대와 말씀을 전해주실 목사님 위에 성령으로 은혜 위에 은혜를 더하여 주시옵소서.

오늘의 모임 순서 전체를 성령님께서 인도하여 주시고 주님의 뜻을 이루시며 영광 받아 주시옵소서. 감사와 찬송과 영광을 하나님 아버지께 돌리오며 사랑으로 모아주신 예수 그리스도의 이름으로 간절히 기도드리옵나이다. 아멘.

테마 기도 5

직분자 세미나 기도

　서북지역 모든 교회의 직분자를 위하여 오직 성령사역으로 소중한 세미나를 베풀어주신 하나님 아버지! 부족하고 미천한 저희들을 만민 가운데서 택하여 주시고 주님의 몸 되신 귀한 교회의 직분자로 세워주신 그 크신 사랑과 은혜를 진심으로 감사와 찬송과 존귀와 영광을 돌리옵나이다.

　깨어 경성하라고 말씀하신 하나님 아버지! 그동안 저희들은 게으르고 나태하고 어리석게도 불충성한 잘못들이 너무나 많이 있습니다. 주님의 대속의 은혜와 보혈의 공로를 믿사오니 우리의 잘못들을 용서하여 주시옵소서. 깨끗이 씻어 주시옵소서. 정결하고 성결한 종들로 신실한 일꾼 삼아 주시옵소서.

　"너희는 배우고 확신한 일에 거하라"고 말씀하신 주여! 귀한 성회 위에 첫 시간부터 마치는 시간까지 시간시간 보혜사 성령님으로 주관하시고 역사하여 주시옵소서. 저희 직분자들이 받아야 할 은혜와 은사들을 풍성하게 하시고 배우고 확신한 일에 거하게 하시옵소서.

　주신 사명들을 잘 감당하도록 성령님의 기름부음이 넘치도록 부어 주시옵소서. 위로 하나님을 사랑하고 아래로 이웃을 사랑하며 온전히 교회를 섬기는 사역에 충실할 수 있게 하옵소서. 잘 배우고 확실하게 큰 깨달음과 지혜와 능력을 받도록 크신 은총을 베풀어 주시옵소서.

지혜와 능력이 되시는 하나님 아버지! 금번 성회를 통하여 항상 기쁨과 감사로 충성하게 하시고 사랑과 기도로 심는 것마다 좋은 결실을 맺어 하나님 나라 확장에 주역들이 되게 하여 주시옵소서.
　강단에서 가르침을 주시는 강사 목사님 위에 성령님 충만하시고 능력과 지혜를 주셔서 전하시는 말씀마다 지혜와 능력과 생명력이 넘치게 하시고 옥토에 뿌린 씨앗과 같이 30배 60배 100배의 큰 결실을 맺게 하여 주시옵소서.
　부족한 저희들을 만백성 가운데서 직분자로 택하여 주신 하나님 아버지께 감사와 찬양과 영광을 돌리오며 우리의 스승이 되시는 예수 그리스도의 이름으로 간절히 기도드리옵나이다. 아멘.

테마 기도 5

교회개척 설립예배 기도

　인류 역사를 주관하시는 사랑의 하나님 아버지! 뜻 깊은 새 천년을 주시고 첫해 첫 주간에 이곳 화정 지역에 하나님나라 확장과 뭇 영혼들을 위해 중생 성결 신유 재림의 복음의 기치를 든 주님의 교회를 개척 설립하게 하시는 크신 사랑과 은혜를 진심으로 감사하오며 찬송과 존귀와 영광을 돌리옵나이다.

　하늘과 땅의 모든 권세를 가지신 주님! 주님 명하신 말씀을 따라 모든 족속으로 제자를 삼아 아버지와 아들과 성령의 이름으로 세례를 주고 모든 것을 가르쳐 지키게 하려고 이곳에 주의 교회를 세우고 설립 예배를 드리오니 주님! 귀한 예배가 복되게 하시고 모든 순서마다 성령님께서 주관하시고 인도하여 주시옵소서.

　담임목회자로 세워주신 주의 사자를 비롯한 온 성도들과 귀한 시간 순서를 담당한 주의 종들이 하나님 앞에 충성하는 시간 되게 하시고 크신 은혜와 은총으로 함께 하여 주시옵소서.

　사랑과 은혜가 충만하신 하나님 아버지! 아버지의 은총 속에 오늘 탄생하는 이 교회는 광야에 갓 태어난 어린 양과 같이 너무나 연약하고 필요한 것들이 많고 할 일이 쌓여 있습니다. 아버지여! 때마다 일마다 함께하시고 힘과 지혜와 믿음을 주시고 필요할 때마다 공급하여 주시옵소서.

특별히 주의 사자 전도사님 내외분 위에 성령님 항상 충만하여 주시옵소서. 새벽마다 제단 앞에 엎드려 간구하는 기도마다 다 채워 주시옵소서.

말씀은 능치 못함이 없는 줄 믿사오니 항상 말씀이 충만한 사자로 세워 주시옵소서. 믿음은 바라는 것들의 실상이요 보지 못하는 것들의 증거라고 하셨사오니 믿고 간구하는 것마다 실상을 보여 주시고 증거가 되게 하여 주시옵소서. 한 영혼 한 소자까지도 진정으로 사랑하고 진심으로 섬기는 주님의 화신과 같은 사자로 세워 주시옵소서.

내가 불을 땅에 던지러 왔다고 말씀하신 주여! 성령의 불이 뜨겁게 붙고 활활 타오르는 교회가 되게 하여 주시옵소서. 사랑하는 주님! 이 교회에 들어오는 자마다 하늘의 신령한 복과 땅의 기름진 복으로 충만케 하시고 주님의 의와 선을 좇아 큰일을 감당하는 성령의 사람들이 되게 하여 주시옵소서. 이 지역의 구원의 방주가 되게 하시고 은혜와 복이 넘치는 교회로 축복하여 주시옵소서. 전능하신 하나님 아버지! 드리는 찬양을 열납하시고 말씀을 전하시는 목사님 위에 성령과 말씀으로 충만하여 주시옵소서.

오늘을 섭리하시고 복을 주시는 하나님께 감사와 영광을 돌리오며 교회의 머리가 되시는 예수 그리스도의 이름으로 간절히 기도드리옵나이다. 아멘.

테마 기도 5

목사 취임예배 기도

　사랑과 은혜가 풍성하신 에벤에셀 하나님 아버지! 주님께서 귀하신 뜻을 두시고 세우신 ○○ 성결교회! 오늘 소망을 풍성케 하시며 미래를 주시고 설레는 가슴을 안고 기쁨과 감사가 넘치는 예배로 하나님 아버지께 존귀와 영광을 돌리게 하시오니 참으로 감사하오며 찬송과 영광을 돌리옵나이다.

　교회의 머리가 되시는 주 예수 그리스도여! 주님께서 귀하게 세우시고 그 동안 요긴하게 쓰시던 목사님을 할일 많은 ○○교회의 담임목자와 당회장으로 세우시고 취임하시는 뜻 깊은 이 예배! 주님의 뜻을 이루시며 하나님 아버지께 큰 영광이 되게 하시옵소서.

　이 집은 살아계신 하나님의 교회요 진리의 기둥과 터라고 말씀하신 성령님!

　이 교회 위에 특별하신 뜻을 두시고 신실하신 사자 ○○○ 목사님을 세워 주셨사오니 세움을 받는 목사님과 사모님 위에 성령님으로 항상 충만하시고 영육을 강건케 하시고 주님의 양을 진정으로 사랑하는 선한 목자가 되게 하여 주시옵소서. 이 지역에 죽어가는 수십만의 영혼들을 향한 구령 열이 불타게 하시고 말씀과 능력과 사랑과 지혜로 저들을 다 구원시키는 사자가 되게 하여 주시옵소서. 이 지역의 구원의 방주가 되게 하시고 만민이 기도하는 성전이 되게 하시고 들어오는 자마다 살아계신 하나님의 큰 사랑과 은혜와 복을 받는 교회로 이끄시는 목자가 되게 하여 주시옵소서.

말씀은 살아 역사하시는 능력이요 생명의 원천이오니 머리가 되신 주님! 목사님이 단 위에서 말씀을 대언하시며 증거하시며 선포하실 때마다 권세를 주시고 생수가 강같이 흐르며 기름부음이 넘치게 하시옵소서.

새 술은 새 부대에 담으라고 말씀하신 주님! 온 성도들이 이전 보다 더 믿음에 굳건히 서게 하시고 새 마음과 새 정성으로 하나님을 사랑하며 모이기에 힘쓰며 뜨거운 기도와 사랑과 온유로 하나되게 하옵소서. 담임목사님을 중심하여 당회와 직원과 성도 전체가 한 마음 한 뜻 되어 전심으로 복음을 전하며 강권하여 데려다가 주님의 소원을 이루어 드리는 교회가 되게 하여 주시옵소서.

귀한 시간 말씀을 전하시는 지방회장 ㅇㅇㅇ 목사님 위에 말씀과 은혜가 충만케 하시고 찬양대와 온 성도들의 찬양을 받으시고 영광 중에 충만하시옵소서.

좋으신 섭리와 좋으신 계획으로 ㅇㅇ교회를 복 주시는 예수 그리스도의 이름으로 간절히 기도드리옵나이다. 아멘.

테마 기도 5

장로장립식 기도

　주님의 크신 사랑과 은혜 속에 좋으신 계획과 섭리를 ○○교회 위에 두시고 오늘의 귀한 은총을 베풀어 주시는 하나님 아버지! 아버님의 선하심과 인도하심을 진심으로 감사 드리오며 찬송과 존귀와 영광을 돌리옵나이다.

　하나님을 진심으로 사랑하는 이 교회 모든 성도들을 통하여 아름답고 거룩한 새 성전을 건축하여 봉헌하게 하시며, ○○○ 담임목사님을 위임 목사로 세우시고, ○○○ 집사님의 장로 장립과 11분의 집사님을 권사와 안수집사로 세우시는 하나님의 그 크신 사랑과 은총을 가히 찬양 드리오며 온 성도들과 함께 기쁨으로 영광을 돌리옵나이다.

　"내가 너를 구속하였고 내가 너를 지명하여 불렀나니 너는 내 것이라" 말씀하신 하나님 아버지! 일찍이 ○○○ 집사님을 택하여 주시고 지명하여 불러 주셔서 영광스럽게도 장로의 반열에 세우시며 주님의 몸 되신 교회와 하나님의 의를 이루시는 큰 일꾼으로 세워 주심을 진심으로 감사드리옵나이다.

　하나님 아버지! 장로님 위에 항상 성령님으로 충만하여 주시옵소서.
　충만한 사랑 속에 온유하고 겸손하신 장로로 교회를 받들어 섬기되 몸과 마음과 정성을 다하여 섬기는 충직한 종이 되게 하여 주시옵소서.
　사랑과 관용으로 양무리를 섬기되 화평을 이루는 사신이 되게 하여 주시옵소서. 영과 혼과 몸을 항상 강건케 하시고 지혜와 명철을 주시어 범사에 하나님의 뜻을 바로 깨달아 목회자를 바로 보필하며 교회의 부흥과 성장에 요긴한 청지기가 되게 하여 주시옵소서.

하나님 앞에 무릎 꿇고 기도 드릴 때마다 성령님이여 함께 하시옵소서. 기도 드리는 것마다 응답하여 주시고, 마음의 소망들을 이루어 주시옵소서. 장로님 때문에 교회가 더 은혜롭게 하시고, 장로님 때문에 교회가 더 부흥하고 성장하게 하시옵소서. 가정 위에도 항상 장로의 가정답게 천국을 이루게 하시고, 자녀 손들이 믿음의 장부들이 되게 하시며, 산업 위에도 크신 복을 주셔서 주님의 의를 감당하며 교회를 섬기는데 충족하게 은혜를 더하여 주시옵소서.

에벤에셀 하나님 아버지! 오늘의 모든 감사와 찬송과 영광을 온전히 돌리오니 영광 받아 주시옵소서. 교회의 머리가 되시는 예수 그리스도의 이름으로 간절히 기도드리옵나이다. 아멘.

테마 기도 5

원로장로 추대식 기도

　임마누엘 하나님 아버지! 아버님의 크신 사랑과 은혜를 진심으로 감사 드리오며 찬송과 존귀와 영광을 돌리옵나이다.
　하나님께서 특별하신 뜻을 두고 세우신 ○○교회를 위하여 지금부터 27년 전에 ○○○ 집사님을 머리에 기름 부어 장로로 장립하여 세워주시고 오늘에 이르기까지 늘 동행하시며 몸 되신 교회를 충성스럽게 섬기시는 믿음의 승리자로 귀하게 쓰시다가, 오늘 영광스럽게도 주님의 사랑과 은혜로 교회 앞에 원로장로로 추대를 받게 하시오니 하나님 아버지! 진정 감사와 찬송을 드리옵나이다.
　"백발은 영화의 면류관이라 의로운 길에서 얻으리라" 말씀하신 주님! 원로장로가 되시는 ○○○ 장로님의 여생 위에 그간의 노고를 기억하시고 항상 동행하시며 영육을 강건케 하여 주시옵소서.
　가정 위에 평강을 주시고 슬하의 자녀 손들 위에 넘치는 은혜와 복을 내려 주시옵소서. 믿음의 승리자로 의인의 후손으로 번성케 하여 주시옵소서. 모든 성도들 앞에는 항상 본이 되시는 귀한 어른으로 날마다 드리는 장로님의 예배와 중보기도로 교회가 더 부흥하고 발전하게 하옵소서. 또한 담임목자이신 ○○○ 목사님을 중심하여 모든 교역자와 당회원과 직원과 성도 전체가 한 마음 한 뜻으로 주님의 뜻을 온전히 받들어 역사 할 수 있도록 배후에서 공헌하시며 믿음과 사랑과 소망의 승리자로 귀감이 되게 하여 주시옵소서.

   사랑의 하나님 아버지! 귀한 예배와 예식을 통하여 모든 감사와 찬송을 온전히 돌리오니 영광 받아 주시옵고, 하나님의 영광과 은총이 본 교회와 원로장로님과 저희 모두 위에 항상 함께하여 주시옵소서.

   만민 중에 ○○○ 원로장로님을 택정하시고 믿음의 승리자로 세우신 예수 그리스도의 이름으로 간절히 기도드리옵나이다. 아멘.

테마 기도 5

107분 임직예식 예배 기도

　자비로우신 하나님 아버지! 주님의 몸 되신 ○○교회를 귀하신 뜻을 두시고 이곳에 세우시고 한없는 사랑과 은혜를 베풀어 주시오니 진정 감사와 찬송과 존귀와 영광을 돌리옵나이다.

　그동안 교회를 위하여 모든 성도 중에 모범 되게 충성하시고 헌신하시던 107분을 귀히 보시사 일곱 권사님을 명예 권사로 추대하며, 여섯 집사님을 장로로 장립하시고, 일흔셋 집사님을 권사로, 열다섯 집사님을 안수집사로, 또 여섯 안수집사를 취임케 하시는 참으로 영광스러운 임직예식을 베풀어주시는 하나님 아버지께 그 크신 사랑과 은총을 진심으로 감사드리오며 온 성도들과 함께 소리높여 찬송과 존귀와 영광을 돌리옵나이다.

　만백성 중에서 107분을 특별히 택하여 중직으로 세워주시는 하나님 아버지! 이 임직식 위에 보혜사 성령님으로 충만하여 주시옵소서. 임직을 받으시는 모든 분의 머리 위에 성령으로 기름부어 주시고 영적인 큰 부흥을 주시옵소서. 믿음으로 충만케 하시고 사랑과 지혜와 능력의 종들로 세워 주시옵소서. 온유하고 겸손한 주님의 멍에를 메고 교회와 온 성도들을 위해 최선을 다해 사랑으로 섬기는 종들이 되게 하여 주시옵소서. 복음의 증인들로 새 생명을 구원하는 전도자의 역할을 잘 감당하여 교회의 부흥과 성장에 큰 역군들이 되게 하여 주시옵소서.

특별히 담임 ○○○ 목사님을 주의 사자로 진실하게 보필하며 선후배의 도리를 잘 지키어 화목하고 아름다운 교회를 이룩하는 신실한 청지기들이 되게 하여 주시옵소서.

마음에 합당한 다윗을 들어 귀하게 쓰시고, 충성하는 다윗에게 한없는 은혜와 복을 베풀어주신 하나님 아버지! 오늘 임직을 받으시는 귀한 충성된 일꾼 모두 위에 하늘의 신령한 복과 땅의 기름진 복을 풍성하게 내려 주시옵소서. 항상 영육을 강건케 하시고 가정 위에 평강을 주옵소서. 직장과 산업과 기도 제목들을 열납하여 주시고 자손 만대에 큰 은혜와 복을 베풀어 주시옵소서. "죽도록 충성하라 그리하면 생명의 면류관을 네게 주리라" 말씀하신 주님! 교회를 위해 죽도록 충성하고 큰 은혜와 복을 받는 산 증인들이 되게 하여 주시옵소서.

오늘의 임직예식 모든 순서마다 주님의 귀하신 뜻을 온전히 이루시고 하나님 아버지께 큰 영광이 되시기를 원하오며 교회의 머리가 되시는 예수 그리스도의 이름으로 간절히 기도드리옵나이다. 아멘.

테마 기도 5

명예장로 및 명예권사 추대 예배 기도

드높은 하늘 아래 오곡백과가 주렁주렁 무르익어 풍요로움을 일구는 이 가을! 귀한 뜻을 두시고 ○○ 교회를 44년 전에 세워주신 하나님 아버지께 진정 감사와 찬송과 존귀와 영광을 돌리옵나이다.

특별히 오늘은 그동안 교회와 하나님의 의를 위하여 충성하시던 ○○○ 장로님을 명예장로로, ○○○ 권사님 외 14분을 명예권사로 추대하며 온 성도들이 가족들과 함께 그간의 수고와 헌신을 치하하고 하나님 아버지께 감사와 찬송을 드리오니 이 예배와 추대식 위에 크신 은총을 베풀어 주시옵소서.

"사람이 무엇으로 심든지 그대로 거두리라"고 말씀하신 하나님 아버지! 그동안 주님의 몸 되신 교회와 하나님 나라와 소명에 순종하기 위하여 믿음으로 기도하며 땀 흘려 뿌린 씨앗들이 좋은 열매로 주렁주렁 맺게 하시고 노년에 강건함과 평안함과 기쁨과 감사가 넘치는 승리하는 인생길이 되게 하여 주시옵소서.

85세 된 갈렙에게 믿음과 소망과 강건함을 충만케 하사 "이 산지를 내게 주소서" 간구하매 크게 역사하게 하신 하나님 아버지! 오늘 명예스러운 칭호를 받으시며 귀한 반열에 서시는 충직한 종들 위에 믿음과 사랑과 소망과 지혜와 강건함을 더하여 주시옵소서. 하나님을 사랑하며 교회를 사랑하는 신실한 마음으로 중보기도 하는 일과 복음 전하는 일과 예배에 본이 됨으로 온 성도들에게 귀감이 되게 하시고 가정마다 평강을 주시며 자녀 손들은 대대로 믿음의 가문을 이루게 하시고 의인의 자손들로 번성하도록 크신 은혜와 복을 내리어 주시옵소서.

믿음과 땀으로 사명에 충성하신 어르신들을 선대하여 기쁨으로 명예의 칭호를 드리며 추대하는 본 교회와 모든 성도들은 앞으로 더한층 존경하고 사랑하고 받드는 아름다운 성도의 모습으로 하나님의 놀라우신 은혜와 은총을 받게 하여 주시옵소서.

지방회장 ○○○ 목사님의 메시지 위에 성령으로 기름부음을 주시오며 브니엘 찬양대의 찬양을 열납하시고 은혜와 영광이 넘치게 하여 주시옵소서.

우리를 구속하시고 한없는 은혜를 베풀어 주시는 예수 그리스도의 이름으로 간절히 기도드리옵나이다. 아멘.

테마 기도 5

여전도연합회 부흥성회 기도

"너는 내 것이라" 말씀하신 하나님 아버지! 이 밤 둘째날 성회를 허락하여 주심을 감사드립니다. 귀한 시간 보혜사 성령님으로 충만하여 주시옵소서. 오순절 마가의 다락방에 120문도가 모여 전혀 기도에 힘쓸 때에 불 같은 성령이 강하게 임한 것 같이, 이 밤에도 불 같은 성령으로 뜨겁게 임하여 주시고 모든 성도들이 크신 은혜와 능력을 충만하게 받는 심령 대부흥성회로 아버지께 큰 감사와 영광이 되게 하여 주시옵소서.

물과 성령으로 거듭나지 아니하면 하나님 나라에 들어가지 못한다고 말씀하신 주님! 이 시간 우리 모두에게 물과 성령으로 거듭나게 하여 주시옵소서.

주님 앞에 합당하지 못한 것들 이기적이고 육신의 정욕적인 것들을 다 십자가에 장사 지내게 하시고 주의 보혈로 깨끗이 씻어 주시옵소서. 나만을 내세우고 나만을 고집하며 진정한 사랑을 베풀지 못한 것들을 회개하오니 용서하여 주시옵소서. 이 시간 저희 모두가 거룩한 성전이 되어 하나님과 동행하는 삶을 살게 하여 주시옵소서.

사랑하는 주님! 믿음이 연약한 자에게는 강하고 담대한 믿음을 주시옵소서. 육체에 질병이 있는 자에게는 예수님의 이름으로 깨끗이 고침받게 하시옵소서. 가정과 자녀와 산업들의 기도제목들을 응답하여 주시옵소서.

　보혜사 성령님이여! 능력을 주시옵소서. 기도의 능력을 주시고 사랑의 능력을 주시고 전도의 능력을 주시옵소서. 가정에 평화를 심고 화목한 가정을 이루는 밀알이 되게 하여 주시옵소서. 죽어가는 영혼들을 전도하여 구원시키는 복음의 증인이 되게 하여 주시옵소서. 우리에게 맡겨주신 교회의 부흥과 성장을 위한 밑거름이 되게 하여 주시옵소서.

　권능의 주님! 우리 모두를 중보기도의 용장들로 세워 주시옵소서. 간절히 기도하오니 어려운 난국을 맞고 있는 나라와 민족의 문제들을 해결하여 주시고 이 난국에서 소생시켜 주시옵소서.

　은혜 베풀어 주시기를 즐겨 하시는 하나님 아버지! 귀한 시간 강사로 세우신 ○○○ 목사님 위에 성령과 말씀과 능력으로 충만하여 주시옵소서. 주시는 말씀이 생명과 능력과 은혜로 큰 결실을 맺게 하시고 기드온 300명의 용사가 되게 하여 주시옵소서.

　금번 성회를 위해 수고하시는 연합회장 ○○○ 권사님과 임원들과 보이지 않게 은밀히 수고하는 손길마다 하늘의 신령한 복과 땅의 기름진 복으로 충만하게 내려 주시옵소서. 찬양을 드리는 은평찬양대와 장로 찬양단 위에 크신 은혜를 주시옵고 온전히 영광 받아 주시옵소서.

　금번 성회의 주제가 되시는 예수 그리스도의 이름으로 간절히 기도 드리옵나이다. 아멘.

테마 기도 5

산상연합성회 기도

"내가 너를 구속하였고 내가 너를 지명하여 불렀나니 너는 내 것이라" 말씀하신 하나님 아버지! 금번 저희 서지방 모든 교회와 성도들을 사랑하여 주셔서 산상연합성회를 이곳 ○○ 기도원에서 갖게 하시고 시간 시간 성령과 말씀으로 충만하여 주셔서 많은 것을 깨닫고 많은 은혜를 받게 하시니 진심으로 감사와 찬송과 영광을 드리옵나이다.

사랑하는 하나님 아버지! 금번 성회를 통하여 모든 교회와 성도들이 큰 은혜와 복을 받게 하여 주시옵소서. 그동안 저희들 주 안에서 한 자녀요 지체요 성령의 사람이면서도 서로 진실한 사랑을 이루지 못했고 시기와 미움과 다툼 속에서 잘못 살아온 것이 너무나 많았습니다. 주님! 우리의 죄와 허물들을 회개하오니 용서하여 주시옵소서. 육신의 정욕으로 이기주의로 살은 모든 잘못들을 용서하여 주시옵고 오직 성령으로 서로 사랑하며 교제하며 신실한 성도로 가정을 섬기며 교회를 섬기며 주님의 의를 위해 살게 하여 주시옵소서. 하나님과 저희 사이에 막혀있던 죄악의 담들을 다 헐어 주시고 일생을 요긴하게 쓰임 받는 그릇이 되게 하시며 착하고 충성된 종으로 믿음의 승리자가 되게 하여 주시옵소서. 모든 교회마다 성령의 불로 뜨거워지게 하시고 사랑으로 하나되어 모이기에 힘쓰는 교회, 뜨거운 중보기도에 깨어있는 교회, 능력 있게 전도하는 교회가 되게 하여 주시옵소서.

귀한 성회 강사로 세워주신 ○○○ 목사님 위에 성령과 말씀과 권세로 충만하여 주시옵소서. 증거되는 말씀마다 우리의 심령 골수까지도 수술하여 주시고 정결하고 성결한 새 그릇으로 변화시켜 주시옵소서. 오순절 마가의 다락방에 내리신 강력한 성령의 불을 저희 모두에게 내려 주셔서 이웃에 참다운 사랑의 향기가 되며 교회의 부흥에 밑거름이 되게 하여 주시옵소서.

 귀한 성회를 베풀어 주신 주님! 시간 시간 성령님으로 주님의 뜻만을 이루시고 아버지 하나님께 큰 영광을 돌리는 성회로 복을 주시옵소서. 천하 만민의 주가 되시는 예수님의 이름으로 간절히 기도드리옵나이다. 아멘.

테마 기도 5

산상연합성회 기도(2)

"일어나 빛을 발하라" 말씀하신 참 빛이 되시는 여호와 하나님 아버지!

금번 ㅇㅇㅇ 목사님을 강사로 세우시고 시간시간 큰 은혜와 사랑과 능력과 기도 응답을 베풀어 주시오니 진심으로 감사를 드리오며 찬송과 존귀와 영광을 돌리옵나이다.

사랑과 은혜가 풍성하신 하나님 아버지! 성회 마지막 이 시간 오직 성령과 말씀으로 충만하여 주시되 갑절의 성령과 말씀으로 큰 은혜와 복을 베풀어 주시옵소서.

잔치 끝 날은 큰 날이라 하셨습니다. 이 마지막 시간 저희들 주님 앞에 있사오니 구속받은 성도들을 위하여 예비하여 놓으신 하늘의 신령한 복과 땅의 기름진 복을 풍성하게 내려 주시옵소서. 저희 모두 위에 성령과 말씀으로 기름 부어 주시옵소서. 구속받은 성령의 사람으로 새롭게 변화시켜 주시옵소서.

사랑하는 주님! 말씀대로 입을 넓게 벌려 은혜를 사모합니다. 말씀대로 부르짖어 기도합니다. 말씀대로 순종하며 하나님 나라와 의를 위하여 살겠습니다 .주여! 이 시간 사랑과 믿음과 지혜와 능력으로 충만하시옵소서.

믿음의 주여 또 온전케 하시는 주님! 이 시간 믿음의 부흥을 주시옵소서.

 영적인 부흥을 주시옵소서. 가정들마다 평강을 주시옵소서. 신앙으로 하나 되게 하시옵소서. 병든 육체들을 고쳐주시옵소서. 직장과 사업과 경제력들을 부흥시켜주시옵소서. 자녀들의 앞길을 주님 인도하시고 형통케 하시며 주께 영광 돌리는 기업들이 되게 하여 주시옵소서.

 자비하신 주님! 간구하는 기도의 제목들을 응답하여 주시옵소서. 마음의 소망들을 이루어 주시옵소서. 맡겨주신 교회를 섬김에도 서로 사랑하며 화목하며 힘껏 전도하는 전도자로 충성하게 하시고, 저희들을 쓰셔서 교회가 부흥하고 하나님 나라가 확장하며 하나님께 큰 영광을 돌리는 택함 받은 일꾼들이 다 되게 하여 주시옵소서.

 찬송 중에 거하시는 하나님 아버지! 귀한 시간 특별찬양을 드리는 사모찬양단과 은평교회 찬양대와 정성을 다해 찬송을 드리는 모든 성도들에게 크게 복을 주셔서 날마다 기쁨과 감사와 찬송이 넘치는 생동감 있는 삶이 되게 하여 주시옵소서.

 귀한 시간 말씀을 전하시는 강사 목사님 위에 마지막 시간이오니 갑절의 성령과 말씀으로 충만하여 주시옵소서. 주시는 말씀마다 권능 있게 하시고 살아 역사하는 사랑과 지혜와 생명력이 넘치는 말씀으로 큰 결실을 주시옵소서.

 하나님 아버지께 감사와 찬송과 영광을 돌리오며 예수 그리스도의 이름으로 간절히 기도드리옵나이다. 아멘.

테마 기도 5

산상연합성회 기도(3)

"이 백성은 내가 나를 위하여 지었나니 나의 찬송을 부르게 하려 함이니라" 말씀하여 주신 하나님 아버지! 저희들을 구속하여 주시고 하나님의 성호를 찬송하는 귀한 반열에 세워주신 크신 사랑과 은혜를 진심으로 감사하오며 찬송과 존귀와 영광을 세세토록 돌리옵나이다.

특별히 지방회 모든 교회와 성도들을 사랑하여 주셔서 "새 시대는 성령과 함께"라는 주제로 제6회 산상연합성회를 베풀어 주시고 시간시간 성령과 말씀으로 역사하여 주셔서 많은 은혜를 받게 하시오니 진정 감사와 찬송과 영광을 돌리옵나이다.

하나님 아버지! 이 찬양과 말씀성회 위에 성령으로 충만하시고 말씀으로 역사하여 주시옵소서. 십자가의 주님! 부활의 주님! 재림하시는 주님을 바라보며 열정으로 찬양 하게 하시고, 찬양 드릴 때 구속의 은혜와 사명의 능력과 기도의 응답들을 체험하게 하시옵소서. 감사와 기쁨과 소망이 넘치는 은혜의 시간이 되게 하시고, "내가 불을 땅에 던지러 왔노니 이 불이 이미 붙었으면 무엇을 더 원하리요" 말씀하신 주님의 불이 활활 타오르는 찬양과 말씀성회가 되게 하여 주시옵소서.

찬송을 부르는 중 불세례를 받게 하시고, 마음이나 생각으로 또 말과 행실로 실수하고 범죄한 죄악들을 용서 받게 하시옵소서. 물과 성령으로 거듭나야 하나님 나라에 들어간다고 하셨는데 찬송을 부르며 말씀을 듣는 중에 성령과 말씀으로 불 세례를 받고 거듭나게 하시옵소서.

믿음이 연약한 자에게는 장부의 믿음을 주시고, 병들어 고통 받고 있는 자에게는 주님의 능력으로 깨끗이 고침 받게 하시며, 가정의 기도제목과 자녀를 위한 기도제목과 직장과 산업을 위한 기도의 제목들이 응답 받고 해결함을 받아 기쁨과 감사가 넘치는 찬양과 말씀 성회가 되게 하여 주시옵소서.

오직 성령으로 기도의 사람이 되게 하시고, 영혼을 구원하는 전도의 사람이 되게 하시고, 한 알의 밀알이 되어 많은 열매를 맺으며 교회부흥의 밑거름이 되고 가정과 사회에 의로운 병기가 되게 하여 주시옵소서.

하늘과 땅의 모든 권세를 가지신 주님! 찬양집회를 인도하는 목사님과 말씀을 들고 단 위에 서시는 목사님 위에 성령과 말씀과 능력과 지혜로 충만하여 주시고 큰 역사를 일으키는 사자로 권능을 주시옵소서.

모든 감사와 찬송과 영광을 하나님 아버지께 돌리오며, 구속주이신 예수 그리스도의 이름으로 간절히 기도드리옵나이다. 아멘.

여기 주님의 속삭임이 있습니다.

여기 주님의 분부가 있습니다.

여기 주님의 명령이 있습니다.

너는 내게 기도하라

내게 기도하면 내가 시행하리라 하십니다.

다만 진실한 마음으로 하되

올바른 말(용어)을 쓰는 것이 바람직합니다.

할렐루야!

●부록●

'기도 용어 바르게 사용하기'

1. 기도의 서두에는 어떻게 하여야 하나?
2. 기도의 서두에 성경구절 외우는 것은?
3. 기도시 하나님께 '당신' 이란 용어는?
4. 기도드렸습니다(기도하였습니다)라는 표현은?
5. '축복' 이란 표현은?
6. '흠향하여 주시고' 란 표현은?
7. '살아계신 하나님' '지금도 살아계신 하나님' 이란 표현은?
8. 바르게 써야 할 '사모' 호칭은?
9. '소천(召天)하셨다' 라는 말은?
10. '명복을 빕니다' 라는 말은?
11. 영결식, 고별식이란 표현은?
12. 미망인이란 표현은?
13. 삼우제(삼오제)는?

'기도는 오직 하늘과 땅과 온 우주만물의 주재이신 하나님(여호와)께 자녀 된 성도들이 드리는 것으로 진정한 마음으로 바른 자세로 하여야 한다.' 그러므로 바른 용어를 사용하여 기도하는 것은 매우 중요한 일이다.

그러나 우리들은 기도할 때에 잘못된 용어를 종종 쓰고 있는 것을 볼 수 있다. 이는 그 의미를 제대로 파악하지 못하여 잘못 쓰기도 하고, 성경적으로 볼 때 불가한 말을 거의 습관적으로 사용하기도 하고, 불교적 용어나 유교적 용어나 무속신앙의 용어에 익숙해 있어 그대로 잘못 사용하는 것도 있고, 어법에 맞지 않는 말을 쓰는 경우도 있다.

이는 하나님께 잘못일 수도 있고 불경스러울 수도 있다. 또한 기도에 동참하고 있는 성도들에게 기도인도자로서 잘못된 일이 되겠으므로 깨닫는 대로 조속히 바로잡아 보다 합당한 용어를 사용하여 기도를 드려야 하겠다.

1. 기도의 서두에는 어떻게 하여야 하나?

기도를 받으실 대상은 하나님이시다. 그러므로 하나님의 성호를 먼저 부른 후에 감사와 소원을 아뢰는 것이 마땅하다.

또한 기도는 예수님의 이름으로 하여야 하므로 기도의 중보자가 되시는 예수님이 우리에게 가르쳐주신 기도 주기도문을 표준과 모범으로 삼고 이를 본받는 것이 좋겠다. 주기도문을 보면 서두에 하나님을 먼저 호칭하고 그 이름을 높인 후에 우리의 소원을 간구할 것을 가르쳐 주셨다. 주기도문 말고도 성경에 예수님이 하신 기도를 보면 하나님을 먼저 부르시고 기도하셨다.

그러므로 우리도 기도할 때에는 먼저 하나님의 성호를 부른 후에 감사와 소원을 아뢰어야 한다. 하나님을 먼저 부르지 않고 간구할 내용들을 먼저 하는 것은 바람직하지 않겠다.

다만 하나님의 이름을 부르기 전에 간략한 경위와 함께 하나님의 속성을 제시하며 하나님의 이름을 부르는 것은 별 문제라 하겠다.

예를 들어 기도 서두에 '지난 한해도 안보하여 주신 사랑의 하나님 아버지!' 라든가 '환란과 풍파 속에서도 나라와 민족을 지켜주신 자비로우신 하나님!' '천지만물을 창조하신 전능하신 하나님!' 등등…

2. 기도의 서두에 성경구절 외우는 것은?

기도 인도자가 기도 서두에 교훈적인 성경말씀을 외운 다음 기도를 시작하는 것은 바람직하지 않다.

기도는 하나님 아버지께 우리의 소원을 아뢰는 행위이다.

그러므로 기도를 드릴 때 성경구절들을 외우므로 하나님 보다는 회중들에게 어떠한 교훈적인 내용을 담으려는 것이 되어서는 아니

되겠다.

다만 하나님께서 언약하신 성경구절들을 제시하고 그 말씀(언약)을 인용하여 믿고 의지하고 말씀대로 담대하게 기도하는 것은 바람직하다 하겠다.

3. 기도시 하나님께 '당신' 이란 용어는?

기도는 하나님에게 현재 이 순간 직접 아뢰는 간구다.

그러므로 하나님은 우리의 기도를 직접 듣고 받으시는 분으로 2인칭이 된다.

그러므로 지존하신 하나님, 우리를 사랑하시는 아버지에게 하오체에 해당하는 2인칭 대명사 '당신' 은 잘못된 것이다.

인칭대명사의 경우에도 예사말과 존대말이 구별되어 쓰이고 있는데 제2인칭의 예사말은 '너, 자네, 그대' 등이며, 존대말은 '노형, 당신, 어르신네' 등이다. 그러나 여기서 '당신' 은 제2인칭의 존대말이기는 하지만 그 높임의 정도는 아주 낮은 것이며 '하오' 체 정도에서 쓰이는 말이다.

'당신' 이 아주 높이는 존대어로 쓰이는 경우는 3인칭을 기리킬 때이다. 예를 들면 "우리 할아버님이, 당신께서 쓰신…"이라던가, "우리 할머님은 당신이 쓰시던 물건들을 모두…" 등 이런 경우 '당신' 은 제3인칭으로 쓰인 할아버님, 할머님을 아주 높여서 부른 말이다.

그러므로 존귀하신 하나님을 부를 때에는 2인칭 대명사 하오체격인 '당신' 대신 '하나님' '하나님 아버지' '주님' 이란 용어를 쓰는 것이 옳다.

4. 기도드렸습니다(기도하였습니다)라는 표현은?

우리가 기도할 때, 예수님 이름으로 '기도하였습니다' '예수님 이름으로 기도드렸습니다' 라고 하는 것을 흔히 볼 수 있다.

기도의 내용은 영원한 현재성이라 할 수 있는데 이를 과거형으로 '기도하였습니다' ('기도드렸습니다')로 하는 것은 바람직하지 않다.

현재형으로 "기도합니다(기도드립니다)"로 하는 것이 옳다.

5. '축복' 이란 표현은?

축복(祝福)은 '복을 빌다' 라는 말이다.

'하나님은 복을 주시는 분이지 복을 비는 분이 아니시다.' 그러므로 하나님 '축복하여 주시옵소서' 라고 하면 안 되며 하나님 '복 주시옵소서' 라고 해야 한다.

이 축복은 하나님 아버지보다 아래 위치에 있는 분, 또는 사람이 사람에게 복을 빌어줄 때 쓰는 말이다.

6. '흠향하여 주시고' 란 표현은?

흠향한다는 것은 제사에서 쓰는 용어로 제단에 차려놓은 음식을 먹는다는 의미를 가진 것이다.

하나님은 우리가 마음과 뜻과 정성을 합하여 예수 그리스도의 이름으로 드리는 예배 혹은 찬양을 기쁘게 받으시는 것이지 제사를 드림으로 흠향하시는 분이 아니시다.

우리가 이 흠향을 쓸 것 같으면 우리의 예배를 다시 구약의 제사로 돌리는 격이 되고 만다. 이 흠향은 구약에서는 쓰였으나 신약에서는 쓰이지 않았다. 이것은 구약시대에는 제사(sacrifice)로 여호와를 섬겼으나 신약시대에는 제사가 아닌 예배(worship)로 여호와를 섬기기 때문이다.

예수 그리스도가 우리의 죄를 짊어지시고 대속제물이 되시면서 구약시대는 끝났고 신약시대가 시작되었으며, 하나님을 섬기는 방법도 제사가 아닌 예배로 바뀐 것이다.

그러므로 '흠향하여 주옵소서' 대신 '열납하여 주옵소서' '받아주옵소서' 라고 하면 좋을 것이다.

7. '살아계신 하나님' '지금도 살아계신 하나님' 이란 표현은?

기도의 서두에 하나님을 호칭할 때, 하나님의 속성인 '거룩하신' '자비하신' '천지만물을 창조하신' '사랑하는 하나님' 등을 앞에 놓고 하나님을 부를 수는 있으나 '살아계신 하나님', '지금도 살아계신 하나님' 은 바람직하지 못하다.

우리는 육신의 아버지를 향하여 '살아계신 아버지' 라고 부르지 않는다. 이는 매우 불경스러운 표현이기 때문이다. 그러므로 우리말에서는 이렇게 쓸 수가 없다.

기도할 때도 우리의 기도를 직접 들으시는 하나님을 향하여 '살아계신 하나님' 이라 부르는 것도 같은 맥락에 속한다.

성경에 하나님의 속성을 '살아계신' 으로 표현한 곳이 여러 군데 나온다. 그러나 이는 하나님을 2인칭에 놓고 그 하나님을 '살아계신 하나님' 으로 부른 것이 아니고 하나님을 3인칭에 놓고 그 하나님의 속성을 묘사한 것이다.

우리가 하나님을 2인칭으로 기도할 때에 '살아계신' 이라 부르는 것은 잘못이다. 하나님은 영원부터 영원까지 영존하시는 분이시지 언제인가는 살아있지 않을 수도 있다는 뉘앙스를 담고 있는 표현은 아니 된다.

8. 바르게 써야 할 '사모' 호칭은?

'사모'(師母)라는 호칭은 선생의 부인을 부를 때 쓰는 호칭으로 본래 선생을 높여 부른 '사부님'과 맥을 같이하는 술어로 '사모'라 하지 않고 '사모님'이라 불러야 하며, 이는 다른 사람이 불러주는 칭호이지 결코 자기가 자신을 가리켜 '사모' 혹은 '사모님'이라 부를 수는 없다.

마찬가지로 선생이나 목사도 자기 아내를 '사모'라 부르는 것은 적절하지 않다. 이 경우에는 사모 대신에 '제 집사람' '제 아내' '제 처' 등으로 바꾸어 쓰면 좋을 것이다.

9. '소천(召天)하셨다' 라는 말은?

믿는 사람들이 세상을 떠났을 때, "소천하셨다." 또는 "소천하셨습니다."라고 하는 경우가 있다. 이 말은 맞지 않는 표현이다.

'소(召)'는 동사로 부를 소이고, 천(天)은 명사로 하늘 천이므로 '소천'을 직역하면 '하늘을 부르다'가 된다.

기독교용어연구위원회에서는 '소천하셨다'를 "별세하셨다." "하나님의 부르심을 받았다." "숨을 거두었다." 등으로 바꾸어 쓰는 것이 좋겠다고 하였다. 굳이 이 '소천'을 사용하려면 "소천을 받았다", "소천되었다"로 하는 것이 좋다.

10. '명복을 빕니다' 라는 말은?

'명복(冥福)'이나 '명복을 빕니다'와 같은 말은 우리 기독교 용어로는 부적합하다. 우리는 '명복을 빕니다' 대신 기독교의 교리가 잘 드러나고 있는 "하나님의 위로하심을 받으시기 바랍니다." 또는 "부활의 소망으로 위로 받기를 바랍니다." 라는 말로 유족들을 위로하는 것이 좋다.

'명복을 빈다' 라는 말은 불교 및 중국의 도교에서 많이 쓰고 있는 말로 현재는 보편적으로 쓰고 있으나, 원래 이 '명복을 빕니다' 라는 말은 사람이 죽은 후에 명부(冥府)에 가서 염마왕에게 심판을 받을 때 좋은 곳으로 가는 복을 받기를 빈다는 아주 잘못된 말이다.

그러므로 하나님을 믿고 그 말씀을 순종하며 사는 우리 기독교인들은 이 잘못된 말을 사용해서 아니 되겠다.

11. 영결식, 고별식이란 표현은?

위 표현은 미신자들이 하는 표현이며 우리 기독인들은 '장례예식' 혹은 '천국환송예식' 으로 표현함이 합당하다.

하나님을 믿지 않는 사람들은 인간의 죽음은 그의 모든 것이 끝나는 것으로 생각하고 있다. 그래서 죽은 사람을 영원히 떠내 보낸다는 뜻으로 행하는 의식을 '영결식' 또는 '고별식' 이라 한다.

이 '영결식(永訣式)' 은 영원히 이별하는 의식이라는 말이며, '고별식(告別式)' 은 죽은 사람과 마지막으로 결별을 알리는 의식이라는 말이다. 그러므로 우리 기독교에서는 맞지 않는 말이다.

하나님은 말씀하셨다. 누구든지 예수 그리스도를 구주로 믿는 자에게는 멸망하지 않고 영생을 얻는다고. 또한 예수님은 죽음의 권세를 이기시고 부활승천 하심으로 사람이 영생하는 존재임을 확증해 주셨다.

그러므로 사람이 죽어 행하는 '영결식' 혹은 '고별식' 이라 하는 말은 사람이 죽어 그 시신을 땅에 묻거나 화장하는 일을 말하는 '장례식' 이라 하거나 혹은 '천국환송식' 이라 함이 마땅할 것이다.

12. 미망인이란 표현은?

'미망인(未亡人)' 이란 글자 그대로 해석하면 아직 죽지 않은 사람이라는 말로 자세히 그 뜻을 풀이하면 '남편이 죽었는데 아직 죽지 않고 살아 있는 여인' 이란 뜻이 된다. 이 말은 우리 기독교의 입장에서 보면 아주 잘못된 말이다. 우리는 죽은 사람의 부인을 '미망인' 이라 부르지 말고 '고인의 부인' 또는 '소천 받은 ㅇㅇㅇ분의 부인' 또는 '하나님의 부르심을 받은 분의 부인' 이라 부르는 것이 마땅하다.

13. 삼우제(삼오제)는?

'첫 성묘' 또는 '첫 추모일' 이라 함이 바람직 하다. 장사지낸 지 삼일에 성묘를 하고 제사를 지내는 것이 바로 '삼우' 또는 '삼우제' (三虞祭)가 된다.

'제사'가 무엇인가? '제사' 란 뜻을 사전에서 찾아보면 '신령이나 죽은 사람의 넋에게 음식을 바치어 정성을 나타냄 또는 그런 의식' 으로 되어 있다.

제사는 구약시대에 드렸다 그것도 하나님께 드렸지 사람 또는 죽은 사람에게는 드리지 않았다(물론 사단의 미혹에 빠진 우상숭배자나 미신을 숭상하는 자들이 우상이나 미신을 따라 제사를 드렸다).

그러나 신약시대에 와서는 제사가 예배로 변화되어 하나님께 예배를 드리지 제사를 드리지는 않는다.

그러므로 우리 신앙인들은 '삼우제' 를 삼일에 드리는 제사일로 하지 말고, '첫 성묘일'로 정하여 이 날 유족들이 모여 성묘를 하고 고인의 은덕을 기리며 하나님께 예배를 드리는 은혜롭고 소망적인 날로 지키는 것이 바람직하겠다.

> 본 내용은 로고스 신학교의 「바로잡아야 할 교회용어」
> 카이로스 출판사의 최태영 지음(예장) 「교회용어 이대로 좋은가」
> 예찬사 이송관 엮음 「교회에서 쓰는 말 바로알고 쓰자」
> '성결교회' 등 인터넷에 발표한 '바로잡아야 할 교회용어', '잘못 사용하고 있는 교회용어' 등 여러 문서에서 발췌한 것임을 밝혀둔다.

기도는 소망 성취의 열쇠입니다

기도는 현재의 것도, 미래의 것도, 과거의 것도,

신실하게 가꾸고 알찬 열매를 맺게 합니다

기도는 진실해야 합니다

기도는 준비하여 드려야 합니다

기도는 아름답고 올바른 말로 올려야 합니다

기도는 믿음으로 소망을 받습니다.

향기로운 평생기도

초판 1쇄 발행 2009. 4. 10.

지은이_ 하완용
발행인_ 방주석
발행처_ 도서출판 소망

주소_ 서울특별시 서대문구 충정로 2가 157 사조빌딩 403호
전화_ 392-4232
팩스_ 392-4231

출판등록 1977년 5월 11일(제 11-17호)

ISBN 978-89-7510-050-5   03230

■ 책 값은 뒤표지에 있습니다.